Über dieses Buch Wem, wie Stefan Zweig, das Buch »Eingang zur Welt« ist, kann im eigenen Schaffen sich nicht genügen – er braucht die Bücher der anderen, die Auseinandersetzung mit vielem von dem, was vor ihm geschrieben wurde, und dem, was zugleich mit dem Eigenen entsteht. Die Kritik, hier Darstellung eines Werkes aus der Sicht des um die Technik des Schreibens wissenden Erzählers und Essayisten, ist für ihren Verfasser zu gleichen Teilen Information anderer und Einordnung in die persönliche Erfahrung. Späteren Lesern gibt eine solche Sammlung von Besprechungen ein präziseres Bild vom geistigen Umfeld eines Autors, als es jede Betrachtung über das Werk allein vermag. Stefan Zweig hat eine Fülle solcher Aufsätze geschrieben; einige sind kollegialer Verbundenheit zu verdanken und augenblickbezogen, werden in diese Edition damit nicht aufgenommen – die meisten aber sind Werken (und zu einem Teil auch ihren Interpreten) gewidmet, die Begriff geblieben sind – der deutschen, der französischen, der englischen und der russischen Literatur. Ein Großteil dieser Auswahl wird hier zum ersten Mal in Buchform veröffentlicht.

Der Autor Stefan Zweig wurde am 28. November 1881 in Wien geboren, lebte von 1919 bis 1934 in Salzburg, emigrierte von dort nach England und 1940 nach Brasilien. Früh als Übersetzer Verlaines, Baudelaires und vor allem Verhaerens hervorgetreten, veröffentlichte er 1901 seine ersten Gedichte unter dem Titel ›Silberne Saiten‹. Sein episches Werk machte ihn ebenso berühmt wie seine historischen Miniaturen und die biographischen Arbeiten. 1944 erschienen seine Erinnerungen, das von einer vergangenen Zeit erzählende Werk ›Die Welt von Gestern‹. Im Februar 1942 schied er in Petrópolis, Brasilien, freiwillig aus dem Leben.
Im Fischer Taschenbuch Verlag sind ferner erschienen: ›Sternstunden der Menschheit‹ (Bd. 595), ›Die Welt von Gestern‹ (Bd. 1152), ›Schachnovelle‹ (Bd. 1522), ›Ungeduld des Herzens‹ (Bd. 1679), ›Maria Stuart‹ (Bd. 1714), ›Joseph Fouché‹ (Bd. 1915), ›Verwirrung der Gefühle‹ (Bd. 2129), ›Balzac. Eine Biographie‹ (Bd. 2183), ›Marie Antoinette‹ (Bd. 2220), ›Die Hochzeit von Lyon und andere Erzählungen‹ (Bd. 2281), ›Der Kampf mit dem Dämon‹ (Bd. 2282), ›Europäisches Erbe‹ (Bd. 2284), ›Menschen und Schicksale‹ (Bd. 2285), ›Länder, Städte, Landschaften‹ (Bd. 2286), ›Zeit und Welt‹ (Bd. 2287), ›Das Geheimnis des künstlerischen Schaffens‹ (Bd. 2288), ›Drei Meister‹ (Bd. 2289), ›Drei Dichter ihres Lebens‹ (Bd. 2290), ›Castellio gegen Calvin oder Ein Gewissen gegen die Gewalt‹ (Bd. 2295), ›Die Heilung durch den Geist‹ (Bd. 2300), ›Phantastische Nacht‹ (Bd. 5703).

Stefan Zweig

Begegnungen mit Büchern

Aufsätze und Einleitungen
aus den Jahren 1902–1939

Fischer Taschenbuch Verlag

Herausgegeben und
mit einer Nachbemerkung versehen
von Knut Beck

Fischer Taschenbuch Verlag
November 1983
Umschlagentwurf: Jan Buchholz/Reni Hinsch
Fischer Taschenbuch Verlag GmbH, Frankfurt am Main
Lizenzausgabe mit freundlicher Genehmigung
der S. Fischer Verlags GmbH, Frankfurt am Main

Satz: Georg Wagner, Nördlingen
Druck und Bindung: Hanseatische Druckanstalt GmbH, Hamburg
Printed in Germany
980-ISBN-3-596-22292-3

Inhalt

Das Buch als Eingang zur Welt

Alle Bewegung auf Erden beruht im wesentlichen auf zwei Erfindungen des menschlichen Geistes: die Bewegung im Raume auf der Erfindung des rollenden, seine Achse heiß umschwingenden Rades, die geistige Bewegung auf der Entdeckung der Schrift. Jener namenlose Mensch, der irgendwo und irgendwann als erster das harte Holz rund zur Felge bog, hat die ganze Menschheit die Ferne zwischen Ländern und Völkern überwinden gelehrt. Verbindung war durch den Wagen mit einmal möglich, wandernde Fracht, kenntnisschaffende Reise, aufgehoben der begrenzende Wille der Natur, der bestimmten Früchten, Erzen, Steinen und Produkten eine enge klimatische Heimat zuwies. Jedes Land lebte nicht mehr allein, sondern in Beziehung zur ganzen Welt; Orient und Okzident, Süd und Nord, Ost und West waren durch das neuersonnene Vehikel einander nahegebracht. Und genau wie das Rad in allen seinen technisch gesteigerten Formen – unter der Lokomotive rollend, das Automobil vorwärtsschnellend, im Propeller umschwingend – die Schwerkraft des Raumes, so überwindet die Schrift, gleichfalls längst fortgeschritten von der beschriebenen Rolle, vom Einblatt zum Buch, die tragische Erlebnis- und Erfahrungsbegrenztheit der irdischen Einzelseele: durch das Buch ist keiner mehr ganz mit sich allein in sein eigenes Blickfeld eingemauert, sondern kann teilhaft werden alles gegenwärtigen und gewesenen Geschehens, des ganzen Denkens und Fühlens der ganzen Menschheit. Alle oder fast alle geistige Bewegung unserer geistigen Welt ist heute auf das Buch gegründet, und jene einverständliche, über das Materielle erhobene Lebensgestaltung, die wir Kultur nennen, wäre undenkbar ohne seine Gegenwart. Diese seelenausweitende, diese weltaufbauende Gewalt des Buches in unserem privaten und persönlichen Leben, sie wird uns eigentlich höchst selten bewußt und fast immer nur in ausgesparten Augenblicken. Denn das Buch ist längst zu selbstverständlich innerhalb unseres Tagwerkes, als daß wir das jedesmal Neu-Wunderbare seines Wesens neu und neu dankbar bemerkten. So wie wir uns gar nicht besinnen, daß wir bei jedem Atemzug Sauerstoff in uns ziehen und unser Blut durch diese unsichtbare Nahrung geheimnisvolle chemische Erfrischung erfährt, so merken wir kaum, daß wir unablässig durch das lesende Auge seelischen Stoff empfangen und damit unseren geistigen Organismus auffrischen oder ermüden. Lesen ist für uns Söhne und Enkel von Jahrhunderten der Schrift eine beinahe schon körperliche Funktion, ein Automatismus geworden, und das Buch, weil es uns seit der ersten Schulklasse nah der Hand bleibt, längst ein dermaßen selbstverständlich Mit-uns-Seiendes, Um-uns-Seiendes, daß wir zu einem Buche meist so lässig gleichgültig greifen wie zu unserem Rock, zu unserem Handschuh, zu einer Zigarette, zu irgendeinem dieser serienhaft produzierten Massenfabrikate. Immer hebt ja das leicht Erreichbare eines Wertes die Ehrfurcht vor ihm auf, und nur in den wahrhaft produktiven, in den nachdenklichen und von innen her betrachtenden Augenblicken unseres Daseins verwandelt sich das Gewohnte und Gewöhnliche wieder ins Wunderbare zurück. Einzig in solchen besinnenden Stunden werden wir dann der magischen und seelenbewegenden Kraft ehrfürchtig gewahr, die vom Buche in unser Leben übergeht und es uns so wichtig macht, daß wir heute im zwanzigsten Jahrhundert unsere innere Existenz nicht mehr denken können ohne das Wunder seiner Gegenwart.

Solche Augenblicke sind selten, aber eben, weil sie selten sind, bleibt dann der einzelne lange und oft über Jahre hinaus erinnerlich. So weiß ich noch genau den Tag, den Ort und die Stunde, wo mir in entscheidender Weise aufging, in wie tiefer und schöpferischer Art unsere innere private Welt mit jener anderen sichtbaren und zugleich unsichtbaren der Bücher verflochten ist. Ich glaube, diesen geistigen Erkenntnismoment ohne Unbescheidenheit erzählen zu dürfen, denn obschon persönlich, reicht diese Erlebnis- und Erkenntnisminute weit über meine zufällige Person hinaus. Ich war damals etwa sechsundzwanzig Jahre alt, hatte selbst schon Bücher geschrieben, wußte also schon einigermaßen um die geheimnisvolle Verwandlung, die irgendein dumpf Vorgestelltes, ein Traum, eine Phantasie erfährt, und die vielen Phasen, die sie durchschreiten muß, bis sie sich dank der merkwürdigen Verdichtungen und Sublimierungen endlich in ein solches kartoniertes Rechteck verwandelt, das wir Buch nennen, in ein solches Wesen, das verkäuflich, preisgestempelt und scheinbar willenlos wie eine Ware im Schauladen hinter Glas liegt, und gleichzeitig doch wach, beseelt jedes einzelne Exemplar, obwohl käuflich, doch sich gehörig, und zugleich dem anderen, der es neugierig anblättern will, und noch stärker dem, der es liest, und schließlich ganz und eigentlich jenem letzten, der es nicht nur liest, sondern auch genießt. Ich hatte also schon selbst etwas erfahren von diesem unbeschreibbaren Prozeß der Transfusion, wo gewissermaßen Tropfen der eigenen Substanz übergeführt werden in fremde Adern, Schicksal in Schicksal, Gefühl in Gefühl, Geist in Geist: aber doch, die volle Magie, die Weite und Vehemenz der Wesenswirkung des Gedruckten, sie war mir noch nicht bewußt geworden, ich hatte nur vage um sie herumgesonnen und sie nicht ganz und entscheidend zu Ende gedacht. Dies geschah mir nun an jenem Tag, in jener Stunde, die ich erzählen will.

Ich reiste damals auf einem Schiff, es war ein italienisches, im Mittelmeer, von Genua nach Neapel, von Neapel nach Tunis und von dort nach Algier. Es sollte tagelang dauern, und das Schiff war fast leer. So kam es, daß ich oftmals mit einem jungen Italiener von der Mannschaft sprach, der, eine Art Unterkellner des eigentlichen Stewards, die Kabinen fegte, das Verdeck schrubbte und allerhand ähnliche Dienstleistungen zu leisten verpflichtet war, die innerhalb der menschlichen Rangordnung als untergeordnete gelten. Es war eine rechte Lust, ihn anzusehen, diesen prächtigen, braunen, schwarzäugigen Burschen, dem die Zähne blank aus den Lippen leuchteten, wenn er lachte. Und er lachte gern, er liebte sein singendes flinkes Italienisch und vergaß nie, diese Musik mit lebendigen Gestikulationen zu begleiten. Mit einem mimischen Genie fing er die Gesten jedes Menschen auf und gab sie karikaturistisch wieder, den Kapitän, wie er zahnlos redete, den alten Engländer, wie er steif, mit vorgeschobener linker Schulter, über das Verdeck ging, den Koch, wie er würdevoll nach dem Dinner vor den Passagieren stolzierte und den Leuten kennerisch auf die von ihm gefüllten Bäuche sah. Heiter war es, mit dem braunen Wildling zu plaudern, denn dieser Bursch mit der blanken Stirn und den tätowierten Armen, der, wie er mir erzählte, auf den Liparischen Inseln – seiner Heimat – jahrelang Schafe gehütet hatte, besaß die gutmütige Zutraulichkeit eines jungen Tieres. Er spürte gleich, daß ich ihn gern hatte und mit niemand anderem auf dem Schiff lieber sprach als mit ihm. So erzählte er mir alles, was er von sich wußte, frank und frei, und wir waren nach zwei Tagen auf irgendeine Weise schon etwas wie Freunde oder Kameraden.

Da plötzlich baute sich über Nacht zwischen mir und ihm eine unsichtbare Wand. Wir waren in Neapel gelandet, das Schiff hatte Kohle, Passagiere, Gemüse und Post, seine übliche Hafennahrung, eingenommen und machte sich neuerdings auf den Weg. Schon duckte sich wieder der stolze Posilip zu einem kleinen Hügelchen, und die Wolken über dem Vesuv kringelten sich klein wie blasser Zigarettenrauch, da schob er plötzlich scharf an mich heran, das Lachen breit über den Zähnen, zeigte mir stolz einen zerknitterten Brief, den er soeben empfangen, und bat mich, ihm den Brief vorzulesen.

Ich verstand zuerst nicht gleich. Ich meinte, Giovanni habe einen Brief in einer fremden Sprache erhalten, französisch oder deutsch, wahrscheinlich von einem Mädchen – ich verstand, daß dieser Bursch den Mädchen gefallen mußte –, und nun wollte er wahrscheinlich, daß ich ihm die Botschaft ins Italienische übersetze. Aber nein, der Brief war italienisch. Was wollte er also? Daß ich ihn lesen sollte? Nein, wiederholte er wieder und beinahe heftig, vorlesen sollte ich ihm den Brief, vorlesen. Und plötzlich war mir alles klar: dieser bildhübsche, kluge, mit natürlichem Takt und einer wirklichen Grazie begabte Bursche gehörte zu jenen statistisch festgestellten sieben oder acht Prozent seiner Nation, die nicht lesen konnten. Er war ein Analphabet. Und ich konnte mich im Augenblick nicht erinnern, jemals mit einem dieses aussterbenden Geschlechts in Europa gesprochen zu haben. Dieser Giovanni war der erste des Lesens nicht kundige Europäer, dem ich begegnete, und ich sah ihn wahrscheinlich verwundert an, nicht mehr als Freund, nicht mehr als Kamerad, sondern als Kuriosum. Aber dann las ich ihm natürlich seinen Brief vor, einen Brief, den irgendeine Näherin Maria oder Carolina geschrieben hatte und in dem eben das stand, was in allen Ländern, allen Sprachen junge Mädchen jungen Burschen schreiben. Er blickte mir scharf auf den Mund, während ich las, und ich merkte die Anspannung, jedes Wort zu behalten. Über seinen Augenbrauen buckelte sich die Haut, so quälte ihm die Anstrengung des Zuhörens, des Genau-behalten-Wollens das Gesicht zusammen. Ich las den Brief zweimal vor, langsam, deutlich, er horchte jedes Wort in sich hinein, wurde immer mehr zufrieden, bekam strahlende Augen, der Mund blühte breit auf wie eine rote Rose im Sommer. Dann kam von der Reling her ein Schiffsoffizier, und er paschte rasch weg.

Das war alles, der ganze Anlaß. Aber das eigentliche Erlebnis, nun erst begann es in mir. Ich legte mich hin in einen Liegestuhl, sah hinauf in die weiche Nacht. Die merkwürdige Entdeckung ließ mir keine Ruhe. Ich hatte zum erstenmal einen Analphabeten gesehen, einen europäischen Menschen dazu, den ich klug wußte und mit dem ich wie mit einem Kameraden gesprochen hatte, und nun beschäftigte, ja quälte mich das Phänomen, wie sich die Welt in einem solchen der Schrift verrammelten Gehirn spiegeln möge. Ich versuchte mir die Situation auszudenken, wie das sein mußte, nicht lesen zu können; ich versuchte, mich in diesen Menschen hineinzudenken. Er nimmt eine Zeitung und versteht sie nicht. Er nimmt ein Buch, und es liegt ihm in der Hand, etwas leichter als Holz oder Eisen, viereckig, kantig, ein farbiges zweckloses Ding, und er legt es wieder weg, er weiß nicht, was damit anfangen. Er bleibt vor einer Buchhandlung stehen, und diese schönen, gelben, grünen, roten, weißen, rechteckigen Dinge mit ihren goldgepreßten Rücken sind für ihn gemalte Früchte oder verschlossene Parfümflaschen, hinter deren Glas man den Duft nicht spüren kann. Man nennt vor ihm die heiligen Namen Goethe, Dante, Shelley, und sie sagen ihm nichts, bleiben tote Silben, leerer, sinnloser Schall. Er ahnt nichts, der Arme, von den großen Entzückungen, die plötzlich aus einer einzigen Buchzeile brechen können wie der silberne Mond aus dem toten Gewölk, er kennt nicht die tiefen Erschütterungen, mit denen ein geschildertes Schicksal plötzlich in einem selbst zu leben beginnt. Er lebt völlig in sich vermauert, weil er das Buch nicht kennt, ein dumpfes troglodytisches Dasein, und – so fragte ich mich – wie erträgt man dieses Leben, abgespalten von der Beziehung zum Ganzen, ohne zu ersticken, ohne zu verarmen? Wie erträgt man es, nichts anderes zu kennen als das, was bloß das Auge, das Ohr zufällig faßt, wie kann man atmen ohne die Weltluft, die aus den Büchern strömt? Immer intensiver versuchte ich, mir die Situation des Nicht-lesen-Könnenden, des von der geistigen Welt Ausgesperrten vorzustellen, ich bemühte mich, seine Lebensform mir so künstlich aufzubauen, wie etwa ein Gelehrter aus den Resten eines Pfahlbaues sich die Existenz eines Brachyzephalen oder eines Steinzeitmenschen zu rekonstruieren sucht. Doch ich konnte mich nicht zurückschrauben in das Gehirn eines Menschen, in eine Denkweise eines Europäers, der nie ein Buch gelesen, ich konnte es so wenig, wie ein Tauber sich eine Vorstellung von Musik aus Beschreibungen erzaubern kann.

Aber da ich ihn innerlich nicht verstand, den Analphabeten, versuchte ich nun, zur Denkhilfe mir mein eigenes Leben ohne Bücher vorzustellen. Ich versuchte also zuerst einmal, aus meinem Lebenskreis all das für eine Stunde wegzudenken, was ich von schriftlicher Übermittlung, vor allem von Büchern empfangen hatte. Aber schon dies gelang mir nicht. Denn das, was ich als mein Ich empfand, es löste sich gleichsam vollkommen auf, wenn ich versuchte, ihm zu nehmen, was ich an Wissen, an Erfahrung, an Gefühlskraft über mein Eigenerleben hinaus an Weltgefühl und Selbstgefühl von Büchern und Bildung empfangen hatte. An welches Ding, an welchen Gegenstand ich zu denken versuchte, überall banden sich

Erinnerungen und Erfahrungen, die ich Büchern verdankte, und jedes einzelne Wort löste unzählige Assoziationen aus an ein Gelesenes oder Gelerntes. Wenn ich mich zum Beispiel erinnerte, daß ich jetzt nach Algier und Tunis fuhr, so schossen schon blitzartig, ohne daß ich es wollte, hundert Assoziationen sich kristallisch an das Wort »Algier« an – Karthago, der Baalsdienst, ›Salammbô‹, jene Szenen aus dem Livius, da Punier und Römer, Scipio und Hannibal einander bei Zama begegnen, und gleichzeitig dieselbe Szene in dem dramatischen Fragment von Grillparzer; ein Gemälde von Delacroix fuhr farbig dazwischen und eine Landschaftsschilderung Flauberts. Daß Cervantes bei dem Sturm auf Algier unter Kaiser Karl V. verwundet worden war, und tausend andere Einzelheiten, sie waren mir mit dem Aussprechen oder dem Bloßdenken der Worte Algier und Tunis magisch lebendig; zwei Jahrtausende Kämpfe und Geschichte im Mittelalter und unzählige andere Bindungen drängten sich aus dem Gedächtnis, all das seit meinen Kindertagen Gelesene und Gelernte bereicherte dieses eine hingeträumte Wort. Und ich verstand, daß die Gabe oder die Gnade, weiträumig zu denken und in vielen Verbindungen, daß diese herrliche und einzig richtige Art, gleichsam von vielen Flächen her die Welt anzuschauen, nur dem zuteil wird, der über seine eigene Erfahrung hinaus die in den Büchern aufbewahrte aus vielen Ländern, Menschen und Zeiten einmal in sich aufgenommen hat, und war erschüttert, wie eng jeder die Welt empfinden muß, der sich dem Buch versagt. Aber auch, daß ich all dies durchdachte, daß ich so vehement fühlen konnte, was diesem armen Giovanni fehlte an gesteigerter Weltlust, diese Gabe, erschüttert werden zu können von einem fremden, zufälligen Schicksal, dankte ich dies nicht der Beschäftigung mit dem Dichterischen? Denn wenn wir lesen, was tun wir anders, als fremde Menschen von innen heraus mitzuleben, mit ihren Augen zu schauen, mit ihrem Hirn zu denken? Und nun erinnerte ich mich immer lebhafter und erkenntlicher aus diesem einen belebten und dankbaren Augenblick an die unzähligen Beglückungen, die ich von Büchern empfangen; ein Beispiel nach dem anderen reihte sich innen, wie oben im Himmel Stern an Stern, ich besann mich auf einzelne, die mein Leben aus der Enge der Unwissenheit erweitert, mir die Werte gestuft hatten und dem Knaben schon Erregungen und Erfahrungen gegeben, die mächtiger waren als sein damals noch schmaler und unreifer Leib. Darum, jetzt verstand ich's, hatte sich auch so übermächtig dem Kinde die Seele gespannt, wenn es Plutarch las oder die Seeabenteuer des Midshipman oder die Jagden Lederstrumpfs, denn eine wildere und heißere Welt brach damals in die bürgerlichen Wohnungswände und riß gleichzeitig aus ihnen heraus: zum erstenmal aus Büchern hatte ich die Weite, die unausmeßbare, unserer Welt geahnt und die Lust, mich an sie zu verlieren. Einen Großteil all unserer Spannungen, jenes Über-uns-hinaus-Begehrens, diesen besten Teil unseres Wesens, all diesen heiligen Durst, ihn danken wir dem Salz der Bücher, das uns zwingt, immer wieder neues Erlebnis in uns einzutrinken. Ich erinnerte mich an wichtige Entscheidungen, die mir von Büchern kamen, an Begegnungen mit längst abgestorbenen Dichtern, die mir wichtiger waren als manche mit Freunden und Frauen, an Liebesnächte mit Büchern, wo man wie in jenen anderen den Schlaf selig im Genuß versäumte; und je mehr ich nachdachte, um so mehr erkannte ich, daß unsere geistige Welt aus Millionen Monaden einzelner Eindrücke besteht, deren geringste Zahl nur aus Geschautem und Erfahrenem stammt – alles andere aber, die wesentliche verflochtene Masse, sie danken wir Büchern, dem Gelesenen, dem Übermittelten, dem Erlernten.

Es war wunderbar, all dem nachzusinnen. Langvergessene Beglückungen, die ich durch Bücher erfahren, fielen mir wieder ein, eine erinnerte mich an die andere, und so wie in dem nachtsamtenen Himmel über mir, wenn ich versuchte, die Sterne zu zählen, immer neue und unbemerkte auftauchten und mir das Zählen verwirrten, so wurde ich auch bei dieser Tiefschau in die innere Sphäre gewahr, daß auch dieser unser anderer Sternenhimmel überleuchtet ist von unerrechenbar vielen einzelnen Lichtflammen und daß wir durch das Genießenkönnen des Geistigen noch ein zweites Weltall haben, das um uns leuchtend kreist, gleichfalls von geheimer Musik erfüllt. Nie war ich den Büchern so nah gewesen wie in dieser Stunde, da ich keines in Händen hielt und nur an sie dachte, aber mit der gesammelten Erkenntlichkeit einer aufgetanen Seele. An dem kleinen Erlebnis mit dem Analphabeten, diesem armen Eunuchen des Geistes, der, ebenso gestaltet wie wir, infolge dieses einen Defektes nicht vermochte, liebend und schöpferisch in die höhere Welt einzudringen, empfand ich die ganze Magie des Buches, in dem jedem Wissenden das Universum täglich offen aufgeschlagen ist.

Wer aber einmal so den Wert des Geschriebenen, Gedruckten, der geistigen Sprachübermittlung in seiner ganzen unausmeßbaren Weite erlebt, ob an einem einzelnen Buch, ob an ihrem Gesamtdasein, der lächelt dann mitleidig über die Kleinmütigkeit, die heute so viele und selbst Kluge ergreift. Die Zeit des Buches sei zu Ende, die Technik habe jetzt das Wort, so klagen sie, das Grammophon, der Kinematograph, das Radio als raffiniertere und bequemere Übermittlungsleiter des Wortes und des Gedankens begännen schon das Buch zu verdrängen, und bald würde seine kulturhistorische Mission der Vergangenheit angehören. Aber wie eng ist das gesehen, wie kurz gedacht! Denn wo wäre jemals der Technik ein

Wunderbares gelungen, das jenes tausendjahralte des Buches überträfe, ja auch nur erreichte! Kein Explosivmittel hat die Chemie entdeckt, das so weitrechend und welterschütternd wirkte, keine Stahlplatte, keinen Eisenzement hat sie gehämmert, der an Beständigkeit diese kleinen Bündel bedruckten Papiers überdauerte. Noch hat keine elektrische Lichtquelle solche Erleuchtung geschaffen, wie sie von manchem dünnen Bändchen ausgeht, noch immer ist kein künstlicher Kraftstrom jenem vergleichbar, der die Seele bei der Berührung mit dem gedruckten Wort erfüllt. Alterslos und unzerstörbar, unveränderlich in den Zeiten, komprimierteste Kraft in winzigster und wandelhaftester Form, hat das Buch nichts von der Technik zu fürchten, denn sie selbst, wie anders erlernt und verbessert sie sich denn aus Büchern? Überall, nicht nur in unserem eigenen Leben, ist das Buch Alpha und Omega alles Wissens und jeder Wissenschaft Anfang. Und je inniger man mit Büchern lebt, desto tiefer erlebt man die Gesamtheit des Lebens, denn wunderbar vervielfacht, nicht nur mit dem eigenen Auge, sondern mit dem Seelenblick Unzähliger sieht und durchdringt dank ihrer herrlichen Hilfe der Liebende die Welt.

Der richtige Goethe

Welche Goetheausgabe, fragt sich mancher, soll ich mir wünschen, soll ich mir wählen? Einstmals, eigentlich ein halbes Jahrhundert lang waren die Auswahlausgaben am meisten begehrt, denn die frühere Generation sah in Goethe immer und einzig nur den Dichter und betrachtete seine naturwissenschaftlichen, seine philosophischen und geologischen Studien nur als lästige Schrulle des alternden Mannes, und erst das letzte Jahrzehnt hat eigentlich den Deutschen wieder die Ganzheit Goethes, diese einzige Summe von Leben, Tätigkeit und Werk gegenständlich gemacht. Die großen Biographien von Bielschowsky, Gundolf, Chamberlain, Emil Ludwig ließen mit einemmal so eine einzige Erscheinung als einen Kosmos betrachten, als durchaus organische Einheit, innerhalb der jede individuelle Betätigung ebenso naturnotwendig und gesetzhaft sich offenbarte als die bloß dichterische Produktion. So verwandelte sich mit zunehmender Erkenntnis des geistigen Umfangs auch die zunehmende Neigung, den ganzen Goethe zu besitzen, und eine Reihe von Ausgaben der letzten Jahre bieten die gleiche Erscheinung in den verschiedenartigsten Formen dar.

Welche nun ist die richtige, in welcher ist der wahre, der vollkommene Goethe am reinsten, übersichtlichsten und einheitlichsten erkennbar? Die Musterausgabe muß natürlich die sogenannte Sophienausgabe der Großherzogin von Weimar bleiben, die nicht nur alle Texte, Fassungen und Versionen gleichzeitig mit den Briefen und

Urkunden bringt, sondern auch jede Wortdifferenz zwischen handschriftlicher Vorlage und Druck in den Anmerkungen sorglich festhält. Zwei Geschlechter von Goethe-Philologen haben daran ein Vierteljahrhundert gearbeitet und erst im Kriege den Schlußstein des weitausladenden Gebäudes gesetzt, eines Baues, wie ihn in Schönheit des Gegenstandes, in Fleiß und Sauberkeit der Ausführung kaum irgendeine andere Nation auch nur annähernd vergleichbar hat. Sicherlich wäre also die Sophienausgabe von den richtigen die richtigste, aber sie ist eben durch ihren Umfang den Meisten unerreichbar, denn sie umfaßt nicht weniger als 154 große Bände, füllt also für sich allein schon einen ganzen Bücherschrank und ist überdies bereits längst vergriffen, nur selten im Antiquariat vollständig und dann nur zu einem Phantasiepreis aufzutreiben. Ihr zur Seite trat die Großherzog Wilhelm Ernst-Ausgabe des Insel-Verlags, die einerseits die Vollständigkeit der Sophienausgabe erhalten, aber andererseits ihren Hauptmangel für den Gebrauch, nämlich die Unhandlichkeit glücklich beseitigen wollte. Sie verzichtet auf Anmerkungen, Einleitungen, Zeitbestimmungen und bringt nur den vollständigen, revidierten Text von sämtlichen Goetheschriften, mit Ausnahme der Briefe und Gespräche (die sich jetzt in gleicher Ausstattung frei anschließen). Durch die Anwendung des englischen Dünndruckpapiers ist es gelungen, das ganze gigantische Werk in 16 weichgebundenen Bänden zusammenzudrängen. Im Bücherschrank nimmt diese wundervolle Ausgabe kaum eine Reihe ein, und jeder einzelne Band ist ausgezeichnet geeignet, auf die Reise oder bei einem Spaziergang in der Tasche mitgenommen zu werden: so ist sie die richtige Ausgabe, um Goethe mit sich zu haben und doch ganz zu haben, während die Sophienausgabe die typische für öffentliche oder private Bibliotheken, für den Forscher und Ergründer darstellt.

Eine dritte Ausgabe wiederum, die Propyläen-Ausgabe, ließ ein anderes Prinzip vorwalten, das zwar Goethe selbst einmal streng verpönt hatte, das aber doch einen unvergleichlichen psychologischen Reiz ausübt, nämlich die chronologische Anordnung. In dieser Ausgabe sind die einzelnen Werke nicht in Gruppen zusammengestellt, sondern nach dem Zeitpunkt ihrer Entstehung, und stärker als in jeder andern spürt man da nicht nur das Sein der Goetheschen Produktion, sondern auch das allmähliche Werden. Auch sie ist eine richtige Goetheausgabe, so verschieden sie von den anderen ist, und eigentlich hätte man Neigung, diese drei vorbildlichen Ausgaben, die gleichsam die Forschung, die Lektüre und seine Lebensentwicklung vorstellen, alle drei zu besitzen, was aber heute [1923] in der Zeit der Buchteuerung und der Wohnungsnot für einen Privaten einen wohl kaum erfüllbaren Wunsch bedeutet.

Nun kommt noch in schwerster deutscher Stunde eine vierte in ihrer Art mustergültige Ausgabe, bei Ullstein dazu, wiederum eine vollständige, aber wiederum eine nach einem anderen Prinzip geordnete. Sie übernimmt die chronologische Anordnung der Propyläen-Ausgabe, aber übernimmt sie doch nur innerhalb der einzelnen Gruppen. Sie bringt nicht wie in jener einzig die Zeit der Entstehung berücksichtigenden, Tagebuchblätter und Gedichte mit Dramen vermengt, sondern stellt erst innerhalb jeder einzelnen Gruppe im Drama, der Lyrik, Epik die einzelnen Werke in ihrer zeitlichen Aufeinanderfolge dar. Sie läßt ebenso wie die Insel-Ausgabe die textkritischen Anmerkungen und Urformen der Handschriften weg, fügt aber ein neues Element bei, nämlich Einleitungen für jeden Band, und diese Einführungen sind vielfach von hohem Reiz. Es wurden so ziemlich die besten Dichter des gegenwärtigen Deutschland, die ersten Philosophen und Essayisten gewonnen, je einen

Band mit einer Übersicht einzuführen: den Einklang gibt Gerhart Hauptmann, der gleichzeitig bescheidene und bedeutende Worte voranstellt, die zwar das Problem Goethes nicht formulieren wollen, aber gewissermaßen eine Heiligsprechung, eine ehrfürchtige Begrenzung des Namens bedeuten. Die eigentliche Gesamteinführung ist Georg Simmels Aufsatz ›Die Werte des Goetheschen Lebens‹ anvertraut, der sachlich, allzu sachlich die philosophischen Probleme erläutert und ihnen durch geistige Zusammenfassung höchsten Rang gibt. Bedeutend ist dann noch der unvergeßliche Aufsatz Hugo von Hofmannsthals, der den ›West-Östlichen Diwan‹, die subtilen Studien Hermann Bahrs, Hermann Hesses und Jakob Wassermanns die einzelne Prosabände einleiten, während die Aufsätze Eulenbergs und Cäsar Flaischlens für Lyrik und jene von Ernst Hardt über die Dramen nicht ganz an die Tiefe des Gegenstandes herankommen. Aber doch geben alle diese kurzen Vorklänge manchem Leser eine willkommene Einführung in die dichterische Sphäre und werden so sicherlich jenen, die nicht selbst ununterbrochen mit dem Goetheschen Problem als dem Zentralgestirn der deutschen Dichtung beschäftigt sind, vielfache Anregung geben. Bisher sind zwölf Bände dieser auch äußerlich handlichen und durchaus empfehlenswerten Ausgabe bei Ullstein erschienen, die das dichterische Werk schon ganz umschließen, und denen die nächsten acht Bände über Naturwissenschaft, Philosophie und Geologie bald nachfolgen sollen. Mit verdoppelter Bewunderung muß man auf diese Leistung hinweisen, da sie inmitten der schwersten und schwierigsten Verhältnisse entstanden ist und zu verhältnismäßig erschwinglichem Preise die Möglichkeit gibt, den ganzen Goethe zu genießen und sich zu gewinnen.

Für welche der einzelnen Ausgaben sich der einzelne entscheidet, welche er als die richtige empfinden wird, ist nun jedem anheimgestellt. Alle enthalten sie die ganze unübersehbare Fülle Goethes, und jede wird die richtige, sobald der einzelne daraus die Wesenheit des Gewaltigen ahnend, genießend, forschend und durchdringend für sich selbst gewinnt. Jede enthält das Ganze, jedem ist darin die unendliche Fülle gegeben, jeder vermag sich nun in persönlicher Wahl daraus sein zeitlich Teil anzueignen. Seinen richtigen Goethe, denn er ist so groß, der Gewaltige, daß wir immer nur eine Spur seiner Ganzheit für uns zu fassen vermögen.

Goethes Leben im Gedicht

Zum 28. August 1916

Ins furchtbar Gemeinsame verkettet, ist dem einzelnen für weniges jetzt die Seele ganz frei; der innere Tag, fast jedem ist er genommen vom äußeren Zwang, das gewohnte Tun dem liebsten Wunsch entfremdet und selbst dem Gefühl der reine Ausdruck verwehrt. Freude aus sich hochschweben zu lassen, wie geht es heute an, da der Blick sich umflort an der nahen Tragik einer selbstmörderischen Welt, und der Zorn wiederum, ihm ist das Wort verweigert und der Erbitterung die Sprache erwürgt. Gefangen im stählernen Netz der Zeit sind die Gefühle. In allem ist die Seele behindert und beschränkt, und nur einer Regung vermag sie sich freizuhalten, aber der besten vielleicht: der Dankbarkeit. Wenn jetzt zwischen den gepreßten Stunden eine noch klar und rein herüberglänzt in das Chaos des Geschehens, ihr dankbar zu sein, ist noch verstattet, und sie, die seltene, zu genießen, wird Pflicht und Rettung zugleich.

Solche, jetzt siebenfach kostbare Stunden danke ich einem kleinen Buch, das kürzlich den Weg zu mir gefunden hat und das ich seitdem noch nicht aus meinem Leben ließ. Immer ist es bei mir, denn seine zwei biegsamen Lederbändchen, die auf Dünndruckpapier anderthalbtausend Seiten ohne Zwang zusammenpressen, schmiegen sich leicht der Tasche ein; immer sind sie da, wenn der Wunsch nach ihnen greift, in der Straßenbahn oder auf einem Spaziergang, immer und überall fügen sie sich leicht der tastenden Hand und schlagen sich spendend auf vor dem inneren Blick. Dem ich diese treuen Begleiter im Letzten danke, ihn, der diese wunderbare, ganz einzig handliche Ausgabe der deutschen Klassiker durch seine Initiative und Generosität schuf, ihn findet freilich mein Dank nicht mehr; Alfred Walter Heymel, den Begründer der Großherzog Wilhelm Ernst-Ausgabe deutscher Klassiker, hat der Tod in Flandern vom Sattel gehoben, und auch er, dessen Werk in dieser neuen Form ich in diesen Tagen wie zum erstenmal genieße, auch er, Goethe, ist irdischem Danke entrückt. Der Anlaß ist ins allgemeine zurückgefallen, und so dankt in mir das Gefühl nur dem eigenen Erlebnis.

Nun habe ich's schon gesagt, daß ich der Neuausgabe von Goethes Gedichten in dieser entzückenden Taschenform* seltene und nun siebenfach seltene Freude schulde, aber keineswegs möchte ich's vordringlich als sonderliche und persönliche Entdeckung rühmen, daß Goethesche Gedichte, wann immer sie wieder einem sich auftun, unendliche Tröstung schaffen, noch mich vermessen, von ihnen etwas Neues und Bedeutsames rühmen zu können. Sie anzupreisen, Goethes Gedichte, tut wahrlich nicht not, dann wer kennt sie nicht? Im flüchtigsten Wort des Gespräches eines jeden von uns ist viel von ihnen geheimnisvoll unbewußt als geprägtes Wort lebendig, Sprichwort und Rede sind getränkt von ihrem Saft, Schrift und Satzbild trächtig von ihren lebendigen Kräften. Mit dem Buchstaben, mit dem Alphabet fast schon lernt der Deutsche sie sich ein, denn schon aus der viereckigen Fibel, die man noch mit kleinen Händen vor dem ungeübten Blick hob, buchstabierte man sich die ersten heraus, das ›Heideröslein‹ etwa oder ›Gefunden‹. Aufsteigend in der Schule, ist man anderen Versen dann vertraut geworden, hat manche selbst vor dem Katheder

* ›Goethes Gedichte‹. In chronologischer Folge herausgegeben von Hans Gerhard Gräf. Großherzog Wilhelm Ernst-Ausgabe, Insel-Verlag, Leipzig. Zwei Bände.

unsicher und als etwas unwillig Gelerntes gestammelt, hat diese Balladen später vielleicht, getragen vom flügelnden Schlag der Stimme Kainzens, in sich eingeklungen, andere wieder – und von Jahr zu Jahr andere – sich selbst entdeckt beim Schein einer abendlichen Leuchte oder auf einem Gang übers Feld. So allgemein bekannt und vertraut sind sie dem Deutschen Goethes Gedichte, daß der Begriff der Bildung fast bestimmt ist und gebunden an ihre Kenntnis – und doch, und doch, wie konnte es geschehen, daß sie mir diesmal neu wurden, ohne mir je fremd gewesen zu sein, daß ich sie wieder las in dieser Ausgabe wie zum erstenmal und ihnen dankte wie vielleicht nie zuvor? Was hat sie, die immer schon Seelenhaften, nun so seltsam neubeseelt, daß ihr altgewohnter Besitz sich nochmals zurückverwandeln konnte in ein wie erstes Erleben?

Nur ein Geringes ist in dieser neuen Gesamtausgabe anders als in allen bisherigen, nichts ist verwandelt in Gewicht und Gehalt, nur die Form ist leicht gewandelt und – da der Sinn an Formen hängt – mit ihr auch der innere Sinn. Eine kleine Verschiebung, eine anscheinend ganz unbeträchtliche, eine philologische Umstellung ist vorgenommen, aber so wie im Kaleidoskop ein kleiner Ruck genügt, um das farbige Glasmosaik in ein ganz neues Ornament zusammenrieseln zu lassen, so hat hier in dieser neuen Anordnung der kleine Ruck einer liebevoll gewandten Hand den Sinn des Ganzen wesenhaft verwandelt. Bisher waren fast alle Ausgaben entweder Auswahlen, deren Lese und Ordnung der Geschmack und die persönliche Absicht des Wählenden bestimmte, oder sie ordneten sich als Gesamtausgaben jener Gruppierung der Ausgabe letzter Hand nach, die im wesentlichen noch von Goethe selbst herstammt. Dort war die gewaltige Zahl der Gedichte um einzelne Kreise, einzelne Begriffe methodisch gereiht, deren Überschriften »Natur«, »Kunst«, »Antiker Form sich nähernd«, »Gott und Welt« Goethe selbst mit prägnanten Denksprüchen begleitete. Wie ein Blumenstrauß waren dort die Verse zusammengebunden um einen inneren Begriff, das ungeheure lyrische Reich aufgeteilt in einzelne Provinzen der Seele und der Sinne. Hier nun ist die künstlerische Einordnung zerstört, um der Übersicht willen das Organische nicht der Kunst, sondern des Lebens erstrebt. Zum erstenmal in einer Gesamtausgabe erscheinen hier Goethes Gedichte chronologisch geordnet, einzig gereiht nach dem bunt-bedeutsamen Durcheinander ihrer Entstehung. Die kunstvollen Blumensträuße sind wieder aufgebunden und von sorglicher Hand jede einzelne wieder eingesenkt in das Erdreich, in die Landschaft seines zeugenden Lebens, das ordnende Prinzip nicht in der Kunst Goethes, sondern in seiner Existenz gefunden, die wir längst gewohnt sind, selbst als ein Kunstwerk zu betrachten und zu verstehen. Es sind eigentlich nicht Goethes Gedichte mehr, die diese neue Ausgabe uns genießen läßt, sondern Goethes Leben im Gedicht.

Bei jedem anderen Dichter wäre die Zulänglichkeit und Ersprießlichkeit eines solchen Unternehmens, das unscheinbar und bescheiden eine kaum übersehbare Fülle philologischen Fleißes in sich schließt, in Diskussion zu ziehen. Bei Goethe aber, der seinem schöpferischen Werk die Formel fand: »Poetischer Gehalt ist Gehalt des eigenen Lebens«, dient in wunderbarer Wechselwirkung jede Biographie zum Begreifen seines Kunstwerkes, jedes Kunstwerk zum Erfassen seiner irdischen Natur. Bei keinem so sehr wie bei ihm steigert sich das Genießen des Gestalteten so durch die Beziehung auf sein Leben, erklärt sich Bedeutsamstes der inneren Welt so sehr durch äußeren Anlaß. Alles, auch das Entfernteste, hat ja bei ihm Bezug auf Tatsächlichkeiten, und niemand hat es deutlicher als er selbst bekannt, damals im denkwürdigen

Gespräche mit Eckermann: »Alle meine Gedichte sind Gelegenheitsgedichte: sie sind durch die Wirklichkeit angeregt und haben darin Grund und Boden«, und mit diesem Bekenntnis uns berechtigt, diesen Bezug immer wieder aufs neue zu suchen. Liest man die Gedichte nun zum erstenmal in dieser neuen Ordnung, ganz so wie sie vor einem Jahrhundert Tag um Tag, Jahr um Jahr seiner steigenden und allmählich wieder erstarrenden Schöpfungskraft entquollen sind, so erlebt man sie in einem neuen und viel persönlicheren Sinn als je zuvor, denn alles hat nun Beziehung auf sein Schicksal, spiegelt in leichten oder starken Reflexen fremde Gestalten, Frauen und Landschaften, Stadt und Reisen bis ins einzelne Gedicht hinein. Gleichsam ein Hintergrund ist hinter jedes einzelne gestellt, ein Rahmen jedem Bilde umtan, der seine Farben seltsam verstärkt, und mancher Klang in einem oft gelesenen Vers hat mit einem Male seltsam bewegte Resonanz von verklungenem Leben. Was früher ein Beisammensein war von Gedichten, ist nun eine einzige Wanderschaft durch die gesegneten siebzig Jahre seiner schaffenden Existenz, durch die Landschaft seines unvergleichlichen Lebens.

Wunderbar, wie man sie fühlt, diese Landschaft seines Lebens, geführt vom Gedicht, denn nicht still und kalt liegt sie da, gleichsam in seinem warmen Blute wandern wir hin und spüren nachfühlend die Jahreszeiten des Lebens. Frühling, Sommer, Herbst und Winter ist darin, mit allen Mysterien des Überganges, und gleichzeitig schließt jenes andere Geheimnis sich auf, das Erwachen der Kunst, das Blühen und Erstarren des bildnerischen Triebes mit dem blühenden und wieder erkaltenden Blute. Das erste Blatt gleich das Gelegenheitsgedicht des Achtjährigen an seine Großeltern ›Bey dem erfreulichen Anbruch des 1757. Jahres seinen hochgeehrten und herzlichgeliebten Großeltern von derselben treugehorsamsten Enkel gewidmet‹. Es tut die Frankfurter Kinderstube rührend auf, zeigt wie ein kleines Pastell den Knaben im heimischen Kreis. Ungelenk, starr wie die Schrift auf dem gelblichen Blatt, das im Hause am Hirschgraben zu Frankfurt zu sehen ist, plagt sich der Ausdruck mit vorgezeichneten Formen: wie die Feder der kindischen Hand, so wehrt sich das Wort noch dem Reim. Ein paar Seiten weiter und wir blättern seine Knabenjahre mit, an denen die spielerischen Versuche immer mehr Gelenkigkeit gewinnen, französische und deutsche, englische Gedichtlein fließen flink und sauber von der leichten Schülerhand. Dann plötzlich eine Überschrift: Leipzig, der muntere Vogel ist flügge geworden und aus dem Nest. Mit einmal ist er nun der junge Student, der an der Pleiße zwischen Spaß und Spiel, Kolleg und Tanzen, Reiten und Fechten modische Verslein macht, Verse, die sich bald in Alexandrinerfloskeln verschnüren, mit bunten Schäferbändern behängen, bald wieder im burschikosen Übermut den Mummenschanz sich abreißen und mit derben Reimen wie mit der Peitsche knallen. Unwillkürlich blättert man sich dazu das Silhouettenbildnis des damaligen Studenten Johann Wolfgang auf, das zierliche Bürschchen mit Zopf, Puderquaste und Spazierstock, aus dessen Profil noch ganz der spielerische Knabe lugt, der sich vergnüglich in Klein-Paris die Zeit vertreibt. Man blättert weiter in diesen lyrischen Tändeleien, blätter weiter vorbei an der neuen Jahreszahl, dem neuen Orte Straßburg, um plötzlich in wundervoller Überraschung zu erschrecken. Denn da ist plötzlich ein Gedicht, ein wirkliches Gedicht, das vollendete herrliche Gedicht mit dem strömenden, stürmenden Anfang: »Es schlug mein Herz; geschwind zu Pferde!« Staunend spürt man, hier hat aus losem Spiel plötzlich das ewig-unbegreifliche Wunder in diesem Menschen begonnen, das nicht mehr endet für ihn und nicht mehr für uns, hier ist in diesen Friederiken-

Liedern zum erstenmal das deutsche lyrische Gedicht geschaffen und vollendet zugleich. Und von diesem Blatte an, von diesem ersten wahrhaften Gedicht, das den lyrischen Menschen in ihm gleichsam aufgesprengt hat, strömt's dahin, strömt's, ein ungeheurer rauschender Bach diese ganzen anderthalbtausend Seiten mit einer Fülle, die immer unbegreiflicher wird an jedem erneuten Erleben. Die wundervollen Jahre kommen, die Jahre von Wetzlar, Frankfurt und Weimar, die frühlingshaft-triebstarken Jahre, die der Alternde dann voll erhabener Wehmut in dem Vorspiel zum ›Faust‹ wieder heraufbeschwor als jene:

> Da sich ein Quell gedrängter Lieder
> Ununterbrochen neu gebar.

Das Gestirn steigt an zum Mittag des Lebens, weit sind die Fernen erhellt im immer klareren Licht des Erkennens, aller Zeiten und Völker Horizont wölbt sich über der einzelnen Existenz, alle Formen sind gewonnen und aus ihnen die Harmonie. Die unendliche Landschaft der Goetheschen Welt in der Vielfalt seines Gedichts, nun erst, in diesem mählichen Aufstieg vom spielerischen und dumpfen Beginn, nun erst fühlt man sie in ihrer einzigen Gewalt. Und fühlt zugleich schon, wie seine eigene Gestalt in der ungeheuren Allegorie seiner gesteigerten Existenz wieder zu verschwinden beginnt. Der sich in den ersten Blättern dieses Buches so restlos, so leidenschaftlich verriet, allmählich beginnt er sich zu verbergen. Der Weise verschattet den Dichter, der öffentlich wirkende Mensch den stürmenden Gestalter, das Symbol die Anschauung, die Scharade das Geständnis, orphisches Dunkel das bewegte Farbenspiel: wunderbar fühlt man in dem Marmorwerden des Gedichts die erste Kühle vom Alter her, das Erkälten des Blutes im antikischorientalischen Formenzwang. Legt man nun ein Bildblatt sich neben das Buch, so ist's die Abbildung der steinernen Büsten David d'Angers oder Rauchs, das Bildnis des Weisen, dem mehr als vordem das unruhig dunkle Auge nun die hochgewölbte freie Stirn das Antlitz bedeutsam macht. Unmerklich ist man im Blut seiner Gedichte ans Ende seines breitgefügten, ewig fruchtbereiten Lebens mitgealtert, und eben an dieser Sanftheit und Selbstverständlichkeit des Überganges spürt, erlebt man das einzig Organische dieser Existenz, in der sich nichts in starren gewaltsamen Epochen stößt und grenzt, sondern alles in einheitlicher Verknüpfung sich ablöst und steigert. So viel immer auch in ihm neu beginnt, nichts ist doch jemals ganz zu Ende, alles hat seine »Dauer im Wechsel«, und kaum hat man's je ergreifender gefühlt, wie – er hat es selbst das erhabene Vorrecht der Großen genannt – in dem versteinerten, erstarrenden, einsamen, abseitig sich fördernden Meister die Jugend, die eigene, immer wieder noch einmal anhebt. Man liest die Verse der späten Jahre zu Weimar, bittere Sprüche, marmorne Bildungen starkvergeistigten Gefühls, schon weht's einen kühl an, da wendet man das Blatt, »Reise nach Franken« steht darauf oder »Reise nach Böhmen« mit einer späten Zahl seines Lebens, und man spürt eine Begegnung, denn in diesen Versen an Marianne v. Willemer oder Ulrike v. Levetzow belebt sich wunderbar noch einmal der lyrische Gestalter in ihm, und staunend erkennt man das Wunder der ewigen Erneuerung des Gefühls. Nie, vom ersten bis zum letzten Blatt, das die mit zitternder Hand in den Märztagen des Todesjahres hingeworfenen Verszeilen birgt, steht man innerlich allein und fremd in dieser ungeheuren Landschaft seines Wirkens, und mit großartiger Geste faßt der Siebzigjährige den ganzen Ertrag dieses Weltblickes in die einzige lyrische Zeile zusammen: »Wie es auch sei, das Leben, es ist gut.«

Dieses tiefe Geheimnis der Selbstverwandlung der Kunst mit dem fortgelebten, von Kindheit zum Alter, ständig belebtem Leben, dieses Geheimnis eines Werkes, das über zwei Menschenalter hin sich wölbt, war schon im ›Faust‹ und im ›Wilhelm Meister‹ uns einmal mitzufühlen gegönnt, in beiden Werken, die seine Jugend begonnen, sein Alter vollendet und sein Leben geschaffen hat. Diese organisch gestaltete Anordnung seiner Gedichte läßt es uns nun zum drittenmal betrachtend fühlen, daß Werk und Leben ein einziges untrennbares, blühendes und langsam welkendes Wesen bei Goethe sind, und niemals hat man es vielleicht besser gefühlt als im vergleichenden Genießen, denn jedes Gedicht ist nun durchtränkt vom Sinn des Ganzen und das Ganze wieder beseelt von jedem einzelnen Vers. Daß auch notwendigerweise das Nichtige einbezogen ist, die zahllosen Verse, in denen das tote Material des Verses und des Reimes in Abwesenheit des produktiven Elements sich gleichsam selbst fortgedichtet hat, gerade dies verinnerlicht und verwahrheitlicht das menschliche Bild, ohne das des Künstlers zu vermindern. Gerade in dem zeitlichen Nebeneinander des großartigen Gedichtes mit den kleinlichsten Gelegenheitsversen mag der Unbelehrte spüren, daß auch in dem gewaltigen Menschen wie im Täglichen auch im Geistigen die niederen Funktionen den erhabenen eng benachbart sind und eben die Gemengtheit des Gestalteten die nur gelegentliche Gegenwart des Genius in der Wirrheit des täglichen Tages zum höheren Wunder macht. Vermenschlichung eines Werkes fördert immer mehr sein letztes Verstehen als seine Vergöttlichung, und diese wird hier geboten durch die Gesamtheit, die wahllose, seiner Verse und die sinnvolle Anordnung in ihrem eigentlichsten Sinne, dem seines eigenen Lebens.

Und dieses Leben Goethes, mehr als je, erneut sich's in

diesen unseren Tagen. Zwei umfassende, breitwuchtige und innerlich tiefgründige Darstellungen, die Houston Stewart Chamberlains und Georg Simmels, haben fast gleichzeitig es in seiner ganzen bedeutsamen Fülle darzustellen versucht, in einem Tafelwerk ›Goethes äußere Erscheinung‹ hat man handlich alle Bilder dem Blick vereint, und in Weimar sind die Kärrner am Königsbau unablässig am Werk. Es galt lange als gute literarische Sitte, ihrer zu spotten, daß sie jeden Waschzettel bergen, jeder Spur bis in Staub und Schutt nachspürten, die er jemals gegangen – mir war's nie gegeben, diese stille und doch leidenschaftliche Tätigkeit als eine minderwertige zu empfinden, denn jede Hingabe an das Gewaltige will mir fruchtbar erscheinen und gerade diesen regen stillen Menschen danke ich vielfachsten Gewinn. Hans Gerhard Gräf, der diese meisterhafte Anordnung der Gedichte schuf (die auf schwierigsten Konjekturen ruht, auf Entzifferungen mühevollster Art und Forschungen, die über Jahre hingehen), hat in dem neunbändigen Werk ›Goethe über seine Dichtungen‹ ein einziges Kompendium der Selbstbewertung eines Dichters geschaffen, und das nüchterne Diarium, das Kalendarium, das er plant, wird uns – möge er's doch vollenden! – Tag für Tag dieses exemplarischen Lebens, die ganze Tätigkeit von jedem Morgen zum Abend zeigen und damit dem ewig unverständlichen Geheimnis von Goethes Lebenskunst näher bringen, als jede weitschweifige und geistige Darstellung. Schicht für Schicht bauen dort fleißige Hände die ganze irdische Existenz noch einmal auf, allmählich wandert jedes Blatt, das er geschrieben, jedes Bild, das ihn darstellt, nach Weimar wieder hin, in das Haus, von dem in zahllosen Manifestationen die Flut, die niemüde, seines Wirkens sich ausströmte in die Welt, ebbt sie wieder zurück. Jedes Möbelstück – wie viele mußten zurückgeholt werden aus ihrer Diaspora – steht nun wieder auf dem alten Platze und grüßt die Besucher wie einst, da sie ihn selbst suchten, den Gewaltigen; mitten im Kriege haben die Sorglichen mit deutschem Bedacht dort die Sammlungen von Steinen, Pflanzen, Kameen, an denen er mit so viel Liebe hing, in die er so viel Zeit und suchende Kraft verinnerlicht hat, sichtbar gemacht und damit eine neue Facette seiner Existenz belichtet. Einzelarbeiten scheinen sie alle zu tun und sind doch Wirkende gemeinsamer Tat, denn mehr als ein Denkmal ist es, ein starres, das sie schaffen, die Tat in Weimar gilt im letzten der Erneuerung seiner realen Existenz, einem sichtlichen Symbol seiner inkommensurablen Persönlichkeit. Dort, wo es körperlich verloschen ist, sein Leben, baut es sich geistig aus seinen eigenen Elementen wieder auf, und in dem Maße, als er durch die Zeit, die fühllose, ferner wird, macht ihn sorgliche Hingabe und werktätige Liebe wieder nah.

Zu Goethes Gedichten

Vorrede zu meiner Auswahl von Goethes Gedichten im Verlag von Philipp Reclam jun.

Das erste Gedicht Goethes malt die ungelenke Kinderhand des Achtjährigen auf ein Geburtstagsblatt für die Großeltern. Das letzte Gedicht Goethes schreibt die zweiundachtzigjährige Greisenhand, einige hundert Stunden vor seinem Tode. Innerhalb so patriarchalischer Weite des Lebens schwebt unwandelbar die Aura der Dichtung über diesem unermüdlichen Haupt. Es gibt kein Jahr, in manchem Jahr keinen Monat, in manchem Monat keinen Tag, wo dieser einzige Mensch sich das Wunder seines Wesens nicht selbst in gebundener Rede erläutert und bekräftigt hätte.

Mit dem ersten Federzug beginnt also bei Goethe die lyrische Produktion, um erst mit dem letzten Atemzug zu enden: Dichtung ist ihm ebenso unentbehrlich und selbstverständlich für die ständige Interpretation seines Lebens wie Strahlung dem Licht und Wachstum dem Baum. Sie wird durchaus organischer Vorgang, eine Funktion des Elements Goethes, eine nicht wegdenkbare, und fast wagt man nicht, sie Tätigkeit zu benennen, weil Tun schon etwas an den Willen Gebundenes ausdrückt, indes sich bei dieser notwendig schaffenden Natur die dichterische Reaktion gegen den Andrang des Gefühles gleichsam chemisch und bluthaft vollzieht. Der Übergang von der prosaischen Sprache ins gereimte und dichterische Wort geschieht bei ihm völlig zwanglos:

mitten im Brief, im Drama, in der Novelle rauscht die Prosa plötzlich beflügelt in die ungebundene Form dieser höheren Gebundenheit. Jede Leidenschaft schwebt in ihr hoch, jedes Gefühl löst sich auf in ihren Sphären. Kaum wird man darum in der ganzen fülligen Breite seiner Existenz irgendeinem wesentlichen Geschehnis des Menschen ohne poetische Verdichtung begegnen. Denn wie selten das Gedicht bei Goethe ohne Erlebnis, so auch selten ein Erlebnis ohne den goldenen Schatten des Gedichtes.

Manchmal hat dies lyrische Strömen Stockungen und Störungen wie ein Körper seine Müdigkeiten. Doch nie lischt das Lyrische bei Goethe vollkommen aus. In den späteren Augenblicken seines Daseins glaubt man oft schon die von innen aufspringende Quelle unter der Dumpfheit des Lebens erstickt, vom Schutt der Gewöhnung versandet. Aber plötzlich sprengt ein Erlebnis, eine Explosion des Gefühles neue Quellen auf – aus anderer Tiefe, gleichsam aus anderen, verjüngten Adern beginnen die Verse neu zu strömen, das lyrische Wort kehrt nicht nur wieder, sondern – wunderbar! – mit einer anderen, noch unbekannten Melodie. Denn jede seiner Neugeburten, seiner Verwandlungen verwandelt auch seine innere Musik, an jeder Gärung des Blutes kühlt und keltert sich das Goethesche Gedicht zu neuem Arom – immer anders, immer dasselbe nach seinem eigenen Spruche: »Und so spalt' ich mich, ihr Lieben, und bin immerfort der Eine.«

Diese Ausdauer des lyrischen Geistes auf höchster Stufe der Steigerung und Spannkraft ist einzig bei diesem Dichter: die Weltliteratur hat nichts an Kontinuität wie an Intensität dieser Fülle zur Seite zu stellen. Nur ein anderer Trieb in ihm selbst ist gleich dauerhaft und jede wache Stunde bemeisternd: die Leidenschaft, das Geistige durch Gedanken zu binden, wie im Gedichte das Erlebte durch

Formen. Beides sind Resultanten desselben Willens, das zugeteilte Leben in Gestalt und Gedanken zu verwandeln und die Summe des Lebens durch schaffende Ordnung zu erhöhen. Wie die Ströme des Paradieses aus dem gleichen Urgrunde des Seins bis an die Enden der Welt, so rauschen diese beiden Ströme aus der Tiefe seiner Innerlichkeit seine ganze Existenz entlang: ihre Bindung und beharrliche Gleichzeitigkeit bildet das Geheimnis seiner Einzigkeit.

Großartig darum alle Augenblicke, wo diese beiden Hauptmanifestationen seines Lebens, wo Goethe, der Dichter, und Goethe, der Denker, sich durchdringen, wo Geist und Gefühl sich vollkommen ineinander lösen. Berühren sich diese Welten hoch oben in ihren Wipfeln, so entstehen jene gewichtigen Gedichte orphischer Tönung, die sowohl zum höchsten Gedankenwerk der Menschheit als zu dem lyrischen Reiche gehören; berühren sie sich aber tief in den Wurzeln ihres Ursprunges, so formen sie die vollkommensten Bindungen von Sprache und Geist, ›Faust‹ oder ›Pandora‹, Gedichte über allen Gedichten: das Weltgedicht.

Eine solche allseitige Ausbreitung der lyrischen Sphäre erfordert naturgemäß auch eine wahrhaft welthafte Fülle des lyrischen Ausdruckes. Goethe hat sie sich und uns innerhalb der deutschen Sprache erschaffen – fast möchte man sagen, aus dem Nichts. Der lyrische Fundus, den er von seinen Vorgängern übernimmt, ist abgenutzt, verstaubt, verblichen und nur eng auf bestimmte Trachten und Figuren der Dichtkunst zugeschnitten. Professoral-didaktisch sind die Stile des Gedichtes abgeteilt nach Anlaß und Herkunft – aus romanischer Sprachwelt hat die deutsche das Sonett sich geborgt, von der Antike den Hexameter und die Ode, von den Engländern die Ballade, und aus eigenem kaum mehr als die lockere Strophik des Volksliedes dazu gegeben. Goethe, der Strömende, dem Stoff und Form, Gehalt und Gefäß »Kern und Schale«, lebendige Einheit bedeuten, bemächtigt sich raschen Zugriffes all dieser Formen, füllt sie aus, ohne aber das Übermaß seines Ausbruches in ihnen ganz erfüllen zu können. Denn alles Eingeschränkte wird seiner schöpferischen Wandelbarkeit zu eng, alles Umschlossene zu kerkerhaft für den Überdrang seiner sprachlichen Gewalt. So entflieht er den gebundenen Formen ungeduldig in eine höhere Freiheit:

»Zugemessene Rhythmen reizen freilich,
Das Talent erfreut sich wohl darin,
Doch wie schnelle widern sie, abscheulich
Hohle Masken, ohne Blut und Sinn.
Selbst der Geist erscheint sich nicht erfreulich,
Wenn er nicht, auf neue Form bedacht,
Jener toten Form ein Ende macht.«

Diese »neue Form« des Goetheschen Gedichtes aber ist selbst wiederum keine einmalige, keine starr bestimmbare. Alle Formen aller Zeiten und Zonen zieht sein impulsiver Sprachdrang neugierig an sich, in jeder sich versuchend, an keiner sich genügend – vom hexametrischen Langzeiler bis zur kurzen, fast hüpfenden Form des Stabreimes, vom knorrigen Knüppelreim des Hans Sachsischen Gedichtes bis zum frei fließenden Pindarschen Hymnus, von der persischen Makame bis zum chinesischen Sinnspruch durchspielt und überspielt er alle bestehenden Metren mit seiner allumfassenden panischen Sprachgewalt. Und nicht genug daran, er schafft Hunderte neue Formen inmitten des deutschen Gedichtes, namenlose und unbenennbare, gesetzmäßige und nicht zu wiederholende, einzig nur ihm sich verdankende, deren souveräne Kühnheit auch unsere jüngste Generation nicht wesentlich übermessen hat. Manchmal fürchtet man fast, als hätten die siebzig Jahre seiner Dichtung schon die lyrische Formfähigkeit und Variation der deutschen Sprache zum Großteil erschöpft, denn so wie er wenig übernommen von dem früheren Geschlecht, so haben auch die Nachfahren dem lyrischen Ausdruck wenig Wesentliches dazugetan. Überragend einsam steht zwischen dem Vordem und Nachher seine unendliche Tat.

Doch Mannigfalt der Formen, sie würde allein nicht genügen als Bürgschaft lyrischer Überlegenheit; weltbedeutend macht ja den Dichter immer erst nur seine Allgegenwart in jedem Werke, das wirkliche Wunder, daß innerhalb seiner Mannigfaltigkeit jede einzelne Form und jede Äußerung das unsichtbare Merkmal der Einheit und Neuheit eingezeichnet trägt, also in mystischer Weiterleitung und Vererbung gleiches Blut bis in die letzte Ader seines Verses eindringt. Dieses Zeichen königlichen Ursprunges, dieses Zeichen geistigen und sprachlichen Herrentums ist jedem Goetheschen Gedicht so deutlich aufgeprägt, daß wir durch allen Formenwandel hindurch unverweigerlich in jedem einzelnen ihn als einzig möglichen Schöpfer erkennen, ja mehr noch – daß die wahrhaft Wissenden an jedem Korn seiner lyrischen Ernte noch Jahrgang und Stunde prüferisch unterscheiden, daß man aus irgendeiner Intonation, aus einer sprachlichen Handlung, aus irgendeinem Inkommensurablen fast immer bestimmen kann, welchem Jahresring dieses einzelne Gedicht angehört, ob seiner Jugend, seinen klassischen Jahren oder der Spätzeit. So wie der Duktus in seiner Handschrift trotz aller Wandlungen vom zehnten Jahre bis zum achtzigsten durch alle Wandlungen unverkennbar bleibt und man unter Tausenden Schriftzügen aus einem einzelnen Worte Goethe als den Schreibenden erkennt, so vermag man aus jeder Prosaseite, aus jedem Vierzeiler fehllos Goethe als den Dichter anzusprechen. Der

Makrokosmos, die Welt Goethes, ist sichtbar auch im Mikrokosmos, im kürzesten Gedicht.

Doch freilich, so leicht es fällt, das spezifisch Goethesche in Goethes Lyrik zu erkennen, so schwer fiele es (auch einem dickleibigen Buch), dies ganz Persönliche seiner Gegenwart sachlich zu fixieren und begrifflich starr zu umschränken. Bei Hölderlin, Novalis, bei Schillers Lyrik bietet es wenig Schwierigkeiten, die besondere Physiognomie des Sprachstils nachzuzeichnen, ja sogar auf metrische und ästhetische Formeln zu bringen, weil bei diesen eine deutlich besondere Sprachfarbe vorwaltet, die Ideenwelt bestimmt-umgrenzte Kreise zieht und die Rhythmik an eine besondere Form des Temperaments dauernd gebunden erscheint. Bei Goethes Lyrik aber führt jeder Versuch einer Formulierung unverweigerlich ins Geschwätzige oder Metaphorische. Denn seine Sprachfarbe ist die des Spektrums, das immer voll strömende, sich in ewiger Mannigfalt verwandelnde Licht, eine Sprachsonne, wenn man das Bild wagen darf, nicht bloß ein abgeteilter Strahl. Seine Rhythmik wiederum gehorcht nicht Trochäen und Daktylen, also einer einmaligen Einstellung, sondern taktiert in nachfühlendem Leben jeden Schlag dem eigenen stürmischen oder ruhenden Atem nach. So erscheint sein lyrischer Ausdruck dermaßen natürlich, daß nur seine Natur selbst, die allumfassende, und nicht die Literatur ihn zu erklären vermag. Immer führt jede Untersuchung von Goethes Eigenart im Gedicht über das Sprachtümliche hinaus in das Elementare seiner Natur, in die Sinnlichkeit seines Welterlebens. Immer ist die letzte Erklärung seiner Einheitlichkeit nicht das Kunstwerk, das Es; immer nur das Schöpferische, das Beharrende in der Verwandlung, das Unteilbare: Er.

Dieser »geheimnisvoll offenbaren« Einheit des Goetheschen Wesens steht paradoxerweise nichts mehr hemmend entgegen als seine eigene Fülle. Es ist schwer, Unendliches zu gliedern, ein Unüberschaubares zu umfassen, und wenn so viele Deutsche noch immer so wenig Eingang und Vertrautheit in Goethes Welt führt, so verschuldet dies einzig die Fülle der Gesichte. Denn wahrhaft erweist sich beinahe ein ganzes Leben notwendig, um das seine zu überschauen, ein ganzes Studium, um ihn zu verstehen: seine Schriften über die Naturwissenschaften allein bilden einen Kosmos, seine sechzig Briefbände eine Enzyklopädie. Und selbst seine Lyrik mit ihren mehr als tausend Gedichten wehrt durch ihre Mannigfalt jedem nicht fachlich geschulten Blick, als Einheit sich erkennen zu lassen. So ist der Wunsch nur allzu verständlich, durch eine Auswahl diese Vielzahl zu deutlicherer Übersicht zu verkürzen.

Freilich, mit wie hohem Anspruch tritt ein solches Unterfangen, aus Goethes lyrischer Welt die wesentlichsten Verse zu wählen, an einen einzelnen heran, der sich dieser Auswahl vermißt! Und nur die bescheidene Erkenntnis kann ihm seine Verantwortung mindern, daß bei einer solchen Lese nicht sein eigenes Wertgefühl hochmütig entscheidet, sondern unbewußt der Geist seiner ganzen Generation in dieser Aufgabe mitwaltet. Denn Goethes Bildnis und Leistung – verleugnen wir uns diese Tatsache nicht – tritt in immer anderer Gestalt und Verwandlung an jedes Geschlecht und innerhalb dieses an jedes Lebensalter andersdeutig heran. Nur scheinbar hat am 22. März 1832 die Kette jener geistigen Metamorphosen geendet, die wir Goethe nennen: in Wahrheit verwandelt sich sein Bildnis und seine Wirkung noch immer fort innerhalb der Zeit und der Zeiten. Noch immer ist Goethe kein starrer Begriff, keine literaturgeschichtlich mumifizierte Gestalt geworden: jedem Geschlecht gibt er sich in neuem Sinn, jeder Neuwahl mit neuer Form. Um nur innerhalb des Lyrischen zu bleiben: welche Wertwandlung hat allein sein ›Westöstlicher Diwan‹ erfahren, mit welcher Überwucht tritt diese magische Selbstenthüllung des Alternden an unser Gefühl heran, das gleiche Werk, das seine Zeitgenossen und noch das neunzehnte Jahrhundert ihm als skurriles und tändlerisches Maskenspiel bloß gerade noch verziehen! Und wie hat sich anderseits der Balladen-Goethe der Schiller-Zeit und manches volkstümliche Gedicht, vielleicht auch weil allzuoft abgeleiert, unserer Wertung entfremdet! Der olympische Schul-Goethe, der allen verständliche, der klassische Künstler einer uns seit Hölderlin und Nietzsche nicht mehr zugänglichen Antike, immer mehr tritt diese allzu faßbare Gestalt gegen den großartig orphischen Bildner seiner geheimnisvollen Gedichte, seiner wahrhaft kosmischen Weltumfassung zurück. Durchaus wird also eine Lese des zwanzigsten Jahrhunderts sich anders gestalten müssen, ganz abgesehen von der individuellen Wertung, als die Anthologien und Auswahlen des neunzehnten Jahrhunderts.

Nur der ursprüngliche Maßstab schien noch der gleiche und gewissermaßen von selbst dem Abteilenden in die Hand gewachsen: heute wie damals muß vor allem versucht sein, das absolut lyrisch Gültige, das durchaus Beständige von dem Zufälligen und Unzulänglichen in der Fülle zu sondern. Leichte Arbeit dies für den ersten Blick, der meinte, es genüge vollauf, jene Verse wegzuräumen, die höfischer Forderung oder höflichem Gelegenheitsanlaß ihr Leben dankten, ferner alle die bloß spielhaften und zufallsgemäßen Schöpfungen, wo das Material des Verses und des Reimes als Zauberlehrling bei Abwesenheit des Meisters, des produktiven Elementes, gleichsam aus sich allein heraus weitergedichtet hat. Aber bald stellte unerwartete Schwierigkeit sich für den Wählenden ein, neue Frage, neue Entscheidung, ja Umstellung des ursprünglichen Prinzips. Denn bei diesem

Scheidungs- und Reinigungsprozeß begegnet das wählende Gefühl oft gewissen einzelnen Gedichten, die sich gegen die Unterdrückung aus rein ästhetischen Gründen dank einer ihnen innewohnenden andersgründigen Kraft merkwürdig wehrten, die Anspruch des Daseins und Gewähltseins forderten, aus einem anderen Recht als dem ihres bloß künstlerischen Gewichtes. Und bald ward ich gewahr, daß, wie im Leben selbst, auch in der Kunst eine gewisse Legitimität durch Dauer des Daseins und gefühlsmäßige Wirkung vorhanden sein kann: Gedichte, die nicht um ihrer Kostbarkeit willen einen Lebenswert für uns haben, sondern als ein Pretium affectionis der Nation teuer geworden sind, als Liebeswert, von dem sich das Gefühl ebensowenig gern trennen würde wie von einem altvertrauten, zwar nicht kostbaren, aber durch Pietät längst geheiligten Gegenstand. Wie zum Beispiel entscheiden bei einem Gedicht wie dem ›Heideröslein‹? In sich betrachtet, scheint es vielleicht zu naiv belanglos für unser heutiges Gefühl, dazu noch belehren uns die Philologen, daß es Goethe gar nicht zuzuschreiben sei und bestenfalls als Bearbeitung eines längst bekannten Volksliedes zu werten. Der streng angewandte Maßstab forderte also hier Verwerfung – aber doch, wie ein Gedicht ausscheiden, das mit dem Schulbuch uns dem Namen Goethes zum erstenmal verband, dessen Melodie auf unserer Kinderlippe schwebt und kaum gerufen, Wort für Wort uns innerlich wach wird? Oder ein anderes Beispiel: Sicherlich sind die mehr witzigen als lyrischen Verszeilen »Vom Vater hab' ich die Statur« (unwillkürlich ergänzt sie jeder weiter – denn wer kennt sie nicht?) wenig bedeutsam, und der bloß ästhetische Richter müßte sie einer reinen Auswahl entziehen. Aber doch, wie dieses Blatt der »großen Konfession« ausscheiden, wo mit einem Riß Wesen und Ursprung seiner körperlich-geistigen Struktur scharf und unvergeßlich gezeichnet sind? Und so fanden sich wiederum andere Verse, in sich selbst nicht farbenkräftig genug, die besondere Leuchtkraft hatten durch den Widerschein von Gestalten und Situationen, manche Gedichte an Charlotte v. Stein, Lili und Friederike, mehr Briefblatt als Gedicht, mehr Seufzer und Gruß denn Kunstwerk, aber doch unentbehrlich dem biographischen Gesamtbild. Und bald erwies sich mir, daß die äußerste Strenge des ästhetischen Urteils da ein wunderbar Durchnervtes zerreißen würde, daß eine sich starr und unnachsichtig bloß auf den Kunstwert hin richtende Auswahl Lyrik und Leben, Anlaß und Aussage, Kunstwerk und Biographie gerade bei jenem Menschen zertrennen müßte, dessen wunderbar aufgestufte und organische Mencheneinheit wir ebensosehr als Kunstwerk empfinden wie die Kunst selbst. So wurde hier in weitherzigerer Auslese vielfach über die Ordnung des Stils als höheres Maß jene Norm gesetzt, die wir noch immer als höchste Ordnung eines irdischen Wesens innerhalb aller Zeiten empfinden: das Leben Goethes als schaffendes Geheimnis.

Nicht nur aber die Auswahl selbst, auch die Anordnung der Gedichte wurde dann von dieser endgültigen Überzeugung bestimmt, daß Werk und Leben bei Goethe eine untrennbare Ganzheit seien; sie ist eine chronologische und reiht die Gedichte (die meisterliche Arbeit Hans Gerhard Gräfs nutzend) in der zeitlichen und darum natürlichen Folge ihrer Entstehung. Eine solche Einteilung hat scheinbar allerhöchste Autorität gegen sich, nämlich jene des Dichters selbst, der in seiner »Ausgabe letzter Hand« das lyrische Gesamtmaterial in metrische Kategorien ordnete, deren Überschriften »Natur«, »Kunst«, »Sonette«, »Antiker Form sich nähernd«, »Gott und Welt« er allemal mit prägnanten Denksprüchen begleitete. Wie Blumensträuße sind dort die Verse nach ihrer geistigen

Farbe, nach ihrer metrischen Klassifizierung, nach ihrer Spezies sorgfältig zusammengebunden und das ungeheure lyrische Reich aufgeteilt in einzelne Provinzen der Seele und der Sinne. In unserer Einteilung wiederum ist versucht, die kunstvollen Blumensträuße neuerdings auseinanderzubinden und jedes einzelne Gedicht neu einzusenken an die Stelle seines zeitlichen und ursprünglichen Gewachsenseins, getreu Goethes Wort zu Eckermann: »Alle meine Gedichte sind Gelegenheitsgedichte, sie sind durch die Wirklichkeit angeregt und haben darin Grund und Boden.« In diesen Grund – das Wort im Sinn des Anlasses und der erdhaft zeitlichen Gebundenheit – wird durch diese chronologische Anordnung jedes Gedicht wieder zurückgepflanzt. Nicht nach ihrem Sein und Dasein, sondern in der Folge ihres Gewachsenseins schließen sich hier den Gedichten des Jünglings die der Mannesjahre und jenen wieder die großartig begrifflichen Allegorien der Altersjahre an. Damit wird, glaube ich, eine einzige Überschau über dies gewaltige lyrische Strömen gewonnen, vom ersten Ausbruch der Quelle bis zum getragen machtvollen Übermünden ins Unendliche, und jeder einzelne Anlaß, Bilder und Jahreszeiten, Menschen und Geschehnisse, erscheint in dieser fortfließenden Welle naturhaft gespiegelt. Nicht zufällig beginnt die Auswahl mit jenen stürmenden Jugendstrophen, wo der Hammer des Herzens die starren Formen der deutschen Lyrik zerschlägt, und endet nicht zufällig in jenem geheimnisvollen Verschweben des »Chorus mysticus«, mit dem der Uralte den ›Faust‹, das »Hauptgeschäft seines Lebens«, und damit sein Leben selbst in das Unendliche verrauschen läßt. Dazwischen entbreitet sich der ganze Wandel irdischer Fahrt, Sturm und Kühlung des Blutes, rhythmisches Lebendigwerden und marmornes Erstarren des Gedichtes in kristallenen Formen, hinjagende Begeisterung, die allmählich aufschwebt zu schauendem Bedacht – jene ganz hohe Verwandlung, mit der hier ein Mensch das Allmenschliche allen Zeiten vorbildlich gelebt. In solch schicksalhafter Form erscheint die Lyrik Goethes dann nicht bloß als untermalende Begleitmusik seines Lebens mehr, sondern als symphonische Umfassung des ganzen Daseins, tönend geworden in einer einzigen irdischen Brust und uns unvergänglich gegenwärtig durch die verewigende Magie der Kunst.

Gundolfs ›Kleist‹

In seinem weitblickenden, durchdringenden und längst schon zu einem Gut Vieler gewordenen Goethe-Buch, hat Friedrich Gundolf die verbundenste, teilnehmendste, ein ganzes Zeitalter umfassende und durchbildende Gestalt der deutschen Geschichte gezeigt, den einzigen Dichter, der durch Breite des Lebens, Vielfalt der Anteilnahme, Wandelbarkeit der Formen ein nationales Universum neben oder über dem Irdischen geworden ist. In Kleist (Friedrich Gundolf: ›Heinrich von Kleist‹, Georg Bondis Verlag) gestaltet er fast absichtlich antithetisch den Gegenspieler, den isolierten Menschen, den »geborenen Einsiedler«, dem ein Schicksal versagt, trotz stärkster Willensanstrengung, in irgendeiner Form mit seiner Zeit, seinem Vaterland, mit seinen Menschen und Dichtern verhaftet zu sein. In der furchtbarsten Einsamkeit, in der sich je ein produktives Genie inmitten seiner Generation befunden hat, immer fingerbreit nah vom ersehnten Ziel und durch sinnvoll unsinnige Verkettung des Schicksals davon zurückgestoßen, von niemand empfangend und niemandem von den Nächsten gebend, sondern erst einem späteren Geschlecht – so tragisch umwölkt, mit dämonischem Brandmal gezeichnet, irrt er quer durch die Zeit und wirft, müde gehetzt, das Leben gerade in dem Augenblick weg, wo sein wahrer Anfang, seine vitale Wirkung gekommen wäre.

Diese tragische Einstellung sieht Gundolf, der eminenteste Klardenker, den wir in literarischen Dingen heute haben, in einziger Sachlichkeit. Er stellt sie manchem von Kleistens Verehrern, die immer wieder von der Tragik dieses Menschen, dieses Werkes bis in das Letzte ihres Wesens erschüttert sind, vielleicht sogar zu sachlich, zu klar, zu kalt dar, seine halb akademische, halb Stefan-Georgische Verhaltung selbst der äußersten Gefühle baut und gliedert in kristallener Helligkeit noch dort begriffsklar, wo einem anderen Mitgefühl oder Pathos der Leidenschaft längst die Empfindung verwirrte, aber eben durch diese Impassibilität des Urteils, durch diese Unsentimentalität des Gefühls, durch diese Helligkeit selbst beim Blick in die Abgründe, sieht Gundolf das Problem Kleistens mit einer Deutlichkeit, die alle vor ihm nicht gekannt oder kaum geahnt haben. Mit harten, geraden, unverwischbaren Linien grenzt er es nach vorn und rückwärts ab und zieht seine Größe ebenso wie seine Grenze mit unbeirrbarer Gerechtigkeit. Das locker angewendete Wort vom Genie schon läßt er beiseite. Für ihn ist Kleist kein »schlicht Großer«, sondern »eine gewaltsam starke Seele« – eine Definition, die leicht abgedungen ist von Goethes abwehrendem Wort von den »forcierten Talenten«, und seine unmittelbare Tragik, sein Scheitern empfindet er im letzten begründet durch die große Beziehungslosigkeit, die eigentlich jedem deutschen Dramatiker im Verhältnis zu seiner Nation anhängt, die bei Kleist aber im Superlativ zu einer stockigen und bockigen Eigenbrödelei geworden war. Diese Eigenwilligkeit, diese Eigenbrödelei verfolgt nun Gundolf prachtvoll durch alle Formen, von den kulturellen, von der Unfähigkeit, die großen Ideen der Zeit zu teilen, bis hinab zu den scheinbar äußerlichen, bis hinein in die sprachlichen Gewaltsamkeiten der Syntax und wölbt diese eingeborene Disharmonie von Kleistens Natur empor zu einer »Beziehungslosigkeit zwischen seiner Seele und der Welt, die er durch Vergewaltigung aufzuheben sucht«. Aus solcher Formel ergibt sich gleichsam organisch die dichterische

Grundform einer genialisch aufgetriebenen Natur, die im ewigen Spannungszustand zu sich und der Welt schwebt, der es andererseits aber an geistiger Bindungsform infolge einer starken Ungeistigkeit mangelt; der Mensch der Spannungen, der gefühlsmäßigen gewitterhaften Entladungen muß (obwohl Kleistens Struktur im tiefsten die eines Musikers war und vielleicht eben darum das Dramatische als seine Form fand) die Sinnlichkeit, die Intensität seiner vulkanischen Natur notwendig tragisch äußern, in einer Art von Dynamik, wie sie einem gewissermaßen gemischten Genius – etwa Goethe – im Dramatischen nie erreichbar war. Diese Grundlinien eines dichterischen Charakters sind bei Gundolf meisterhaft gezogen, das Thema ist umgrenzt und formuliert: nun folgt in einzelnen Analysen die Darstellung der Stücke, jede selbst wieder ein Meisterstück. Mit erstaunlicher Scharfsinnigkeit unterscheidet Gundolf zwischen dem *Müsser* Kleist und dem *Könner,* zwischen einem Stück wie der ›Penthesilea‹, wo sich das innere Leben seiner gehemmten und gestockten Erotik im ungeheuerlichen und vernichtenden Ausdruck verströmt, und einem Werke wie dem ›Zerbrochenen Krug‹, wo der bloße Techniker aus einem Könnerstolz und einer gar nicht zwanghaften Spannungsfreude ein Thema beinahe spielhaft angeht. Er unterscheidet deutlich die einzelnen Dämonien, die sich gleichsam plastisch im Werke isolieren, als gestauter Tatendrang in den einzelnen Werken austoben, bis dann das letzte, das nachgelassene Werk, der ›Prinz von Homburg‹, sie alle in einem einzigen Strombett vereint und Kleist endlich nach vielen Verwandlungen in der Urform seines Blutes als der preußische Dichter der Pflicht, der Anwalt der Bändigung und der Heros der Zucht sich gestaltet, und dies gerade im Augenblick, wo er schon bereit ist, sich selbst zu vernichten. Daran schließt sich noch der rasche, aber umgreifende Blick über die Erzählungen. Auch hier das gleiche Problem der Besessenheit vom Stoffe, die Wollustkunst der quälenden Spannung, die Feststellung des Mangels an positiver Erzählerfreude – und schon ist die ganze Atmosphäre Kleistens gewissermaßen im Fluge durchdrungen, ihr Feurigstes entrafft und ihr Gehalt vergeistigt. Niemals schien mir Gundolf so stark, so genial in der Gabe der Abgrenzung, der Knappheit als hier, wo der Gegenstand ihm Härte von sich gab und diese merkwürdig normale, bis zur Rücksichtslosigkeit unsentimentale Art seiner Klarsichtigkeit kann vorbildlich sein für alle Darsteller, die bei den großen Gestalten immer gleich selbst in das Kleistsche Verhängnis, in eine »Verwirrung des Gefühls« hineingeraten. Hier ist literarische Materie nicht wie sonst paraphrasiert und auszüglich nachgebildet, sondern wahrhaft beherrscht, von oben herab gesehen, ohne Hochmut, aber doch von gesichertem Standpunkt. Und gerade in der scheinbaren Kälte des Urteils, in dem Verhalten des Mitgefühls entfaltet sich produktiv ein Ethos, das unserer neueren Literaturgeschichte sonst fremd geworden ist und noch irgendwo von verschatteter Quelle, von Lessing her, einem großen Darsteller zurückgekehrt ist.

So steht dieses Buch ernst und stark, klar und gewichtig vor der Zeit: mir fehlt persönlich nur noch eines zur vollen Rundung des Kunstwerkes, und das wäre die gleich große, gleich gerechte Analyse der ergreifendsten Tragödie von Heinrich von Kleist: eine eingefügte Analyse seines Lebens. War es akademische Rücksicht, die ein Werk auf das rein Literarische beschränken wollte, die Gundolf abgehalten hat, die Formen von Kleistens Kunst aus Formen seines Lebens, aus Szenen und Perspektiven seines Schicksals vergleichend zu entwickeln – gewiß ist, daß er mit einer gewissen Absichtlichkeit alle biographischen Elemente aus den Analysen der Werke, aus der

Darstellung des Menschen weggelassen hat. So ist, wer Kleist in seiner Ganzheit erkennen will, genötigt, noch eine Biographie des Dichters dieser großartigen Studie zur Seite zu legen und das geistige Bild durch ein historisches zu ergänzen, während es mir, und ich glaube: vielen, glückhaft gewesen wäre, diese Darstellung und Durchdringung gleichzeitig mit der kritischen Überhöhung gerade von Gundolf geformt zu sehen. Er scheint mir der Einzige, der Gestalten erlauchter, abseitiger und dichterischer ethischer Erhobenheit, wie die Kleistens – und hoffentlich bald auch die Hölderlins – im Urzusammenhang von Gestalt und Gestaltung darstellen könnte, und es ist mein einziges Bedauern bei diesem bedeutenden Buch, daß es sich einzig auf die Gestaltung, auf das Geistige beschränkt und nicht auch die Gestalt, das dämonische Schicksal, in den wunderbar geschlossenen Kreis der Erklärung und Beschwörung einbezogen hat.

Witikos Auferstehung

Die ungeheuerliche und jetzt erst, da im Insel-Verlag zum erstenmal eine prächtige Neuausgabe erscheint, für jeden Einsichtigen offenbare Schande, daß durch fünfzig Jahre eines der schönsten Bücher der österreichischen, der deutschen Literatur verschollen war, wird nicht viel geringer dadurch, daß sie eine ganze Reihe von Instanzen gemeinsam trifft. Die Schuld an diesem Versäumnis, an diesem unerklärlichen und unbegreiflichen Versäumnis, daß ein solches Buch uns ein halbes Jahrhundert verlorengehen konnte, fällt zu gleichen Teilen den deutschen Verlegern und deutschen Literaturgeschichtsprofessoren, den öffentlichen österreichischen Kreisen und – so seltsam es auch klingen mag – der tschechischen Nation zu. Den deutschen Verlegern in erster Linie: denn was haben sie in diesen fünfzig Jahren nicht Unnötiges, Gleichgültiges herausgegeben und angepriesen, jeder unwertigste Franzose, jeder belangloseste Skandinavier wurde übersetzt, jede alte Scharteke neu gedruckt und in bibliophilen Ausgaben verschleißt, indes hier, brach und offen, ohne Honorarverpflichtung und ohne andere Mühe als eines einfachen Abdruckes ein unbeschreiblich reines und unvergängliches Werk ihnen gegeben war. Nicht minder schuldig sind in diesem Zusammenhange die Literaturprofessoren, die dicke Bände zusammenklitterten und alljährlich Zeitschriften mit gelehrten Untersuchungen füllten, nicht aber imstande waren, zu erkennen, daß der historische Roman in deutscher Sprache kaum je eigenartiger versucht und gestaltet worden war als in diesem

Spätling des längst schon zum zarten Novellisten abgestempelten Dichters. Die Schuld trifft mit das alte Österreich, das niemals Adalbert Stifters wahren Wert erkannte, und sie trifft, so sonderbar es scheint, die tschechische Nation, denn hier in diesem tausendseitigen Roman ist – wie in keinem ihrer eigenen Werke (soviel sie mir bekannt sind) – die historische Geschichte Böhmens, die patriarchalische Sitte, die Reinheit und Stärke ihrer Urväter, geschildert, und ich glaube, nicht zu übertreiben, wenn ich sage, daß der ›Witiko‹ im gewissen Sinn für das tschechische Volk eine Art leiser Iliade, ein sanftes ungewaltsames, manchmal idyllisches und immer doch ergreifendes Nibelungenlied ist.

Auch uns scheint Mitschuld an diesem Versäumnis zu treffen, denn wir mußten wissen, wie unzulänglich das Urteil der Literarhistoriker ist; es wäre längst unsere Pflicht gewesen, sich nicht auf die flüchtig ablehnenden Sätze der professionellen Kunstrichter, die diesen Roman als langweilig, als mißlungen und unlesenswert abtaten, zu verlassen. Aber zu unserer Rechtfertigung muß daran erinnert werden, wie sehr verschollen dieses sonderbare Buch durch alle die Zeit gewesen ist, ja daß es sogar längst zu den Unmöglichkeiten geworden war, sich zu einem nennenswerten Preis ein Exemplar der ersten – und einzigen – vollständigen Ausgabe anzuschaffen. In den Friedenszeiten fragte ich bei einem Buchhändler danach. Er nannte mir (zu Friedenszeiten!) 200 K (vollwertige Friedenskronen) als Preis, eine Summe, für die man noch damals eine kleine Bibliothek erstehen konnte. So ließ ich ab. Als aber vor einem Jahre, ebenfalls in einer schönen Ausgabe der Insel, der andere Roman Stifters ›Der Nachsommer‹ erschienen war und mir in wirklicher Erschütterung das ungeheure Unrecht, das auch an diesem Werke begangen worden war, aufging, versuchte ich meine Anstrengung auf das neue. Aber nun war es überhaupt nicht mehr zu haben, – verschollen, verloren, eingesargt war es für alle, die es suchten.

Nun aber ist es auferstanden, das einst dreibändige Werk, das die Insel in einen einzigen Band von etwa tausend Seiten zusammenschließt, und ich habe es gelesen, mit ebensogroßer Freude, als ich ihm innerlich mit Angst genaht war. Denn immer und immer konnte ich es mir nicht vorstellen, daß fünfzig Jahre, in denen klare, einsichtige Menschen lebten, ein wirklich wertvolles Buch so hätten hinfallen lassen können. Ich begann mit mehr Pietät als Erwartung, einzig sicher, durch den wasserhellen, durchscheinenden, diesen klarschmeckenden und kühl rollenden Prosastil Stifters schon allein für eine vermutete Langeweile der eigentlichen Darstellung entschädigt zu sein. Und wie sonderbar: nach den ersten fünfzig und hundert Seiten spürte ich eine Welt. Ganz neu, ganz rein erstand eine Welt der Vergangenheit, blank wie in einem Traum bewahrt, ein Land, eine Nation, eine Zeit, Böhmen, das ganze mittlere, nördliche, südliche Böhmen mit seinen Bergen, Flüssen und Städten und Sitten und Menschen. Das war nicht mehr der kleine, liebliche Winkel von Oberplan, von dem wir jede Tanne zu kennen glaubten und jede Mulde, jeden Baumschlag im Grünen und jeden aufragenden Berg – hier tat sich ein ganzes Reich auf, frühslawisches Mittelalter mit alten Recken und wunderlich bäuerlichen Menschen, eine Welt der Kämpfe und der Gestalten, sagenhaft schön, bildlich nah und magisch fern. Hier war Geschichte mit einemmal gebildet und lebend geworden, und ich kenne keinen historischen Roman, der auf eine so lautere, reine Art Geschichte in Dichtung zu verwandeln wußte als diesen. Bei Stifter gibt es ja keine Einleitung, keine schwulstigen Abhandlungen, er rahmt nicht seine Menschen um irgendwelche mittelalterlichen Attrappen hin. Er läßt sie nur miteinander sprechen, und da erzählt etwa in einer

Ratsversammlung irgendein alter Adeliger, wie das Reich an die Fürsten kam, ein anderer erwidert ihm, und so flicht sich wie an einem Teppich Bild an Bild allmählich die ganze Zeit zu einem ungeheuren Gobelin zusammen, der eine weite Fläche von Jahrhunderten ruhend bewegt überspannt. Ich weiß nicht, ob die tschechische Nation irgendwo in ihrer Nationalliteratur eine ähnliche bildhafte Beschreibung der Belagerung von Prag hat, und eine Darstellung ihrer Schlachten. Ich glaube auch nicht, daß in irgendeinem historischen Roman mit ähnlicher Leichtigkeit die Bindung zwischen dem österreichischen, dem deutschen und dem böhmischen Land, also dem Herzen Europas, so zu innerem Ausdruck kam. Hier ist eine Welt, eine Zeit mit unendlicher Einheit gestaltet, ganz als Vision und doch wahrscheinlich, dokumentarisch treuer, als alle die künstlichen Nachbildungen es sonst ermöglichen.

Daß dieser Roman von Stifter ist, verleugnet er übrigens nirgends in seiner wesentlichen Eigenheit. Auch hier sind die Menschen alle rein und gut, die Landschaft ohne Harm und voll Freundlichkeit – hier wie immer hat der einsame bittere Landesschulrat in Linz, wenn er verdrossen nachmittags aus seinem Büro nach Hause kam und sich an seinen Schreibtisch setzte, sich eine reine Welt, eine ganz einfältige, gütige, nicht die wahrhaftige, in Gut und Böse zerspannte und zerrissene, umgeträumt. Und nirgends wird auch dieser Roman wahrhaft aufregend: bei Stifter gibt es ja keine starke Spannung, keine Entladung und Explosion, kein Feuerwerk der Leidenschaft, weshalb man ja immer geneigt ist, ihn langweilig zu nennen. Aber ich glaube, dies ist nur eine Frage des musikalischen Empfindens, ob man Stifter zu lesen weiß oder nicht. Wer aber die Fähigkeit hat, sich diesem reinen, sanft melodischen, nie aber in seinem Takt auch nur für eine Sekunde stockenden Stil mit der Seele ganz hinzugeben, der gleitet nicht nur durch die schmalen Wasser seiner Novellen, sondern auch den breiten Strom seiner Romane hin, wie in einem Traum: man spürt keine Zeit, man spürt keine Müdigkeit. Es gleitet sich gut, und immer neue Bilder fließen in immer neuen Landschaften vorbei, und immer ist unter einem das sanfte Getragensein von leiser Musik. Über Stifter läßt sich nicht streiten, es ist eine Frage des Gefühls, des Empfindens, eines besonderen künstlerischen Sinns. Wer diesen aber hat, dem wird Stifter nie großartiger erschienen sein als in seinen wahrhaft großen, solange verkannt gebliebenen Romanen, dem ›Nachsommer‹ und dem ›Witiko‹, wo er sich nicht, wie die Törichten so lange meinten, als eine Art österreichischer Theodor Storm oder Paul Heyse erweist, sondern nur mit Goethes lautersten Prosawerken, dem ›Wilhelm Meister‹ und den ›Wahlverwandtschaften‹ in sprachlicher Kunst und reiner Ruhe verglichen werden kann.

Was uns aber noch besonders ergreifen muß, ist jenes alte Österreichertum, darin jenes vor fünfzig Jahren, das nun wieder (typisch genug) gleichzeitig mit ihm zu Ehren kommt. Jenes Österreich, das den Nationalismus noch nicht erfunden hatte, wo der Dichter, in welcher Sprache er immer schrieb, alle Landschaften des Reiches mit gleicher Liebe, alle Völker mit gleicher Achtung nahm. So hat Grillparzer in der ›Libussa‹ die Tschechen mit der Neigung verwandter Geister geschildert, so schafft Stifter – was wir jetzt erst entdecken – derselbe Stifter, den man nachher schon absondernd in der Zeit des Nationalismus einen »Deutschböhmen« nannte, das ungeheure Freskobild des ganzen Böhmen, seiner tschechischen und seiner deutschen Brüder, die hier noch in der innigen Waffenbrüderschaft zusammenwirken. Kein Wort in diesem Roman, das irgendeinen Unterschied machte in der Landschaft oder in den Menschen, in den

Sitten oder Gebräuchen – mit einer Feder, mit einem Atem zeichnet der Dichter in beiden Sprachen gleiche Liebe und gleiche heimische Welt. Nur aus diesem verschollenen österreichischen Geist konnte ein solches heute zeitungemäßes Wunder geschehen, daß eine Nation das Heldengedicht ihrer Jugend, diesen ›Witiko‹, aus den Händen einer andern Sprache empfing, und vielleicht klingt unsere Zeit der gewaltsamen nationalen Abgrenzung wieder bald so sehr ab, daß wir das andere Wunder noch erleben: wie die tschechische Nation dem Dichter Adalbert Stifter, der in deutscher Sprache geschrieben und in dieser deutschen Sprache die Ilias der tschechischen Nation geschaffen, ein Denkmal des Dankes und der Liebe in ihrer Hauptstadt Prag setzt.

Jeremias Gotthelf und Jean Paul

Nachdem wir nun Jahr um Jahr in neuer Sturzflut die Gesamtausgaben ausländischer Erzähler in drei-, vier- und fünffacher Gleichzeitigkeit von allen deutschen Verlegern dargeboten bekamen, nachdem Dostojewski und Balzac und Flaubert und Zola und Maupassant und Gogol mit vielen anderen kleineren die Bibliotheken und Buchläden füllten, kommen nun spät und nachzüglerisch endlich zwei große Epiker deutscher Sprache an die Reihe, Jean Paul und Jeremias Gotthelf. Sie waren beide sehr lange und sehr weit in Deutschland berühmt, waren beide sehr lange und sehr radikal vergessen worden, so daß man schließlich die Antiquariatskataloge absuchen mußte, um nur eine halbwegs brauchbare Ausgabe von diesen einstigen Lieblingen der deutschen Nation zu finden. Nun, nach so vielen anderen Experimenten und Versuchen sind auch sie uns endlich wieder entdeckt, diese beiden Abseitigen, der Pfarrer aus Lützelflüh und der romantische Träumer aus Wunsiedel. Den einen, Jean Paul, bietet eine sehr kompakte und doch gleichzeitig schöne Ausgabe von Eduard Berend im Propyläen-Verlag in fünf wuchtigen Bänden dar, den anderen, Gotthelf, verheißt uns der Verlag Eugen Rentsch in Erlenbach in der Ausgabe von Dr. Rudolf Hunzinger in 26 Bänden, von denen bisher 11 gleichfalls in saubérster Ausstattung und angenehmstem Druck vorliegen. Sie haben beide lange warten müssen bis zu ihrem neuen Weg in die deutsche Welt und bekamen dafür zum Lohn ein festliches Gewand.

Und nun, da sie uns, die beiden Vergessenen, wiedergegeben sind, sei die Frage versucht, erstlich warum sie einmal so lange und so tief verloren und vergessen gehen konnten, und zum zweiten, ob sie und wieviel sie nach unserem gegenwärtigen Gefühl noch bedeuten. Ob sie wirklich nur zehn oder zwanzig schön gebundene Einbandrücken sind, die einer Bibliothek den gesicherten Eindruck der Vollständigkeit vermehren, oder ob man noch oft und gern aus dieser ungemeinen Fülle sich eine Stunde dankbar erheben wird. Es tut unbedingt not, sich selber gegenüber vollkommen aufrichtig zu sein, nicht durch Ambition, geräuschvolle Wiedererweckung in eine unaufrichtige Begeisterung sich hineinzureden, sondern diese zweifellos großen Gestalten den veränderten Ansprüchen veränderter Zeit als Prüfstein und Wertung gegenüberzustellen.

Die erste Frage, warum die beiden so lang und so tief vergessen waren, läßt sich gemeinsam beantworten: sie waren beide zu umständlich, zu breit, zu abschweiferisch für das Jahrhundert geworden. Sie schrieben im Postkutschentempo und spannen die Erzählung wie einen Spinnrocken, und das vertrug die Epoche der Eisenbahnen und mechanischen Webstühle nicht mehr. Sie hatten Zeit in ihrem Abseits, in ihrem kleinen Dörfchen, der Pfarrer Bitzius und der emsige Skribent Jean Paul Richter, sie setzten sich jeden Morgen, wenn die Hähne krähten, vor ihren Tisch und schrieben Bogen um Bogen voll, und die Menschen, die ihnen zuhörten, waren kleine Leute, die Zeit hatten: sentimentale Mädchen bei Jean Paul und Geistliche und Bauern bei Jeremias Gotthelf, die abends beim Kienlicht diese Erzählungen langsam und geduldig lasen, wie den Bauernkalender und die Postille. Dann aber begann die Zeit rascher zu kreisen, die Menschen Bedürfnisse zu haben nach stärkeren Spannungen, drastischeren Geschehnissen. Den Weltmenschen vergnügungssüchtigeren Sinnes waren die engen Milieus, die moralischen Erörterungen des Pfarrers und Dorfträumers nicht mehr genug, und so verstaubten allmählich die einst so zerlesenen Bände in den Schränken der alten Leute, und die junge Generation schlug sie nicht mehr auf.

Aber das Rad läuft immer wieder zurück, und gerade Überspannung erzeugt Sehnsucht nach Entspannung. In unseren Tagen ist der als der langweiligste Roman verschriene deutsche Roman, für dessen vollkommene Lektüre Hebbel einmal höhnisch die »Polnische Königskrone« versprochen hatte, ist Adalbert Stifters wunderbarer ›Nachsommer‹ und sogar sein ›Witiko‹ mit all seiner Geschehnislosigkeit oder vielleicht eben darum wieder zu Ehren gekommen, und wie eines Verschollenen besinnen wir uns wieder Jean Pauls und Jeremias Gotthelfs. Und nun, da die beiden Werke so ziemlich vollzählig vorliegen, kann man die zweite Frage wagen, was von diesen beiden Werken, von diesen beiden sonderbaren und großen Dichtern unsere Welt denn noch wirklich zu werten vermag.

Hier aber gabelt sich (wenigstens bei mir) die Empfindung, und man kann diese beiden Dichter gleichen Schicksals nicht mehr einhellig, sondern eher im Gegensatz behandeln. Ich gestehe offen, und gegen viele laute (und vielleicht nicht immer ehrliche) Bewunderung, daß ich von Jean Paul kaum mehr als je drei oder vier Seiten hintereinander zu lesen vermag, so restlos ich sonst seine ganz einzige Sprachvielfältigkeit, seinen krausen Einfall und seine sinnreiche Behendigkeit bewundere. Aber ich kenne auch kaum einen Autor deutscher Sprache, der einen so müde macht durch das ewige Zick-zack seines Einfalls, durch das Übermaß an Ornamenten, die die Erzählung überwuchern und selbst ihre edelste Blüte, den Humor niederziehen. Das gewaltsam Schrullige, das unablässig Hyperbolische, das Spielerische und Verspielte seiner krausen, beständig irrlichternden und nie klar bildenden Phantasie verdirbt mir die Fähigkeit der Einfügung, ja sogar die Fähigkeit des bloßen zu Ende-Lesens bei diesem reichen, überschwenglich reichen Geiste. Ich muß zu meiner Schande bekennen, daß, wiewohl ich hier ein Urteil über ein Gesamtwerk wage, ich weder den ›Titanen‹ noch den ›Hesperus‹ eigentlich wirklich gelesen habe, weil es mir nicht möglich war, zielhaft vom Anfang bis zum Ende zu kommen. Ein paar einzelne Seiten bedeuten mir jedesmal unerhörten Genuß, führen mich gleichsam in eine neue Welt der Sprache, in eine heitere Sphäre der Betrachtung, wo sich die Welt aus Chaos oder Geschäften in ein behaglich katzenhaftes, schnurrendes Spiel verwandelt, ich genieße mit innigster Freude die naive ebenso wie die wissende Romantik mancher Szenen und den skurrilen Humor der ›Badereise‹ – aber doch, diese kleinen Stimmungen, so sehr sie befeuern, ermüden, wenn man sie zu einer regelrechten Lektüre dehnen will, und für ein wirkliches Durchackern der großen Romane muß mir irgendein Sinn der Gemächlichkeit, der bequemen Sofaruhe und Gartenlaubensiesta irgendwie fehlen, denn obwohl ich vier- oder fünfmal schon angesetzt habe, ist es mir niemals gelungen, durch das Labyrinth der Worte bis an das Ende eines seiner großen Romane zu gelangen. Ich bin immer umgekehrt vor dem Ende, niemals enttäuscht und immer wieder zufrieden, einen kleinen Spaziergang im Ziergarten Jean Pauls zu tun, aber im ganzen finde ich ihn doch nicht als Welt von unserer Welt, mein Gefühl weicht ab von seinen weiblichen Sentimenten, und ich verstehe, daß diese überschwengliche Seele trotz ihrer Fülle niemals mehr die unsere in Schwung versetzen kann. Es ist gut und lobenswert, daß wir ihn nun wieder nahe haben durch diese neue Ausgabe, die ganz auf einen Zug zu lesen keinem Deutschen von heute wohl mehr möglich sein wird und die doch für Vereinzelte ganz sorglose Stunden, ein angenehmes »Blumenstück« oder ein »Souvenir« aus dem deutschen Traumland bieten wird.

Ganz anders dagegen, urmächtig und gewaltig, eine unbekannte riesenhafte Kraft, erhebt sich Gotthelf vor uns, ein mächtiges Schweizer Gebirge, das nun, da die Nebel von ihm gesunken sind, die anmutige und bezaubernde Höhe Gottfried Kellers in vielem überragt. Gotthelf hat den Genius des unbestechlichen Blickes. Er sieht klar in Menschen und Dinge hinein, mit mehr durchdringendem als sentimentalischem Auge. Er hat eine ungeheuere Kenntnis des Lebens, sowohl der Natur als des menschlichen Betriebes und seiner geheimsten Innenwelt der Seele. Er hat die Gabe der Plastik, das saftige sinnliche Wort, das nicht Unzucht mit der Literatur getrieben hat, sondern gesund genährt vom schweizerischen Volksklang, strotzend und saftig aufgewachsen ist. Er hat alle Vorzüge eines großen epischen Erzählers und dazu noch die sittliche Reinheit eines entschiedenen Charakters, der mit seinem Werke nicht nur Zeitungsblätter füllen, sondern eine Jugend bessern, eine Zeit aus ihrer moralischen Verworrenheit herausheben wollte. Dieser Wille vielleicht verdirbt, wenn er überstark wird und immer Exempel zeigen will, statt bloß zu bilden, den Kunstwert manches seiner Werke, wozu ich selbst seinen einst so berühmten Roman ›Uli, der Knecht‹ rechnen möchte, der allzusehr Bildungstraktat und (bei aller Kunst) Sonntagspredigt für junge Knechte trotz all seinen Herrlichkeiten ist, während der unbarmherzige, grandiose, naturalistische ›Bauernspiegel‹, ein fast unbekanntes Buch, für mein Empfinden eine der großartigsten Schöpfungen epischer Plastik darstellt. Nur scheinbar fehlt es seinen Romanen an Weltweite, wenn sie auch von den großen Schweizer Bergen umgrenzt sind, aber in diesen engen Tälern ist ein unendlicher Reichtum, eine unsagbare Vielfältigkeit von Charakteren und Begebenheiten, eine kulturhistorische unvergleichliche Fülle von Details des bäuerlichen und bürgerlichen Lebens, die sie schon rein dokumentarisch für alle Zeiten unentbehrlich macht. Auch er, Gotthelf, läßt sich ebenso wie Jean Paul nicht in einem Zuge durchlesen, auch er müdet stellenweise durch Breite, durch Predigereinschuß und politische Diskussionen, auch von ihm muß ich bekennen, nicht gleich auf einen Hieb alle seine Romane gelesen zu haben, aber den vieren oder fünfen danke ich seltensten Genuß und den Eindruck mächtigster Persönlichkeit. Kaum an irgendeinem deutschen Gestalter (außer Stifter) hat die immer zu sehr nach Norddeutschland orientierte Literaturgeschichte der letzten Jahrzehnte so sehr Unrecht getan, als an dem Pfarrer von Lützelflüh, und ich glaube, daß das Erscheinen dieser Gesamtausgabe, die zum erstenmal mit gereinigtem Text in klarem, vom Schweizer Idiom nur schmackhaft durchsalzenem Hochdeutsch uns seine Werke darbietet, in kurzer Zeit die wahre Größe dieses allzusehr und allzulange verkannten großen deutschen Erzählers wird gewahr werden lassen.

Rückkehr zum Märchen

In diesem wetterwendischen Sommer [1912] bei Freunden am Lande zu Gast, war mir's geschehen, daß ich, von einem ersten trügerischen Blick sonnigen Himmels verlockt, weit in die reifenden Felder hinausgewandert war, als plötzlich vom Rücken her eine schwarzschattende Wolke mich überrannte. Dunkel stand mit einemmal über den eben noch hellgoldenen Saaten und schon, noch ehe ich Unbewehrter mich flüchten konnte, prasselte rachsüchtig der Regen auf mich nieder. Auf einem nahen Hügel barg sich ein Haus, rasch lief ich empor und bat um Unterstand, bis das Unwetter vorüber sei. Eine Frau, kaum aufschauend vom emsigen Werk, ersparte mir's, im nackten Flur zu stehen, wies mir ein Zimmer zum Warten, das sonst wohl hell sein mochte, nun aber vom Regen verschattet war, und ging wieder ans Werk. So blieb ich allein im schweigenden Raum und suchte aus Gerät und Liegenschaft Stand und Art der Insassen zu erraten. Kindern mochte diese Stube sonst wohl zugewiesen sein, das merkte ich bald, denn auf dem Polster kniete ein zerbrochener Polichinell und glotzte mich groß aus verdrehtem Glasauge an. Atlanten blickten blau und bunt von den Wänden, und auf dem Tisch lag aufgeschlagen neben einer zerlesenen Fibel ein Kinderbuch mit kolorierten Blättern. Mechanisch griff ich danach, aus jener Neugier nach Büchern, die mir nun schon verhängnisvoll tief im Blut sitzt und fast unbewußt nach Gedrucktem langt. Ein alter kleiner Schmöker war's, abgegriffen und überjahrt, dessen zierliche Kupfer die Kinder mit grellen Farben nachgepinselt hatten, die aber zu betrachten mich's verlockte, und ich nahm's zur Hand. ›Gullivers seltsame Reisen‹ hieß es, ein Buch, das ich mich deutlich besann, als Kind gelesen zu haben und seitdem nicht mehr. Aber nun, da ich die Kupfer beschaute, den einen zuerst, da Gulliver, ein Riese, breitbeinig dasteht und die ganze Armee von Liliput mit Kanonen und fliegenden Fahnen zwischen seinen gespreizten Beinen durchmarschiert, und dann jenen andern, da er wieder winzig wie eine Maus zwischen den gigantischen Ähren von Brobdignac sitzt und die ungeschlachten Schnitter seine Putzigkeit staunend entdecken – da wurde jäh etwas Vergangenes mir innen wach, eine frühe Erinnerung oder zumindest die Neugier nach ihr. Und um sie zu fassen, blätterte ich die erste Seite auf und begann zu lesen, in fremder Stube, in fremdem Buch.

Und ich las noch immer, als die Tür aufging und die Frau eintrat mit den lachenden Kindern. Ich fuhr empor, nicht wenig beschämt, in so einfältig kindischem Buche lesend, von Erwachsenen ertappt zu sein, und war's noch mehr, als ich erstaunt sah, daß längst wieder Sonne an die Fenster funkelte und ich in Gullivers Reisen ein Unwetter überlesen hatte. Ich dankte für die Gastlichkeit und ging wieder die Felder zurück, kindisch mich selber scheltend, daß ich so sehr mich an so einfältigen Reiz gefangen gegeben, aber bald kam besseres Besinnen und mir wurde klar, daß doch in allem, was zwingt, und selbst im geringsten, irgendeine starke und lebendige Gewalt wohltätig wirksam sein muß. Ob dies ein Zufall gewesen, der mich so bannte, oder geheime Kraft, wollte ich nun bewußt erproben. Am nächsten Tag sandte ich in die nahe kleine Stadt, ließ mir den ›Robinson Crusoe‹ holen (denn diese Bücher hat jede Stadt vom einen bis zum anderen Ende der Welt), und wieder war ich gefangen von fremdem Geschick. Ich segelte mit ihm im Sturm, scheiterte an der Insel, sah schaudernd die nackte Fußspur im Sand, fand Freitag, den braunen Genossen, bis endlich – die zwanzig Jahre lebte ich mit ihm in einer Stunde – das weiße Segel erschien und wir heimkehren durften in unsere Welt. Auch hier empfand ich den gleichen wohltätigen Genuß, einen dichterischen Zwang, der ohne alle schmerzhafte Gewalt die Seele frei ließ und nur die Sinne beschäftigte. Schwer und lastend schienen mir all die Bücher unserer Zeit im Vergleich zu diesem mühelos schweifenden Wandern, und undankbar dünkte ich mir selbst, Bücher, denen ich in Knabenjahren so viel Seligkeit verdankte, achtlos weggelegt zu haben, als sei dies Kind, das ich war, ganz fremd und außen von mir und nicht von innen, nur überwachsen und verwandelt entfaltet. Und langsam und bewußt ging ich seit diesen Sommertagen Schritt für Schritt zurück zu allen Büchern des Beginnes, zu den phantastischen, durch die ich als Knabe gejagt, schneller und heißer, wie die Rothäute dort durch die Prärien sausen, und weiter zu den schlichten und sagenhaften, die man noch mehr buchstabiert, als man sie liest, und schließlich zu jenen letzten weitesten, fernsten und schönsten, die man ohne das Lesen empfing, zu den Märchen, die einem erzählt werden. Und fühlte in diesem Wiederfinden zum erstenmal bewußt, eine wie hohe dichterische Kraft in diesen primitiven Dingen wirkt, fühlte staunend die Schönheit ihrer Naivität und die Kraft ihrer Anmut.

Denn Märchen, das weiß ich nun, kann man in seinem Leben zweimal und zwiefach lesen. Zuerst einfältig, als Kind, mit dem naiven Glauben, daß die belebt-bunte Welt ihrer Geschehnisse eine wahrhaftige sei, und dann, viel, viel später, mit dem vollen Bewußtsein ihrer Erfindung, mit dem frohen Willen zum Betrogensein. Zwischen diesem zwiefachen Genießen, dem naiven und dem bewußten, liegt der hochmütige Stolz des Halberwachsenen, das freche Gefühl der Flegeljahre, die zu stolz sind, sich hinzugeben an einen schönen Trug, die plump die Wahrheit wollen und eine kleine, ganz wertlose Tatsächlichkeit lieber nehmen als die reizvollste Phantasie. Mit dem Märchen geht's wohl jedem so, daß er sie in diesen Flegeljahren verächtlich in den Winkel der Kinderstube wirft, um sie zeitlebens nicht mehr aufzuheben, und manchem auch mit der Bibel. Er hat sie beiseite gelegt, als er an Gott zu zweifeln begann, und seit damals, da sie ihm nicht mehr das heilige Buch schien, war sie ihm überhaupt keines mehr. Nie schlägt er sie vielleicht mehr auf, obzwar er tausend und tausend andere liest, und vergißt, daß dieses Buch auch neben der Religion schön ist und auch jenseits des Glaubens heilig als eines der edelsten Kunstwerke der Welt. Tolstoi hat einmal, nach der schönsten Novelle der Literatur befragt, die Erzählung von Josef und seinen Brüdern genannt, und so mag jeder, dem die Bibel seit Kindertagen fremd wurde, Esther, Hiob und Ruth mit neuer Bewunderung lesen, als Legende, als Märchen, wenn er will, aber doch als die tiefsinnigsten und schönsten des Lebens. Beseligung und Entdeckung ist in dieser Rückkehr zu den Büchern der Kindheit ein neuer, erhöhter Genuß des Lesens, der gemischt ist aus Unglauben und einem allmählichen Gläubigwerden wider den eigenen Willen. Und ich lese sie nun alle wieder gern zwischen all den dunklen und lastenden Werken unserer Zeit, und besser als jene antworten sie einem Bedürfnis nach Rast, das aller Lektüre doch zu Grunde liegt. Nach Rast von sich selber. Denn was wäre es anders, das uns zu Büchern treibt, als ein von sich Wegwollen? Das Bedürfnis, zu lernen, ist es längst nicht mehr, das hat uns die Schule verleidet. Immer ist's nur Drang, aus den Grenzen eigener Welt zu treten, sich zu verlieren in Fremdem und doch gleichzeitig dort sich wiederzufinden im Gleichnis. Hier aber, in diesen beziehungslosen, ganz fernen, ganz außenhaften Märchen sind wir uns selber entführt und doch nirgends gespiegelt. Sie erinnern uns nicht an unser Leben: das macht sie so fern. Sie greifen nie ernstlich in unser Gefühl, sie streifen es nur: das macht sie so leicht. Sie beschäftigen bloß den inneren Blick und lassen das Herz frei, sie bezaubern, ohne zu belasten, sie sind Flamme ohne Qualm. Wundervolle Kraft vom täglichen, allzutäglichen Leben ist in ihnen. Die Gesetze unserer geregelten Stunden haben über ihr Geschehen keine Gewalt, die gemeine Ordnung ist gelöst in maßlosen Zufall. Dies im Sinnvollen Sinnlose ist ihre Magie. Etwas blumenhaft Unnützes ist in ihnen, die das Oberste, das ganz Zarte und Flaumige der Dichtung sind, hoch und unberührbar vom Erdhaft-Trüben des tatsächlichen Lebens.

Seltsam, wie spät sich unsere deutsche Welt auf diesen ihren kostbaren Besitz besann, ähnlich spät, wie wir jeder selbst in unserem eigenen Leben. Längst hatte man schon Bilder gesammelt, Bücher, Münzen, Fächer, Tabaksdosen und Handschriften, als man diese Märchen noch achtlos frei von Mund zu Mund flattern ließ, ohne sie im geschriebenen Wort zu fangen. Zwischen der Frühzeit der deutschen Dichtung und der heutigen ihrer stärksten Bewußtheit, die sie als erlesenste Schätze der Kunst wertet, stehen eben auch solche eitle selbstbewußte Flegeljahre, die jede Volksdichtung wie eine allzu breithüftige, rotbackige Schönheit verachteten und denen das Märchen bloß Altweibergeschwätz war. Die Gelehrten erst gewannen sie uns wieder zurück, die Brüder Grimm, die sie zum erstenmal sammelten und denen jetzt eine köstliche Nachlese gefolgt ist: ›Deutsche Märchen seit Grimm‹ und die wiederum nur ein Band eines gewaltigen Unternehmen sein sollen, in dem der tapfere Verleger Eugen Diederichs (den zu rühmen ich nie eine Gelegenheit versäumen möchte) alle Märchen der Vorzeit uns vereinen will.

Wie wundervoll leicht doch dieser Band ist, wie gewichtlos für die Vielfalt seines Inhalts! Nie wußte ich, eine wie große Freude es sein könnte, Märchen zu lesen als Erwachsener, jetzt, da man sie abends zur Hand nehmen kann ohne die Beängstigung des Kindes, daß Heinzelmännchen wahrhaft unter dem Bett knistern und aus dem Dunkel dann die Riesen in die Träume gestapft kommen und die Menschenfresser. Täglich lese ich nun darin, nicht zu lange freilich, um mir den Genuß zu versparen, nicht so glühend vielleicht auch wie einst, weil mir die Angst fehlt, das Gruseln und Grausen, aber immer neu entzückt von ihrer Unbeschwertheit, ihrem seligen Flug. Unendlich einfach scheinen sie im Vergleich mit der Literatur und sind doch voll Geheimnis, regellos bieten sie sich dar und gehorchen doch unbewußt großen Gesetzen. Eine ganze Wissenschaft, die Märchenforschung, steht erst am Anfang, sie zu enträtseln, ihre folkloristischen Beziehungen zu deuten, ihre Zusammenhänge mit vergangenen Religionen, mit mythischen und erotischen Symbolen wieder aufzulösen. Denn diese kleinen Märchen kommen ja, vergessen wir's nicht, von ganz fern in unsere Zeit, aus einer Urwelt, in der noch alles Geheimnis war und das fromme Staunen im Menschen das lebendigste Gefühl. Sie, diese kleinen Geschichten, die wie eben improvisiert scheinen, wandern seit Jahrhunderten schon durch tausend Geschlechter und sind jede älter als der älteste Baum im ältesten Wald. Vom welken Mund eines greisen Mütterchens hat sie eben der Forscher vielleicht gepflückt, aber der gab es die ihre und wieder die ihre bis weit hinauf in die Zeiten, da noch Odin und Tor durch die deutschen Forste fuhren. Eine unsichtbar unendliche Kette der Worte gehen diese Geschichten durch die Zeit, immer wieder von einem Erzähler an einen Lauscher gegeben, manch einer hat ihr ein Ringlein eingefügt, und manch einer ließ wieder eines entgleiten, aber im Wesenhaften sind sie ererbt wie Erde und Scholle, wie der ganze geistige Besitz eines Volkes, wie das Zeichen des Kreuzes, wie kleiner Aberglaube, wie die Sprache selbst und jedes deutsche Wort. Auf allen Straßen der Erde sind sie unsichtbar gegangen, an alle Wände haben sie geklungen, uralt sind sie, die so jung, so eben erst aufgeblüht scheinen. Und kein Wunder, das sie erfabeln, ist vielleicht so erstaunlich als das ihrer eigenen, ganz ins Unendliche hinaus verbreiterten Existenz. Denn das gleiche Märchen, das im deutschen Dorf eine Mutter dem horchenden Kinde erzählt, murmelt drüben im Feuerland ein bemalter Greis vor den heimkehrenden Kriegern, der blinde arabische Märchenerzähler singt es am Platz vor der Kasbah, Indien und China ist es vertraut. Der Gott all dieser Menschen ist ein anderer, die Sprache, die sie reden, reicht nicht mit den letzten Wurzeln mehr eine zur andern, der Himmel, unter dem sie wohnen, die Erde, die sie treten, Form und Farbe ihres Körpers ist andersgestaltig, aber das kleine Märchen, das sie erzählen, ist allorts das gleiche. Keinem fliehenden Zauberpferd dieser kleinen Legenden, keinem sausenden Pfeil wäre so schwer nachzusetzen als diesen kleinen Märchen, wollte man sie überall aufspüren, wo sie sich eingenistet haben in die Phantasie der Völker. Und innen in ihnen ist wieder Geheimnis, denn wer vermochte es bis jetzt zu deuten, warum bestimmte Zahlen, drei und sieben, immer in ihnen wiederkehren? Hier spürt man scheu irgendwelche letzte mystische Symbole der Menschheit, spürt sie stärker in diesen einfältigen kleinen Märchen als irgendwo in den verstricktesten Beziehungen unserer gegenwärtigen geistigen Welt.

Nur genießen darf man sie darum und muß verzichten, sie zu erklären. Nie wird man es vermögen, ihre

Dichter zu nennen, denn sie reichen, diese kleinen naiven Sinnspiele, zurück bis in die frommen Zeiten, da jeder ein Dichter war oder keiner. Gelegentlicher Trieb und keine höhere Absicht warf sie in die Welt, sie sind ersonnen, vielleicht ein Kind, ein armes, zu trösten oder ein schreiendes zu schrecken, eine Wanderung zu kürzen oder einen Winterabend um seine lastende Länge zu betrügen. Nicht besonnener zielbewußter Sinn hat sie gedichtet, sondern der unstet schweifende, der müßige Traum. Und so seltsam es klingt, ich glaube, diese einfachen, weisen und lieben Märchen sind eigentlich von den schlimmen Eigenschaften des Lebens erdacht, nicht der Mutige, der Starke, der Tätige haben sie gestaltet – denn all diesen ist die Wirklichkeit schon Welt genug –, sondern der Träumer, der Ofenhocker, der Listige, der Lügner und der Bramarbas, immer einer also, der nicht frei und schaffend mitten im Leben stand. Das glaube ich, weil in diesen Märchen so viel Trost ist für den Müßigen, den Unbesorgten, den Träumer und Tagedieb. Denn im Leben, im wirklichen, ist's doch der Starke, der alles errafft, der Kluge, der viel gewinnt, der Flinke, der allen voraus ist. Wär's nun nicht natürlich, daß alle, die rückwärts blieben, aus Trägheit und Schwäche sich diese andere Welt ersannen, die von rückwärts nach vorne schwingt, in der immer der Eilfertige zu spät kommt, der Dumme reich wird und der kluge Teufel geprellt? Traum und Trost aller vom Leben ausgeschalteten (und der Kinder darum so sehr) sind diese kleinen Märchen im Grunde, mögen sie noch so lehrhaft sich gebärden. Der Faulpelz sielt im Bett, die bösen Gesellen stecken, ihn zu schrecken, einen Topf mit kalten schwarzen Molchen ihm unter die Decke, aber wie er sie unversehens angreift, ist ein Zauber gebrochen, der Topf voll blanken Goldes und im Schlaf der Faule reich geworden. Der Dumme wieder verkauft Hof und Heim für eine kleine

Haselgerte, aber sieh', jede Tür öffnet sie ihm, und der König kann seine Schatzkammer nicht mehr hüten. Der feige Soldat rennt aus der Schlacht und kriecht in ein Mauseloch, aber ach, es weitet sich zum Gang tief in die Erde hinab, und dort sind Kammern gespeichert mit Gold und Edelstein, und in der letzten steht die Königstochter und ist wunderschön und hat auf ihn gewartet, und sie machen Hochzeit und leben selig bis an ihr seliges Ende.

Die schöne Königstochter und der junge Königssohn, sie warten ja immer mit ihrem goldenen Krönlein im blonden Haar am Ausgang eines jeden Märchens, um den armen Schäfer oder die einfältige Dirn' zu frei'n. In Liebe und beim Hochzeitsschmaus endet's fast immer, denn Märchen, was sind sie anders als die entlaufenen Träume der Nacht oder müßige Wünsche des Tages, und Traum und Wunsch doch wieder eines, wie Freud, der graubärtige weise Magier unsrer inneren Welt gelehrt. Sehnsucht der Erlebnislosen, Trost der Unbefriedigten, Opium der Armen sind sie und darum vorerst Seligkeit der Kinder, die ganz lichterloh brennen vor Sehnsucht und sich immer außen fühlen. Für sie ist diese Märchenwelt ein wahrhaftes Sein, uns entzückt sie als ein wesenloses Verwandeln, denn wir erkennen, daß in ihr nichts wahr und beständig ist, als die wunderbare Bewegung, mit der hier alle Gebiete des Lebens durcheinanderfluten, der letzte Tausch aller Formen, die – Natur und Mensch, Tier und Geist – sich wechselnd mit ihren Eigenschaften beschenken. Hier hält kein Wesen, kein Stand, kein Geschlecht karg wie im Wirklichen seine Eigenschaften sich eigenwillig zurück, das Märchen borgt einem das andere, Tiere haben die Stimme von Menschen und sie wieder von den Vögeln den Flug, der Hase wird Maus, die Maus wieder Sperling, Gestalt ist nicht Besitz, sondern Erborgtes, zurückzugeben und frei zu vertauschen. Der

Himmel schneit Zuckerbrot, die Mühle reibt Dukaten, das Spinnrad plaudert, der Pfannkuchen lacht und springt freudig den Kindern in den Korb. Im Märchen darf jeder die Eigenschaft des anderen sich borgen, alles ist allen gemein, und unsere Welt, die wir so mühsam mit den Sinnen in Vorstellungen einzeln abteilten, gerät da mächtig ins Gleiten, schwindlig vom Wirbel der Verwandlungen, »die Welt wird Traum, der Traum wird Welt«, wie Novalis im ›Ofterdingen‹ das Gefühl des Märchenhaften mit der ihm eigentümlich visionären Kraft in eine Zeile raffte. Nichts ist mehr wahr und Welt in ihnen und doch alles, solange wir es glauben, und jede dieser kurzlebigen Lügen ist nun schon Jahrhunderte alt. Das ist ihr geheimnisvoller Doppelsinn, kurz zu sein im Trug und doch unendlich lang, denn das Märchen, das mich in dieser Sekunde losließ, wieder zurück in meine Welt, und nun selbst versunken ist, morgen fängt es einen andern wieder und so weiter, vielleicht in alle Ewigkeit.

Aber ewig, sind sie's wirklich, diese kleinen Märchen? Ewig: leicht schwingt sich das Wort vom Mund, aber doch, schreibt man es dann hin, so sehen einen die vier Buchstaben drohend an. Zu schwer lastet das Wort auf diesen holden schmetterlingsleichten Traumgespinsten. Denn mögen sie selbst wie die Lust an der Lüge, die Magie des Traumes und die unendliche Neugier über den nahen Tag hinaus unzerstörbar sein, etwas in ihnen scheint leise welk zu werden, zu verblühen für den Menschen der Stadt. Nichts von ihnen selbst: aber ihre Welt. Denn das Märchen ist aus dem Wald gewachsen und geschwisterlich der Natur, und wie viele von heute sind ihr schon fremd! Wie viel Kinder gibt es schon, die nie allein durch einen finstern Wald gegangen, die falschen Augen des Irrlichts nie schauernd geseh'n und die geisternden Nebel des Abhanges. Ein wenig blaß sind viele dieser

Schrecknisse geworden, Wolf und Bär, die schlimmen Gesellen, wir kennen sie nurmehr hinter Riegel und Gitter als gefesseltes Tier, Spindel und Kunkel, Armbrust und Felleisen, sie sind uns Begriff bloß, kaum mehr gewärtig im Bild, und die Königssöhne, sie tragen keine Kronen mehr. Immer weiter wandert das Märchen weg von unserer Welt, seine Schrecken sind zahm, seine Wunder – der Flug durch die Luft, die Stimme übers Meer – von der Technik ins Alltägliche niedergerissen. Zu viel Träume hat unsere Zeit, die Wunder zerstörende, schon zu Wirklichkeiten niedergerissen, und sie, die selbst so viele Wunder neu ersinnt, wird sich auch das Märchen neu ersinnen müssen, denn zwischen uns und die alten Märchen schiebt sich die lärmende Stadt, die Eisenbahn saust durch ihre Wälder und überschreit die Stimme der Elfen und der Tiere freundlich Gespräch. Seltsam: sie, die doch ganz Natur sind, muten manchmal schon ein wenig künstlich an, im geschlossenen Zimmer, mitten in der Großstadt gelesen, exotisch scheinen sie, weil sie das ganz Primitive bedeuten. Erst die Natur, ein Blick in den Wald, über die Berge machen sie wieder ganz rein und wahr. Denn wo Natur ist, waltet auch das Wunderbare, und ihre eigene Unbegreiflichkeit beglaubigt die verwegenste Träumerei.

Das Tagebuch eines halbwüchsigen Mädchens

Als erste einer Reihe von ›Quellenschriften zur seelischen Entwicklung‹ veröffentlicht der Internationale Psychoanalytische Verlag – offenbar eine Gruppe von Schülern, die sich dem umfassenden Gedankenkreise Professor Freuds verbunden haben – ein ganz merkwürdiges Dokument: das unverstellte Originaltagebuch eines halbwüchsigen Mädchens von seinem elften bis zum vierzehnten Jahre. Das Seltsame in diesem Buche, das Bedeutsame im psychologischen und pädagogischen Sinne ist nun, daß dieses Tagebuch keineswegs das eines Wunderkindes ist, einer zukünftigen Maria Bashkirtseff, sondern im Gegenteil das eines ganz normalen, gar nicht sonderlich begabten, gar nicht sonderlich sensitiven und gar nicht sonderlich erlebnisreichen Kindes aus der sogenannten guten Wiener Gesellschaft. Nur eben eines jener unzähligen, oft belächelten und verspotteten Tagebücher, wie sie fast jedes Mädchen unfehlbar irgendeinmal in den Schuljahren beginnt. Aber schon die Regelmäßigkeit dieser Erscheinung mag Erkenntnis sein für die Bedeutsamkeit dieses Augenblicks, für das fast Gesetzmäßige, daß Kinder und besonders Mädchen gerade in jenen Entwicklungsjahren aus einem zwingenden Gefühl beginnen, sich täglich schriftliche Rechenschaft von sich abzulegen, um dann mit siebzehn oder achtzehn Jahren dieses tägliche Einschreiben schon wieder als kindliche Spielerei zu verachten und überlegen lächelnd zu verwerfen. In jenen Jahren, wo der wirklich persönliche Mensch dem spielhaften Kindeswesen entwächst, wird ihm unbewußt das Leben als Ganzes und insbesondere sein eigenes Leben irgendwie plötzlich wichtig und geheimnisvoll: unbelehrt fühlt das Kind in seinem Wachstum, was dann erst später wieder der Psycholog weiß und was Freud als erster so meisterhaft klargelegt hat, daß in jenen Jahren des gespannten Empfindens bei dem Kinde jede Richtung zur Entscheidung, jeder Zufall zur Bestimmung wird. Im Augenblicke, wo der Mensch – und die meisten Erwachsenen gestehen damit die Armut ihres Innenlebens ahnungslos ein – dann wieder das Leben als etwas Automatisches, als etwas Funktionelles empfindet, läßt die Intensität ihres eigenen Empfindens nach: nur erlesene Menschen behalten jene wunderbar gesteigerte Fähigkeit über die Kindheit hinaus für immer fort, das Leben unausgesetzt als mystische Macht zu empfinden, ewig rätselhaft, ewig unentwirrbar, voll von Überraschungen und Erkenntnissen, und sich selbst als eine Beute unablässiger Abenteuer. Deshalb führen die Erwachsenen nur ausnahmsweise mehr ein Tagebuch, fast immer nur dann, wenn sie irgendwie in das äußerlich Bewegte der Welt historisch eingemengt sind, wie jetzt die Diplomaten und Heerführer; das Kind in den Pubertätsjahren aber empfindet nicht seine Existenz innerhalb besonderer Geschehnisse als wichtig, sondern die Tatsache des Lebens überhaupt, und diese zwingende Betonung jeder kleinen Zufälligkeit, ungeachtet, ob sie andere als banal empfinden mögen, erhöht zauberhaft ihre innere Spannung. In den halbwüchsigen Menschen ist darum eine tiefere – und wieviel richtigere! – Wertung jeder neuen Stunde bereit; das Unscheinbarste belebt sich durch Gefühl, jede Begegnung durch Erwartung. Nur im Kinde, in dieser Spanne von Jahren zwischen der Unbewußtheit und dem schon allzu Bewußten wirkt sich jene Intensität aus, die dann in den Dichtern die Kindheitsjahre überwächst und ihnen das Gefühl der Welt als eines unberechenbaren Mysteriums rein und leidenschaftlich bewahrt.

Unbedeutsam im gewöhnlichen Sinne mag darum auch dieses Tagebuch dem Unbedeutenden gelten, denn es ist weder stilistisch schön geschrieben, noch geistig sonderlich hochwertig, eben nur ein Dutzendtagebuch irgendeines Halbkindes. Aber eben das typische Kleinmädchengeschwätz darin, die ahnungslose Aufrichtigkeit (die dem Dichter ja fehlt), daß jemals ein fremder Blick in diese Blätter eindringe, geschweige denn, daß sie jemals in Buchform vervielfältigt werden könnten, macht seine Lektüre so anregend für alle jene, denen das bloße Verstehen von seelischen Dingen selbst schon eine Art geistiger Lust geworden ist. Es ist voll von zufälligem Geschwätz über Konditoreien, Ausflüge, Kameradinnen, Eifersüchteleien, Schuldummheiten, Familienepisoden, aber eben dadurch ist auch den wesentlichen Dingen der richtige Rang im Seelenleben ausgewertet. Denn der Dichter, die sonst einzige Quelle, der eine Kindheit schildert, die eigene oder eine fremde, in Selbstbiographie oder im Roman, verstellt aus dem innersten Gesetz der Kunst bewußt-unbewußt das Gleichgewicht. Er gibt bloß Abbreviaturen, Verkürzungen des kindlichen Seelenlebens, weil er nur das aufzeichnet, was die Erinnerung nach Jahren noch als wesentlich bewahrt hat, nicht aber das Gleichzeitig-Banale, dem das Besondere entwächst. Er zeigt nur die Meilensteine, statt des ganzen Weges, er schafft Auslese, betont nur das Wissende im Kind, die frühe Weisheit, während hier im Tagebuch noch die ganze breite Folie der Torheit und ahnungslosen Dummheit sich in den Aufzeichnungen naturhaft aufstuft.

Das Erlebnis dieser Jahre, das Wesentliche dieses Buches ist selbstverständlich das Nicht-mehr-Kind-sein-Wollen. Der Wille, als voll gewertet zu werden, um alle

Geheimnisse zu wissen, die alle Erwachsenen so krampfhaft vor ihm verbergen. Mit Zorn und Erbitterung notiert die Elfjährige immer, wenn Vater, Mutter oder Schwester sie eine »Kleine« oder »Kind« nennen. Mit Ungeduld will sie schon hinauf in die andere Welt, will sie die verschlossenen Türen zerbrechen, hinter denen sie manchmal unverständliche Worte hört und hinter denen für ihr Empfinden das »eigentliche«, das wirkliche Leben liegt. Jedes dieser aufgelauschten Worte hinter den verschlossenen Türen des großen Geheimnisses wird zum Ereignis, zum Geschehnis, denn ahnend spürt das noch ahnungslose Kind, daß diese abgelösten Worte gleichsam Chiffren sind, mit denen man, wenn einmal die Buchstaben ihres Sinnes auseinandergenommen sind, das ganze Zauberbuch im Fluge durchlesen könne. Wie auf der Wiese hinter Schmetterlingen ist darum dies gespannte Kindwesen mit seinen Freundinnen hinter jedem solchen aufgeflatterten Wort her. Irgend jemand hat »Verhältnis« gesagt und gelächelt dabei – was bedeutet das? Von der Kusine erzählen sie, daß sie »bleichsüchtig« sei, von einem Onkel, er sei »nicht normal«. Mit der Spürkraft aufgereizten Empfindens wittert sie einen besonderen Sinn hinter dem Gewöhnlichen. Und alle die unendlich typischen Schleichwege des Kindes auf dieser Jagd tun sich auf in diesem Tagebuch: Das Tuscheln mit den Freundinnen, das Geschwätz mit den Dienstboten, der heimliche Blick in das Konversationslexikon, bis sich allmählich nach vielen vergeblichen Irrungen – die im einzelnen dem Erwachsenen und besonders dem, der seine eigene Jugend vergessen hat, ein mitleidiges Lächeln entlocken mögen – die richtige Spur findet. Hier, wie vielleicht in jedem aufrichtigen Tagebuche eines Halbwüchsigen ist natürlich der Brennpunkt des Interesses die Sexualität.

Die Sexualität, nicht die Erotik. Denn hier kommt die

Neugier noch aus dem Intellektuellen, aus dem wachen Gehirn eines noch unentwickelten Körpers, und die Unruhe quillt aus dem Verstand, nicht aus den noch dumpfen Zonen körperlichen Gefühls. Nirgends reagiert hier wirkliche Befriedigung auf Erkenntnis, im Gegenteil: der erste zufällige Einblick wird für das scheue Kind zum seelischen Schock. Mit Ekel, mit Abscheu, Furcht und Angst antwortet ihr noch unreifes Gefühl auf alle Ahnungen des Körperlichen. Statt sie an das feurige Geheimnis näher hinzudrängen, schreckt sie die Mechanik des Liebesaktes vorläufig zurück. Nirgends ist in diesem nervösen Kinde trotz aller geistigen Unruhe, trotz aller funkelnden Neugierde ein Atem von Verderbtheit. Man spürt, diese Unruhe ist (wie wahrscheinlich bei den meisten Kindern, was aber Lehrer und Erzieher selten ahnen), absolut präerotisch, sie ist nur Unruhe nach dem Leben, nach dem Zusammenhange, das allzu erklärliche Gefühl nach Ebenmäßigkeit des Wissens, das keine Lükken und leere Stellen dulden will, dasselbe Gefühl, das die junge Menschheit als Gesamtheit von ihrem Anfang getrieben hat, ihre eigene Erde zu durchforschen, unbekannte Kontinente sich bekannt zu machen, alle Ströme, Berge, Seen und Wälder in eine Karte einzuzeichnen und über diese Erde hinaus noch mit Teleskopen und Berechnungen nach den anderen Welten ins Unendliche zu spähen. Gerade dies Nachbarliche der unbändigen Neugier mit dem anderen Geschwätz von neuen Kleidern, verpatzten Schulausflügen, Gouvernantenqual, hellt zauberisch das Wunder des Welterwachens auf, das mit der Jugend jedes Menschen wie der Menschheit mystisch verknüpft ist, und das verhängnisvollerweise so früh in dem normalen Menschen wieder erlischt. Vielleicht auch schon in dieser Frau erloschen wäre, die heute vielleicht zweiundzwanzig Jahre zählte, wenn sie der Tod nicht hinweggenommen hätte, und deren Namen die Herausgeber sorgfältig verschweigen (die auch in dem Buche durchwegs Namenverstellungen vorgenommen haben, um auch die Spur zu verwischen). Eben deshalb aber, weil es so typisch ist, sollten kluge Eltern und kluge Erzieher dieses Buch zur Hand nehmen, freilich nicht, um danach zu erziehen und vielleicht mit der jetzt so beliebten Aufklärung einzusetzen und zu versuchen, den ihnen anvertrauten Kindern etwas von der Unruhe und der Qual ihres Suchens wegzunehmen, die hier so erschütternd im Bilde des namenlosen Kindes wirkt. Denn wer vermag zu sagen, ob diese Unruhe, diese brennende Neugier nicht etwas unendliches Kostbares und Schöpferisches in jedem Kinde ist, ob nicht bei einzelnen gerade aus ihr die Möglichkeit entwächst, sich das Mystische des Lebensgefühles über die Kindheit hinaus zu bewahren. Ob vielleicht nicht Menschen, die in ihrer Kindheit die ganze Not dieser Unsicherheit, die Spannung des Geschlechtes so stark empfunden haben, sich auch dann später im Erotischen reiner den heiligen Schauer des kosmischen Gefühls und anderseits die starke Reizsamkeit leidenschaftlicher bewahren. Es ist vielleicht nicht gut, zu verbessern, wo man nicht weiß, was im einzelnen ungestaltete Möglichkeit zum Guten oder zum Bösen ist, und das Schicksal, das wunderbar eigenwillige, das mit Kindern wie mit Menschen nach seinem Sinn spielt, bevormunden zu wollen. Aber es ist immer gut, Menschliches zu verstehen, und zu diesem Verständnis der Kinderseele scheint mir dieses Buch eines der kostbarsten, das je die Wissenschaft Hand in Hand mit dem Zufall dargeboten, und das nicht durch Kunst, sondern einzig dank jener mystischen Schöpfungskraft der Jugend, die immer dichterischer wirkt als die besten Nachdichtungen von Kindheit.

Verse eines Gottsuchers

Dem vielleicht seltsamsten der deutschen Versbücher, dem ›Cherubinischen Wandersmann‹ des Angelus Silesius ist nun nach zwei Jahrhunderten ein Schwisterkind geworden in dem ›Stundenbuch‹ des Rainer Maria Rilke*. Denn dies ist ein Buch, das sich so gar nicht in unsere Lyrik fügen will. Ganz von ferne scheint es zu kommen, losgelöst von Sprache und Form unseres Ausdrucks, ganz vertieft in sich selbst, wie in einen sehr farbigen Traum. Und alle seine Verse, mögen sie den Anbeginn in den flüchtigsten Äußerungen sinnlicher Wahrnehmung nehmen, wachsen – wie Bäume aus der breiten Erde empor in den unsichern Himmel steigen – zu Gott empor. Die vielleicht zweihundert Gedichte des Buches sprechen zu Gott in demütiger, wilder, flehender, drängender, schluchzender Apostrophe. Aller Reichtum, den wir von Rilkes früheren Werken kennen, ist hier in das Wort »Gott« versammelt. Und Melodie, Farbe, Glanz darüber gegossen, daß es immer wieder neu und zwingend wird.

Man wird geneigt sein, diese Gottsuchersehnsucht bei einem so raffinierten Artisten wie Rilke von vornherein als Heuchelei zu betrachten. Frömmigkeit glaubt man nur den Primitiven. Aber die Frage ist reicher an Möglichkeiten der Erklärung, denn Rilkes Religiosität ist

* Rainer Maria Rilke, ›Das Stundenbuch. (Vom mönchischen Leben, von der Pilgerschaft, von der Armut und dem Tode)‹, Insel-Verlag 1906.

nicht Frömmigkeit, sondern Glauben, genießende und im Wort sich erst ganz erfüllende Lebensbewunderung. Er, der sensibelste der deutschen Dichter, zart wie ein vielverästeltes Blatt, das den Tau aus der Luft saugt, die Sonnenstrahlen trinkt und mit fiebernder Faser jeden Atem des Windes, – er hat immer die leiseste Regung bis in die Tiefe der Empfindung getragen, hat der wechselnden Sinne verschiedene Berührung: Ton, Farbe, Duft, Zeichen, Regung, die unsägliche Verschiedenheit der Lebensäußerungen im Gefühle so vermengt, daß sie einander Symbole sein konnten und einander bereichern. Bei dieser immensen Fähigkeit der Verinnerlichung in das Urgefühl mußte nun sich mählich der Sinn für die immanente Einheit aller Dinge entwickeln und aller Eindrücke rauschende Flut einmünden in ein Meer. Und da nimmt er ein Wort und schleudert alles hinein. Oder vielmehr: er schafft sich die Vorstellung des Begriffes, der diese leuchtende Unendlichkeit tragen kann. Und wie er nach einem Namen sucht, der reich genug sein könnte, um Symbol solcher Fülle zu sein, da findet er den Namen Gott. Und schafft Gott um nach seinem Ebenbilde. Silesius war anderen Weg gegangen: er fühlte Gottes Größe, und als er sie zu schildern, nach einem Ausdruck rang, schuf er sich die Kunst, schuf sich zum Dichter aus einem Prediger. Rilke wiederum, von den wunderbar wachsenden Formen seiner Kunst sehnsüchtig gereizt, ihnen im Leben etwas zu nennen, dem sie dienen könnten, denkt an den höchsten Namen, und nun glühen alle seine Farben, singen alle Töne empor in dieses Licht. Wie im Orient die Prediger von den Türmen Gottes Größe in die Ferne rufen, so spricht hier der Dichter, spricht mit jener erhobenen Stimme und doch mit jener leisen Beschämung, die weiß, daß Gott sich nicht aussagen läßt. »Wer Gott beweist, der ist ihm immer fern.« Heftiger als je bei allen Mystikern ist hier der Gedanke ausgesprochen, daß Gott nur in den Erscheinungen erfaßbar ist, nicht in der Essenz, und daß nie das All der Erscheinungen gemeinsam überschaut, also Gott erkannt werden könne. Das hat das Judentum vielleicht am tiefsten von allen Religionen gefühlt, als es verbot, den Namen Gottes jemals hinzuschreiben – eines der schwergesühntesten Verbrechen – und nur gestattete, in der Schrift jenes bekannte Symbol zu gebrauchen. Und das ist Rilkes Werk in diesem Buche auch, Gott unablässig durch Symbole zu erläutern.

»Für dich nur schließen sich die Dichter ein
und sammeln Bilder, rauschende und reiche,
und gehn hinaus und reifen durch Vergleiche
und sind ihr ganzes Leben so allein ...

Und Maler malen ihre Bilder nur,
damit du unvergänglich die Natur,
die du vergänglich schufst, zurückempfängst:
alles wird ewig. Sieh', das Weib ist längst
in der Madonna Lisa reif wie Wein;
es müßte nie ein Weib mehr sein,
denn Neues bringt kein neues Weib hinzu.
Die, welche bilden, sind wie du.«

Aber aus diesen Erläuterungen wächst der Begriff. Jede Farbe, jedes Wort, jede Musik, die ihn wiedergeben will, schafft ihn auch zugleich, und wie das aller Kunst Wunderbarstes ist, daß sie eigentlich nur wiedererzählen und etwas Geschautes nachbilden will und dabei es erst als ein Neues werden läßt – so wächst hier Gott für den Dichter langsam empor. Und im tiefsten fühlt er, daß er ihn schafft, der sich doch von ihm erschaffen fühlt.

»Werkleute sind wir: Knappen, Jünger, Meister
Und bauen dich, du hohes Mittelschiff.«

Und dieser Gedanke der individuellen Gottschöpfung, tausendfach verzweigt mit vielen blütetragenden Ästen durch das Buch, zeitigt die nötige Folgeerkenntnis, daß dieses Gottes Leben an dem eigenen hängt, daß der Gott, der von einem eigen erschaffen ist, nicht über einen hinaus lebt. Und der Dichter bricht in die bange Frage aus

»Was wirst du tun, Gott, wenn ich sterbe? ...
... Mit mir verlierst du deinen Sinn.
Nach mir hast du kein Haus, darin
Dich Worte, nah und warm begrüßen.
Es fällt von deinen müden Füßen
Die Samtsandale, die ich bin.«

Das sind jene tiefen und schon in das Dunkel des Unbewußten hinüberzitternden Erkenntnisse, die man für leicht hält, wiegt man sie in der hohlen Hand, leicht wie Edelsteine. Und man ahnt kaum, wieviel harte Berge um sie durchwühlt sein mußten, ahnt nicht die verarbeiteten, verwachten Nächte, die zerschundenen Hände. Man fühlt nur ein Licht darin glänzen und ahnt nicht, daß dies ein geheimnisvolles, dem tiefsten Dunkel entnommenes Licht ist, das erst wieder zu brennen anfängt, wenn eine gleiche Seele es beschaut.

Vielen wird dieses wunderbare Versbuch ganz stumm bleiben. Und wer die Hetzjagd nach gereimter Verstiegenheit durch moderne Bücher liebt, wird hier auf seine Rechnung kommen, denn einzelne Verse – unerhört in der Verwegenheit der Vergleiche – reizen tatsächlich, wenn man sie aus dem Zusammenhang, aus dem Erdreich der dunklen, mystischen Atmosphäre reißt, zur Heiterkeit. Und auch – wie immer – scheint manchmal der wildeste, inbrünstigste Fanatismus in seinem wilden Willen, Gott zu vermenschlichen, ganz an sein Herz zu reißen, fast als Blasphemie. Das ›Stundenbuch‹ verlangt mit Liebe gelesen zu werden. Und vor allem nicht auf einen Zug, sonst macht es müde wie Psalmodieren. Wie ein Gebetbuch, in stiller Stunde, wenn man schon ehrfürchtig bereitet ist, will es aufgeschlagen sein, und dann fühlt man wirklich den Orgelklang von Versen, wie sie keiner – keiner! – heute in Deutschland schöner, voller, klingender und reicher schreibt. Eben weil das breite Publikum an diesem Buch vorübergehen wird, sei es mit allem Nachdruck und mit aller Liebe gesagt: es ist eines der reichsten unserer neuen Poesie, und der Name Rainer Maria Rilkes einer derer, die bleiben werden.

Rilkes ›Neue Gedichte‹

Ein Essay wäre vielleicht noch zu wenig, ein Buch könnte es bereits sein, wollte man getreulich die merkwürdige und durchaus organische Entwicklung Rainer Maria Rilkes in seinen Gedichten gewissenhaft verfolgen. Es gibt heute schon eine jüngere Generation, die aufwuchs in der Bewunderung seiner Anfänge und, trotz aller wachsenden Ansprüche, stets aufs neue von seinem veränderten Werke befriedigt, in unveränderlicher Treue bei der alten Verehrung beharrt. Von allen deutschen Dichtern der jüngsten Epoche hat sich keiner zuverlässiger, keiner überraschender und keiner glücklicher entwickelt als Rilke – wenn wir Richard Dehmel aus dem Spiel lassen wollen, der in unserer Lyrik ja eine Rolle selbstverständlicher Überlegenheit hat, wie etwa Gerhart Hauptmann in der Dramatik. Das Geheimnis dieser Entfaltung liegt außer in der Intensität der spezifisch lyrischen Begabung bei Rilke in der unerhört gewissenhaften Konsequenz, mit der er jeden inneren Fortschritt bis zum Extrem getrieben, jeder Errungenschaft ihre letzten Folgerungen abgezwungen hat.

Bewunderungswert ist diese üppige Entfaltung aus so schmächtigem Beginn. Anfangs, in den schlanken kleinen Heftchen des Siebzehnjährigen und Achtzehnjährigen, die, längst nicht mehr im Buchhandel erhältlich, nur bei seinen treuesten Bewunderern sich finden, bot er Gedichte, wie sie nicht gerade selten sind (und besonders seitdem), kurze Strophen, sich leise wiegend in ihrer Melodie wie Blüten im ersten Winde, zarte farbige Stimmungen, von einer sanften Musik leicht getragen, bunter Schmetterlingsflug, zart und vergänglich wie diese. Dann kam die Zeit einer größeren Sorgfalt für das einzelne Wort, für »die armen Worte, die im Alltag darben«, und dann für den seltsamen, den verschlungenen, den oft wiederholten Reim, den er mit unglaublicher Virtuosität handhabte. Und immer mehr dehnte er die Grenzen der Dichtung über die Nachbargebiete aus. Betont und klingend durch den Reim, fluteten die Gedichte langsam über in Musik. In ›Mir zur Feier‹ waren viele Verse, in denen der Sinn aufflog vom Wort, um ganz dem Rhythmus, dem Gesang die Stelle zu geben, Gedichte, die gehört werden wollen wie ein Lied und nicht durchforscht auf ihren Sinn. Bis in das Äußerste, bis in das Unmögliche hinein ist hier der Übergang ins Musikalische gebahnt worden; und dann, nach diesem äußersten Erfolge, wandte sich Rilke wieder dem Worte zu, aber nun nicht seiner äußeren Gestaltung, sondern seiner inneren Färbung. Im ›Buch der Bilder‹ ist dieses »Reifen durch Vergleiche«, dies eminent malerische Vermögen, ein nacktes Wort zu umkleiden, den nackten Begriff gewissermaßen zu kolorieren durch ein Bild, die von Musik bereits beflügelten Strophen nun auch bunt sein zu lassen wie Schmetterlinge oder Paradiesvögel, sie, die schon Gesang hatten und Flug, nun auch mit allen Farben der Wirklichkeit zu schmücken, diese eigenartige neuromantische Kunst, Vollendung geworden. So hat er von jeder Phase seines Fortschreitens in die nächste einen Gewinn mitgenommen, so ist sein sinnvoller Aufstieg immer gewichtiger und bedeutsamer an Gehalt. Und so eingedrungen ist die Musik in seine Verse, so stark ihre bildnerische Kraft, daß er in diesem letzten Buche, das mehr schon der Plastik gehört als der lyrischen Malerei und Musik, bei einigen Gedichten zum ersten Male den Reim abzutun wagt, der bisher die fast charakteristischste Eigenart, das rollende Vehikel seiner Verse gewesen.

Das neue Buch* ist so ungemein reich, so über jeden Begriff farbig, so überraschend in den Motiven, daß es müßig wäre, sich an einzelnem zu versuchen. Nur im Gesamten soll es betrachtet sein und da wieder nur, inwiefern diese neue Linie ansetzt an die alten und wie sehr sie den inneren Kreis dichterischen Erlebens erweitert. Rilkes anfangs so zärtliche Stimme ist stark geworden in diesem Buch. Selbst der Bibel harter Ton ist dem Melodiker nicht mehr zu herb. Zu Flöte und Violine ist hier kräftig die Fanfare gesellt, zu den sanften Aquarellfarben der starke Meißel des Bildners. War ihm früher ein Gedicht ein Einfangen aus der Flut großer Gefühle, ein abgelauschter Ton großer Harmonien, ein leicht Genommenes von einem Überfluß, ein nur zufällig nach unten ins Leben Niedergebeugtes, so ist es hier ein Wirkliches, ein einzelner kleiner Augenblick, herausgearbeitet aus der Umlagerung, ein singuläres Ding, wie ein Tropfen spiegelnd gegen den Himmel gehalten, ein Gegenstand, den eine Sekunde ganz mit dem Leben seiner Umwelt bereichert, ein Splitter Alltag, eingefügt an seine Stelle im Ungeheuren. In die toten Dinge ist eine Bewegung gebracht, die erschreckend und fast gespenstisch wirkt. Durch den geheimnisvollen Mechanismus der Bilder in Bewegung gesetzt, beginnen sie sich zu rühren, wie die Schatten in den Nächten Bewegung zu haben scheinen, sie trinken eine Lebendigkeit um sich aus dem Menschen, der sie ansieht, werden organisch und beseelt, willenskräftig und schicksalsträchtig. Totes beginnt zu erwachen, Unfaßbares jählings Hände entgegenzureichen. Da

* ›Neue Gedichte.‹ Leipzig, Insel-Verlag. – ›Der neuen Gedichte anderer Teil‹ ist im selben Verlage soeben erschienen.

ist der alte Platz in Furnes. Ein lebloses Beisammensein von Häusern. Aber bei Rilke

»Ladet der Platz zum Einzug seiner Weite
Die fernen Fenster unaufhörlich ein,
Während sich das Gefolge und Geleite
Der Leere langsam in den Handelsreihn
Verteilt und ordnet. In die Giebel steigend
Wollen die kleinen Häuser alles sehn,
Die Türme voreinander scheu verschweigend,
Die immer maßlos hinter ihnen stehn.«

Jedes Ding ist erschöpft und bis in die letzte Fiber hinein ausgedeutet in Vergleichen. Rilke hat wie Hofmannsthals Held verlernt, »die Dinge einfach schon zu fühlen«. Und nur als Bilder begreift er sie, als ein stetes Aneinandererinnern der Dinge, und so wird das ganze Leben um ihn ein ungeheurer Zusammenschluß, ein ewiges Sicherläutern, ein wechselseitiges Ineinandergreifen. Nichts kann dem Dichter einzeln oder bedeutungslos sein, der es immer schon ganz unbewußt in Beziehung zu den anderen Dingen sieht, der eine geheimnisvolle Durchsichtigkeit des Wesenhaften besitzt, so daß er Farbe, Ton, Geste und Geschichte von Menschen und Dingen losschälen kann wie Blätter, sie einzeln anordnen und schichten nach seinem Willen. Mit diesem beispiellos intensiven Betrachten umreißt er nicht mehr die Gegenstände, sondern er dringt in sie ein, durchmeißelt sie, und nicht mehr der Malerei ist nun seine Kunst genähert, sondern der Plastik. Und wie Rilke Plastik empfindet, mag sein Buch über Rodin bezeugen, dem er durch viele Monate als Sekretär zur Seite stand, von dem er dieses letzte Geheimnis gelernt zu haben scheint, auch im kalten Stein noch Licht und Schatten, Farbe und Bewegung ordnend zu verteilen, ohne Kolorierung polychrom zu sein, nur durch den inneren Rhythmus bewegt, durch die Reinheit der Linie allein melodisch.

Und auch hier ist schon wieder dieses Bestreben bis zum Äußersten gebracht. Auch hier scheint mir ein tieferes plastisches Eindringen nicht mehr möglich und Rilke in manchen Versen vielleicht schon hinaus über die Grenzen der rein dichterischen Kunst. In seinem Wollen ist etwas von der Ungenügsamkeit der verwegenen Alpinisten, die nur noch die nie erstiegenden Gipfel reizen. In drei oder in vier Büchern hat Rilke schon ein immer verschiedenes Äußerstes erreicht, und seine Umkehr war immer ein Beladensein mit Neuem und Niegekanntem. Und so wird auch sicherlich dieser Weg wieder in ein Neues und vielleicht noch Wunderbareres führen, in dem diese unerhörte Plastik – hier noch Selbstzweck – wieder nur Mittel sein wird einer intensiveren Gestaltung und einer neuen Annäherung zu neuen Vollendungen.

Elemente der Menschengröße

(Rudolf Kaßner, ›Von den Elementen der menschlichen Größe.‹ Leipzig, Insel-Verlag.)

Bei den großen Meistern der Lyrik ist vor allem ein Phänomen so wunderbar typisch für die ursprüngliche Gewalt ihrer Anschauung, ein seltsamer Vorgang, der noch unendlich bedeutsamer ist als ihre neubildnerische Kraft, nämlich die Fähigkeit, ein gänzlich verbrauchtes und durch allzuhäufige, schon automatisch gewordene Benutzung unsinnlich und falsch gewordenes Attribut, ein kaltes, gewöhnliches Wort also, plötzlich durch eine unerwartete und vor allem richtige Anwendung wieder sinnlich, neu und packend zu gestalten, es gleichsam von dem Mißverständnis seiner grob prosaischen Verfälschung wieder in die poetisch reine, kristallklare Form der dichterischen Sinnlichkeit zu erlösen. Ein Phänomen, das jedem Liebhaber der Lyrik hundert jähe Entzückungen geschenkt hat und das in unseren Tagen bei Stefan George und Rilke am eindringlichsten und lautersten zu finden ist. Unversucht hingegen ist bis auf wenige Ausnahmen in unserer Zeit das Bestreben, nicht nur das Wort, sondern auch die Begriffe von der Abgegriffenheit journalistischer und rhetorischer Verwendung zu befreien, sie wieder zurückzuführen in die rein lautere, hier aber gänzlich unsinnliche Atmosphäre, ihre elementare Isoliertheit wieder herzustellen. Und unter den vielen Gesichtspunkten, von denen die Bedeutung Rudolf Kaßners für unsere Zeit aus betrachtet werden könnte, scheint mir diese für sein Werk eine der bedeutsamsten.

Er hat Begriffe und Scheidungen, die ihre Schärfe und

ihren Glanz in der Verwahrlosung lässigen und geistig trägen Gebrauches verloren haben, wieder blank erneuert, und so fremd stehen nun diese Worte, diese Begriffe den früheren und allgemein gebräuchlichen gegenüber, daß ihre ursprüngliche Einheit kaum mehr zu erkennen ist, die Lektüre der Kaßnerschen Bücher geradezu ein Umlernen der Sprache, eine Umschaltung der Begriffssymbole bedeutet. Ich weiß nicht, ob es mir je gelingen könnte, klar zu machen, selbst in ausführlichster Form, ein wie verschiedener geistiger Kosmos der Kaßners von allen anderen Weltbildern deutscher Schriftsteller ist, unter wie hohem geistigen Luftdruck diese Bücher stehen, wieviel Glut aber und Feurigkeit des Intellekts, eine wie strenge Moral, eine wie unbarmherzige Ästhetik unter ihrer kalten, anscheinend schmucklosen und beinahe aufgelösten Form versteckt ist. Ich weiß nur, daß es viele gibt, die Kaßners Bücher von vornherein als unlesbar, ja selbst als sinnlos erklären, so wie sie ja im Lyrischen Stefan George oder die späteren bildnerischen Gedichte Rainer Maria Rilkes einfach erledigt zu haben glaubten, wenn sie sie als kalt und verworren abfertigten. Ich weiß aber auch, daß es heute in Deutschland vielleicht zwei- oder dreihundert Menschen gibt, die in Kaßners Welt heimisch wohnen, die in seinen Worten reden, seine Formen denken, und denen niemand mehr berufen erscheint, der Praeceptor Germaniae in ästhetischen Dingen zu sein, als dieser Mann, dessen persönliche Gewalt, geistige Bildung und innerliche Berufung außer Frage stehen. Und es ist nur die ungeheure Einsamkeit seiner Persönlichkeit, die es so schwer macht, ihn zu erklären, weil alles Klarmachen doch nur durch Vergleiche geschehen kann und eine Persönlichkeit wie die Kaßners in der ganzen heutigen und auch vergangenen deutschen Literatur nichts hat, dem sie angenähert werden könnte, nicht einmal der Nietzsches, die heute noch immer erreichbarer erscheint als die wie ein harter, trotziger und vielleicht unfruchtbarer Fels in freundlicher Landschaft sich aufreckende Gestalt dieses Allereinsamsten, von dem niemand weiß, ob er Führer sein wird oder Verführer. Bewundernswert aber für jeden Einsichtigen muß der ungeheuere Ernst, das aus rein geistiger Leidenschaft gehärtete Pathos und der wirklich monumentale Stil seiner Bücher wirken. Er allein müßte Kaßner davor schützen – nicht so sehr mißverstanden zu werden als mißachtet – und jeden selbst dann zu Respekt zwingen, wenn sein eigenes Begreifen ihm nicht zu folgen vermag.

So gestehe ich, daß ich den innersten Willen und auch die geheime Struktur seines neuen Buches ›Von den Elementen der menschlichen Größe‹ nicht zu verstehen vermag, aber die bezwingende Pracht einzelner Erkenntnisse, die unverkennbare Einheit einer inneren Absicht und die edle Haltung des ganzen in wunderbarer Bedrängtheit zusammengefaßten Buches lassen mich willig glauben, daß ich selber daran die Schuld trage und nicht etwa Kaßner, lassen mich hoffen, daß ich in einigen Jahren vielleicht hier bekennend lieben werde, wo ich heute noch in Bewunderung zögere. Ich wünschte, daß wir in Deutschland mehr Bücher hätten, die dadurch, daß sie, wie dieses, unserem Intellekt und unserem inneren Formgefühl die denkbar höchsten Anforderungen stellen, erziehlich wirken nur durch die bloße Anstrengung, in solche geistige Einsamkeiten nachzufolgen, und mehr solche Menschen, wie Kaßner, die in unserer Zeit der platten Verbreiterung und Verwässerung aller ethischen und ästhetischen Werte nur in sich selbst ein neues Maß für die geistige Welt suchen.

Albert Ehrensteins Gedichte

Von den neueren deutschen Dichtern ist mir eigentlich keiner bekannt, der so sehr wie Albert Ehrenstein aus Widerstand gegen die Wirklichkeit entstanden ist, und kaum einer, der auch mehr Widerstand in der Anerkennung zu erwarten hat. Er ist unbequem für die Bequemlichkeit der meisten kritischen Betrachter, weil er der Zuteilung widerstrebt und als produktives Chaos nirgends in eine literarische Ordnung hinein will. Er ist aber außerdem schon in seiner Veranlagung dem Begriff, den man in Deutschland dem Dichter entgegenbringt, entgegengeartet. Denn nichts fehlt ihm so sehr wie das, worin man beim deutschen Dichter sonst die wesentliche Wurzel des lyrischen, ja des poetischen Triebs überhaupt zu finden gewohnt ist: das Gemüt, das mit seiner sanften Empfänglichkeit Eindrücke und Empfindungen harmonisiert, das Schwingung erzeugt und durch die Schwingung Melodie. Nichts ist nun Ehrenstein polarer als dieser Begriff des Gemütes. Fanatisch, abrupt, vehement (unwillkürlich gebraucht man Fremdworte für seine Fremdheit) schleudert er seine Reizungen von sich in einer explosiven, flammenden Art, die nur durch ihre erstaunliche Intensität zum künstlerischen Phänomen wird. Mit der brennenden Lauge der Ironie und der ätzenden Säure des Witzes frißt er sich ein in die Dinge, bohrt er sich in seine künstlerischen Probleme, um sie dann vom Mittelpunkt mit der ihm innewohnenden Explosivkraft aufzusprengen und durch diese gewaltsame Art Wesentlichstes zu entblößen. Es ist ein künstlerischer

Vorgang ohne Analogie, dieses Bewältigen der Gegenstände durch Zersprengung, und deutlicher noch als in den beiden Prosabüchern, dem nicht genug bemerkten ›Tubutsch‹ und ›Selbstmord eines Katers‹, kann man in seinen zwei neuen Gedichtbüchern dieser Eigenart gerecht zu werden versuchen.

Die beiden gleichzeitig erschienenen Gedichtbücher Ehrensteins*, kostbar gedruckt, in schönen, geschmackvollen Folianten dargeboten, sind vorerst nur einem begrenzten Leserkreis zugedacht und bloß in dreihundert Exemplaren herausgegeben, offenbar um Ärgernis und Mißverständnis zu vermeiden. Denn dem Mißverstehen sind diese Gedichte stärker ausgesetzt als die einer jeden anderen dichterischen Erscheinung unserer Zeit, weil sie die gangbaren und meist aus Bequemlichkeit festgefügten Vorstellungen vom lyrischen Gedicht aufs grimmigste zerfetzen und schon irgendwie im Untersten des Ursprungs sich absondern von allen einlinigen, einfachen, literarischen Voraussetzungen. Gemeine Psychologie operiert gern mit Einheiten, rechnet mit einfachen Stimmungselementen auf der Rechentafel des Verstandes, und dieses Einmaleins des Verstehens ist gänzlich unzulänglich gegenüber einer so vielfachen Differenziertheit, gegenüber der unaufgelösten Gleichung, wie sie Ehrenstein als Dichter bedeutet. Wenn ein Gedicht (nach der normalen Auffassung) Entäußerung einer geschlossenen gebundenen Stimmung, eine Harmonie, einen Ausgleich, eine Restlosigkeit, eine Lösung und Erlösung bedeutet, so wären Ehrensteins Gedichte oder die meisten seiner Gedichte keine. Sie sind fast sämtlich in ihren Elementen unverbunden, sind aus Süßem und Saurem, aus Witz und Ekstase phantastisch gemengt, und ihre Harmonie ist wie

* ›Der Mensch schreit.‹ Kurt Wolff. Leipzig 1916. – ›Die weiße Zeit.‹ Georg Müller. München 1915.

die der allermodernsten Musik aus einem höheren Einklang von Dissonanzen gefügt.

Aber gerade das Wesentliche an diesem Dichter ist seine Uneinigkeit, sein Vielklang, ist das Phänomen, daß Obertöne und Untertöne in schärfstem Kontrast durcheinanderklingen, Doppelstimmen des bewußten Gefühls sich überkreuzen und schneiden, daß – wie in den Bildern Kokoschkas, den er aus unbewußt bewußter Affinität so sehr liebt – gleichsam verschiedene Gesichter der Seele in widerstreitenden Linien sich zu einer Einheit formen und hinter die Epidermis der Dinge mit Leidenschaft und stärkster gedanklicher Inbrunst dringen. In Ehrenstein ist das Chaos eine Kraft. Selbst die Urelemente der Zeit und des Raumes sind in seiner Seele noch nicht gebunden, eine angefangene und noch unausgelebte Kindheit grenzt geistig ganz unvermittelt an eine kalte und wissende Greisenhaftigkeit; idealer Aufschwung, in reinem Bogen sich wölbend, wird plötzlich von scharfem geistigen und fast fleischlichen Witz durchschnitten wie eine weiche, blühende Wiesenlandschaft von einem wirbelnden, fauchenden und stinkenden Automobil; in eine geisterhafte, vorweltliche Irrealität bricht plötzlich brutalste Wirklichkeit, und andererseits glänzen plötzlich durch die zerbrochenen Wände eines Nachtcafés Siriussterne und kreisende Kometen fremder Himmel hinein.

Ehrenstein empfindet ganz *raumlos,* ganz außerweltlich, er dichtet *zeitlos,* und bewußt, wie er ist, empfindet er die Zeit, die aus genauen Minuten, ebenmäßigen Sekunden, gleichschlagenden Stunden zusammengesetzt ist, sie, die das Chaos des Lebens in eine Ordnung mechanisieren will, als seinen Feind, seinen dämonischen Widersacher, er fühlt den Raum, die Welt als seinen Gegner, als Hemmnis seines kosmischen Triebs. Das Zerklüftete in ihm sucht an beiden Enden die gestaltete Harmonie des Seins anzufassen und sie wieder auseinanderzubrechen in die alte Dynamik ihres Urbeginns, ihr die verlorene Polarität zurückzugeben und alles Geschlossene, Weiche, Weibische, und die Frau darum selbst in ihrer empfänglichen Nachgiebigkeit wird ihm zum Antichrist des wahren Lebensgefühls: der Revolte. Eine gewisse Raserei des *Kontrastes,* aber eine wahrhaft vital erlebte, überträgt diesen Zwiespalt ins Sprachliche und schafft sich durch die Mischung ekstatischer und ironischer Elemente eine Form, die erst schmerzhaft wirkt wie jede Dissonanz, aber allmählich in ihrer steten und immer organischen Steigerung eine Tonfarbe erzielt, eine ganz eigene real-rhapsodische Rhythmik, die unvergeßbar und unverlierbar ist. Diese Empörung des zerkreuzten und doppelempfindenden Menschen, bestrebt, den Widersinn einer Welt, die ihr purpurnes Chaos durchaus in eine fleischfarbene Ordnung verwandeln will, heiß zu erhalten, bekommt allmählich eine hinreißende Logik, die individuell überzeugend wird und diesem lyrischen Kampf eines einzelnen eine wilde Großartigkeit gibt. Etwas ganz Einmaliges lebt sich hier aus.

Ehrensteins Bedeutung als Lyriker scheint mir darum nicht wie bei den meisten in seiner Harmonie zu liegen, sondern in seiner *Intensität.* Die Unverbundenheit der poetischen Elemente, die einen erst erschreckt, kompensiert sich durch die ganz ungewöhnliche Eruption ihres Ausbruchs. Alle Empfindungen sind potenziert. Der Lyrismus ist von Hölderlinscher Ekstatik, seine Sinnlichkeit reckt sich nackt und aufrecht wie ein Schamteil, seine Bosheit bäumt sich zähnefletschend und gefährlich wie die eines Pavians, seine logische Kälte hat etwas von der schaurigen Erfrorenheit abgelebter und erstorbener Welten. Alle diese Elemente sind bis zur äußersten Wildheit gesteigert und haben kaum Raum mehr in der Realität. Sie sind zu scharf, zu spitz, zu ungebärdig, um sich bräutlich zu vermählen der sanften Umarmung der Melodie, sie begatten sich nur manchmal wollüstig für Sekunden, ohne darum ihre Urfeindschaft aufzugeben. Aber mit allen Elementen, mit den disparatesten zugleich, mit Zynismus und Romantik, widerstrebt er dem Bestehenden (irgendwo im letzten sind ja Zynismus und Romantik als Verneinung irgendeine Identität) und stellt sich entschlossen außerhalb der letzten Begrenzungen des Irdischen, außerhalb von Raum und Zeit. Und auch dieses Außensein wieder ist bis zum Äußersten getrieben. Selbst die stärksten Zeitgeschehnisse seiner Lebenswelt, selbst der Krieg, scheinen ihm noch wesenlos und episodisch gegen die wirklichen kosmischen Verwandlungen. Seine wahre Welt ist das Außerhalb. Für ihn »hat die Seele keinen Bosporus und keine Vogesen«, und irgendein kleines Begegnen kann sein anarchisches Weltgefühl stärker entzünden als das im gemeinen Sinn Belangreichste.

Wie ungewöhnliche *Sprachkräftigkeit* diese Vehemenz des Fühlens formt und manchmal zu brennenden Pfeilen spitzt, die das Innerste treffen, müßte im einzelnen weitläufiger verfolgt werden, und überhaupt fordert das merkwürdige, außerzeitliche Phänomen dieses Dichters zur Ausführlichkeit, zu Theoretik und Polemik heraus. Denn bei Ehrenstein handelt es sich nicht um literarische Wertschätzung einzelner lyrischer Gebilde (von denen mir manche vollendet, manche fahrlässig und nur Produkte gelegentlicher Reizungen scheinen), sondern um einen Typus nicht des Talents, sondern der Genialität, der sich begrifflich nicht gut umgrenzen läßt und der vor allem in seiner Einmaligkeit innere Umschaltungen verlangt, die selbst wieder eine gewisse Leidenschaft zum Außergewöhnlichen, ein Aufgetansein für neue Formen, eine Losgelöstheit von innerer Bindung, eine Absage an die eigenen Sympathien und Vorlieben erfordern. Man muß selbst die Fähigkeit haben, sich nach außen stellen zu können, außerhalb aller seiner lyrischen Vorgefaßtheiten und literarischen Begrenztheit, um hier frei bewundern zu können, und es soll mich für Ehrenstein freuen, wenn er in Deutschland vorläufig nur die Dreihundert findet, denen seine beiden lyrischen Bücher zunächst zugedacht sind.

Wiederbegegnung mit Tubutsch

Fünfzehn Jahre mag es sein, daß Tubutsch, diese allermerkwürdigste Wiener Gestalt, zum erstenmal in die Literatur trat, Tubutsch, dieser verlorene Schlemihl-Schatten seines Dichters Albert Ehrenstein. Gespenstische Gestalt, unheimlich in ihrer spaßhaften Grimmigkeit – mit dem geduckten und gleichzeitig verwegenen Gehaben eines Bettlers um Mitleid, so trat dieser Tubutsch aus unbekannter Seitengasse: man erschrak zuerst vor dieser verschluchzten und bitteren Stimme, die ihre eigene Güte mit Sarkasmen, eine leidenschaftliche Gefühlshaftigkeit mit Kalauern überspaßte. Man erschrak, aber man vergaß sie nicht mehr. Da war etwas Neues, etwas sehr Ergreifendes, das wild vorsprang und sich doch selbst im Wege stand, eine maßlose Schmerztrunkenheit, die sich aber heillos schämte und hinter einer bösen Bissigkeit knurrig verkroch, nie war es wilder gestaltet, das furchtbar krasse Erlebnis des Nicht-Erlebens, des vom Mitleben Verstoßenseins. Und alles dies in einer hinreißend rhythmischen und absichtlich polternden, vom Ottakringer Dialekt ins Antikbildnerische boshaft überspringenden Sprache. Ein Buch, das einen aufreizte, begeisterte, empörte und beschäftigte zugleich. Es rüttelte damals an einer ganzen Jugend herum, und dieser Tubutsch gehört noch immer zu ihr.

Heute nun, nach fünfzehn Jahren, bin ich Tubutschen wieder begegnet. Albert Ehrenstein hat seinen alten Zauberlehrling in ein alt-neues Buch hinübergeholt, dort starrt einen die tragische Maske seiner Jugend neben all den anderen grimmigen Skalpen an, die Ehrenstein seitdem sich selbst und seinen Widersachern von der Haut gerissen. Bei Rowohlt ist es erschienen, ›Ritter des Todes‹ nennt Ehrenstein diese Sammlung, und ich nannte sie eben alt-neu, denn es ist Ehrensteins Spezialität, seine Bücher immer wieder zusammenzuschütteln, vergangene Produktion und die werdende in immer neuer Anordnung zu koppeln. Aber ihm, vielleicht nur ihm allein, mag dieser sonderbare Brauch erlaubt sein, denn – sonderbar! – gerade diese fast formlosen, aus Wermut, Witz und Galle scheinbar zufällig gebundenen Erzählungen haben eine merkwürdige Vitalität, eine so starke Saftigkeit und Sattheit des Wortes, daß man sie immer wieder wie zum erstenmal liest. Ihr Spezifikum, ihr Aroma ist derart stark, daß nichts an ihnen (von wievielen Büchern kann man ein gleiches sagen?) nach einem Jahrzehnt verdunstet und seicht geworden ist. Alle diese Erzählungen haben heute noch ihre straffe Haut, ihre gespannten Muskeln, und man liest selbst die altbekannten, den gallebitteren ›Selbstmord eines Katers‹ oder jene grimmige Selbstgeißelung, die ›Begräbnis‹ heißt, mit dem gleichen aufmuckenden und immer wieder niedergeprügelten Erstaunen, mit der gleichen gequälten Lust und dem gleich begeisterten Gereiztsein. Und vor allem wieder Tubutsch, den herrlichen Anfang!

Aber ich sagte da: »man liest sie«. Liest man sie wirklich? Ich glaube nicht und kann es schließlich den Menschen nicht verargen, daß sie sich ein wenig fürchten vor Ehrensteins Büchern: die lesen sich ja nicht gemütlich, nicht behaglich. Sie rinnen nicht wässerig und süffig die Kehle hinab, sie ätzen auf und lassen scharfe Spuren von Bissen und Kratzern. Sie haben krumme Rücken und plötzliche Krallen, sie tun weh und nicht wohl, sie haben herzeinreißende, gewaltsame Gikser mitten in der zartesten Wortmelodie – Notschreie eben eines verschütteten

Menschen. In Ehrenstein schindet ein ewiger Apoll einen ewigen Marsyas ewig blutig, und dazwischen ist Musik, die vielgestufte Melodie der Syrinx und wieder die grimmigen Schreie des Geschundenen grell durcheinander. Er schneidet bis ins Herz, er zerrt an den Ohren, den Nerven ohne Schonung, barbarisch oft und oft göttlich. Aber hinter all dieser Ironie, diesen Spaßhaftigkeiten verkriecht sich immer ein furchtbarer Ernst, eine zurückgeschlagene Güte, ein leidenschaftlicher Liebeswille ins Leere, all das, was der Knabe Tubutsch schon verworren verriet.

Diese tiefe leidenschaftliche Macht in Zorn und Menschlichkeit, wir alle haben sie damals schon dunkel an Ehrenstein gespürt, ganz aber erst gewußt im Kriege, als diese Leidenschaft nicht mehr in sich sinnlos hineinwütete, sondern hinaus in die besessene Welt, Berserker eines prachtvollen lyrischen Zornes, eine unvergeßlichen. Seine Verse gegen den Krieg, gegen »Barbaropa«, gedichtete Peitschenhiebe, haben das herrliche Pathos gezeigt, das in diesem anfangs geduckten Ankläger der Ungerechtigkeit verkrümmt lag und die lyrischen Gedichte seitdem, aus Scham meist in chinesische Kleider sich bergend, den zarten Empfinder, den innerlich von jedem Anhauch Berührten. Nein, nun hilft es ihm nicht mehr, sein Verstecken hinter dem Spaßmacherischen, sein in Ironie gewaltsam verzerrter Mund. Durch das Kristall seiner reinsten Verse sieht man untrügbar ein an seiner eigenen Güte geradezu schmerzhaft leidendes Gesicht.

Aber wie wenige sehen's! Wie viele hat er befremdet durch seine alternierende, vom Zarten ins Bissige, vom Ernsten ins Spaßige zu hurtig überspringende Sprache, durch die aufstoßenden Rülpser der Bitternis mitten im klingendsten Wort! Wie steht dieser gute Dichter noch immer allein, noch immer Tubutsch, der Allerweltsverlassene, mitten in der Literatur, an niemand gebunden, an keine Gruppe, keine Gesellschaft, nicht zu den Jungen gehörend, nicht zu den Alten, immer noch Tubutsch seines eigenen Lebens. Und man wünschte ihm, daß endlich dies Scharfe und Saure, dieses Sich-Wehrende und Verkrümmende wenigstens für *ein* Werk, ein einziges sich von ihm löste, so wie es wunderbar sich in seiner Übertragung des ›Lukian‹ gelöst hat, dieses famosesten Buches sprachlichen, menschlichen und geistigen Übermuts. Da, in dieser funkelnden Erneuerung und Übertragung, da hat das Hellenische endlich einmal das Alttestamentarisch gegen sich Wühlende in Ehrenstein stumm gemacht und ist selbst Klang geworden. Und nichts wäre schöner, als wenn aus eigener Kraft, aus eigener Freiheit nun Ehrenstein einer unserer stärksten und nur gebundensten Menschen, einem eigenen Werk solche Schwinge finden würde, die nicht mit Spaß, nicht mit Boshaftigkeit und witzigen Sprüngen, sondern mit der wirklichen Schwunghaftigkeit seines Wesens ihn heiter hinaustragen könnte über sich selbst und seine Bitternis. Möchte es ihm doch gelingen! Heiliger Lukian, steh' ihm bei, unserem lieben Tubutsch!

›Rechts und Links‹
Roman von Joseph Roth

Die Zeit will von den Dichtern heute am liebsten ihr eigenes Bildnis, ihr Gestern und Heute will sie sich immer wieder und immer von anderen erzählen lassen – ein Zeichen dies, wie wenig sie im Grunde noch ihrer eigenen Richtung, ihrer seelischen Entscheidung seit dem Kriege gewiß ist. Zeugen fordert sie, Repräsentanten und Erklärer mehr als den zum Zeitlosen gewandten Dichter, und tatsächlich ist an diesem diktatorischen Willen der Zeit unsere beste Darstellungskunst heute eine episch dokumentarische geworden. Zu diesen Sprechern und Zeugen der neuen Wirklichkeit gehört sehr in vorderer Reihe Joseph Roth, der Zweiunddreißigjährige; er spricht für jene ganz tragische Generation, seine eigene, die geradeaus von der Schulbank in den Krieg getrieben und der dort in den Schützengräben und dann im Chaos der Inflation alle Naivität und Treugläubigkeit der Jugend rettungslos verschüttet wurde. Von den vielleicht zwei Millionen seiner Altersklasse hat die Hälfte der Krieg umgelegt, die meisten andern der Zurückgekehrten haben sich allmählich zurechtgefunden, eingekapselt in einen Beruf, angeklammert rechts oder links an eine Partei, an eine Weltanschauung. Aber einige und nicht wenige, wahrscheinlich die Zartesten, die Verwundbarsten, die Wertvollsten haben es heute nach einem Jahrzehnt noch immer nicht über sich gebracht, kopfüber mit geschlossenen Augen sich in irgendeine Strömung zu stürzen und mit ihr zu schwimmen, noch immer sind sie auf der Suche nach irgendeiner Kompensation für ihre verratene

Jugendgläubigkeit, nach irgendeiner klaren, wahren und redlichen Einstellung zur Gegenwart. Für diese »deracinés«, für diese Entwurzelten, für diese »Wanderer, die zwei Fremden und keine Heimat haben«, spricht Joseph Roth heute in Deutschland vielleicht am eindrucksvollsten; eine »Flucht ohne Ende«, von Land zu Land, von Klasse zu Klasse, von Partei zu Partei, wahrhaftig, das sind sie, seine Bücher, ein unablässiges Sichfesthakenwollen und doch wieder Sichlosreißen, alles »Menschen nach dem Kriege«, wie einen der zahllosen auch Hans Sochaczewer jüngst in seinem Roman geschildert, die mit einem Herzen von früher her auf der realen Erde und in der wirklichen Zeit nicht mehr Fuß fassen können. Sie suchen seelische Heimat in Deutschland und finden sie nicht, sie fahren nach Frankreich, nach Rußland, alle Länder durchstreifen sie, an alle Klassen und Sitten und Parteien und Gruppen versuchen sie sich anzugliedern, aber immer vergeblich, und dieses Suchen von vielen Einzelnen, dieses unablässige Versuchen macht sie, obwohl Kommunist der eine, obwohl Rechtsradikaler der andere, einander im tiefsten Sinne zeitbruderhaft. Alle diese Menschen Joseph Roths haben einen unheimlich wachen, haben seinen eigenen gefährlich mißtrauischen Blick gegen das Leben. Sie lassen sich nicht täuschen, obwohl sie alle heimlich beneiden, die sich billig täuschen lassen können, die sich Illusionen, Gläubigkeiten, politischen Parolen oder äußeren Erfolgen hingeben: in ihrer Pupille ist die Linse des Mißtrauens durch zu viel scharfe Jahre zu schmerzhaft geschliffen worden, als daß sie mit ihrem strengen, nüchternen Blick nicht alle Unwahrhaftigkeiten und vor allem die der eigenen Haltung sofort durchschauten. Diese Einstellung, diese mitleidslos wache wirkt, ich gebe es zu, zunächst bedrückend in den Büchern Joseph Roths, es quält einen, daß sie so furchtbar auswegslos sind, so unsentimentalisch, desillusionierend, und ich kann es auch verstehen, daß aus diesem Grunde seine blendend geschriebenen, seine mit Wirklichkeit überfüllten Romane bisher noch keine rechte Weitwirkung gefunden haben. Denn aus instinktivem Bedürfnis braucht die Generation von heute zunächst Bejahung und Bestärkung ihrer selbst, und aus Selbsterhaltungstrieb fürchtet sie sich vor dichterischen Dokumenten, die ihre eigenen Betroffenheiten und Ungewißheiten zu deutlich enthüllen. Darum bleiben die Bücher Joseph Roths aber nicht minder gerade und wahr, denn die große Allgemeinheit in Deutschland, die ihre innere Verwirrtheit heute mit rasender Zehnstundenarbeit überrennt oder mit politischen Parolen überschreit, sie weiß gar nicht, wieviel solcher seelisch Verwundeter und in ihrem organischen Wachstum durch den Krieg gehemmter Naturen hinter Nachbartüren und Fenstern heute noch immer vom Gefühl ihrer Unzuständigkeit in der Zeit gequält sind und wie wichtig gerade diesen ein solches Seelenbildnis ihres allerheimlichsten Kampfes wird. Und dies macht das besondere der Bücher Joseph Roths für mein Gefühl aus, daß sie einen dermaßen verworrenen Seelenzustand mit der äußersten Klarheit, mit einer bis zum kleinsten Kiesel unter der Strömung hinableuchtenden Transparenz darstellen, daß sie unbarmherzig exakt sind in ihren harten Feststellungen, köstlich frisch gleichzeitig bei bitterem Geschmack. Innerlich sehr erschüttert, im Menschlichen bis zur Verzweiflung erregt und bewegt, stellt Joseph Roth als Künstler mit einer unheimlichen Sicherheit und Umrißkraft jeden einzelnen Menschen, jede einzelne soziologische Erscheinung dar. Er kennt das ganze Triebwerk der Gesellschaftsmaschine bis in die letzte verborgen wirkende Feder, bis in die kleinste, wichtigste Kraftumschaltungsstelle, und ebenso sicher legt er, ohne jedweder pathetischer Vergrößerung und Vergröberung zu bedürfen, die Krankheitskeimzelle jeder einzelnen Psyche dar. Er hat gefährlich wache Nerven, dieser Joseph Roth, Nerven, die auf jede Unechtheit und Undeutlichkeit geradezu schmerzhaft reagieren, er duldet kein Auswaschen und Vorbeischwindeln vor dem Gewissen, er stört jedem einzelnen seiner Menschen die auch kunstvollste Verstellung. Darum geht es sehr hell zu in seinen Romanen, freilich nicht recht taghell, also mit stark ozonhaltiger, von Sonne durchfilterter Luft, es ist vielmehr die glasklare, metallische Klarheit eines Seziersaales, wo ein komplizierter Fall am innersten Gewebe mit dem Skalpell demonstriert wird. Diese glasklare, aber darum nicht kalte Helligkeit waltet auch in seiner Sprache, die, wie der Silhouetteur mit dem Messer, in allerreinster Linie und dabei mit sparsamster Technik jedes Geschehnis umreißt und deren prosaische Lichthelligkeit, deren Rechtschaffenheit schon im ästhetischen Sinn auf das wohltuendste berührt: so kommt alles Lastende, Schwere und Bedrückende immer nur vom Innersten, von seiner Seelenmattigkeit, kurzum daher, daß im letzten alle seine Bücher vorerst nur furchtbar klare und wahre Diagnosen der Zeit sind und noch nicht der Versuch einer Therapie. Immer steht am letzten Wegkreuz seiner Erzählungen ein unsichtbares Fragezeichen, ein Ich-weiß-nicht-Wohin seiner Menschen, sie gehen ungeheilt aus ihren Lehrjahren und Wanderjahren an allen Erkenntnissen und Erfahrungen ernüchtert vorbei, aber keiner kommt ganz zu sich auf dieser »Flucht ohne Ende«, zu seiner endgültigen Entelechie, zu einem dauerhaften Bezuge zur Welt.

Auch ein neues Buch, ebenso wirklichkeitshaltig, ebenso geistig belebt und hellsichtig beschwingt wie die früheren, auch der Roman ›Rechts und Links‹ hat keine rechte Antwort. Beide Brüder, der jüngere und der ältere, gehen nicht so sehr ihren eigenen Weg als sie geschoben werden von starken Kräften und keineswegs der

Richtung zu, die ihre innerste, ihre eigenste ist. Aber zum erstenmal erscheint hier eine Gestalt, der man die Kraft zutraut, mit dem Ich als Problem und mit dem Leben als Aufgabe schließlich fertig zu werden, Nikolai Brandeis, ein Skeptiker auch er, aber ein Skeptiker auf einer schon höheren Linie. Ein Mann der Erfolg hat, aber sich von ihm nicht haben läßt, der nicht von vornweg an der Zeit verächtlich vorübergeht, sondern so stark ist, daß er es unternehmen kann, souverän mit ihr zu spielen. Dieser Nikolai Brandeis ist der erste positive Mensch, den Joseph Roth bisher geschaffen hat, und sein Schicksal vorerst nur an- und noch nicht ausgedeutet, sondern einem nächsten Roman vorbehalten; aber immerhin zum erstenmal ein neuer Wille, die eigene Resignation zu überwinden, der Hemmungen und Beklemmnisse künstlerisch Herr zu werden und aus einer eigenen Figur sich selbst Kraft und Sicherheit zuzusprechen. Mit ihm scheint Joseph Roth eine Gewissenskrise überwunden zu haben. Denn alle skeptische Kunst hat nur zwei Wege, um fruchtbar zu werden, den zur Ironie, die kontrapunktisch die innere Schwere entlastet: sie führt zu einer Kunst, wie sie die Engländer in Dickens und Shaw, die Franzosen in Anatole France dankbar besitzen. Oder den andern, daß sie sich befreit vom Unglauben an die Zeit durch Leidenschaft zum Zeitlosen und Überdauernden. Beide Wege sind Joseph Roth, einem der stärksten prosaischen Talente, die in den letzten Jahren neu zu uns kamen, heute noch wahlfrei; ihm fehlt eigentlich nichts als der letzte Mut zu sich selbst, um der zu werden, der er seiner seelischen Intensität, seiner besonderen Erzählerkunst, seiner weiten Wirklichkeitskenntnis zufolge längst schon ist: ein entscheidender Gestalter. Nur der Mut hat ihm bislang gefehlt, sich die Nerven vom schlechten Dunst der Zeit nicht niederdrücken zu lassen, nur die Entschlossenheit, so reiche psychologische Kraft an größere, panoramisch weiterwirkende Werke zu wenden. Er braucht nur zu wollen, und die Wirkung in die Zeit, die in unrechtmäßiger und doch seelisch verständlicher Weise ihm noch nicht genügsam zugefallen, sie wird ihm unbedingt gehören.

Der Roman ›Hiob‹ von Joseph Roth

Was an dem neuen Roman Joseph Roths vor allem so überrascht und ergreift, ist seine große gebändigte Einfachheit. Schon Roths frühere Bücher, ›Rechts und Links‹, ›Die Flucht ohne Ende‹, gaben ihm ersten Rang unter den jüngern deutschen Erzählern. Ungewöhnliche Hellsichtigkeit in der Betrachtung politischen und sozialen Lebens und zugleich eine beglückende Hellhörigkeit des Herzens zeichneten sie besonders aus. Aber doch, diese zeitdokumentarischen Bücher entbehrten letzter Gebundenheit, sie waren im strengern Sinn fragmentarisch. Sie fragten hinein in die Zeit, betasteten neugierig alle Probleme, schälten sie auf, sogen geistig lüstern ihr innerstes Arom, ohne aber ihr Wesen völlig künstlerisch aufzuzehren. Es war ein Ergreifen und Wiederfallenlassen, ein Herangehen und Wiederweitergehen in ihnen, eine nervöse Sehnsucht, irgendwo sich zu binden und doch wieder der gleich nervöse Skeptizismus, sich nicht völlig mit dem Glauben einzulassen. Bücher einer aus dem Kriege fremd und fragend, mißtrauisch und wachsam heimgekehrten Generation. Vibration ging von ihnen aus, Erregung, flirrende Farbe, ein feiner, gleichzeitig seelischer und sinnlicher Reiz, aber sie reizten ohne zu befriedigen, und man bewunderte sie, ohne sie ganz zu lieben, und ich wünschte mir sehr heftig, gerade weil ich den gewaltigen Könner, den wahrhaftigen Menschen in Joseph Roth so sehr fühlte und bewunderte, dieser Begabteste von allen möchte einmal sich in einem Werk ganz innerlich zusammenfassen.

Das hat Joseph Roth nun in diesem Roman auf das überraschendste getan, indem er in einer denkbar einfachen (aber wissend kunstvollen) Weise die schlichteste aller Geschichten erzählt. Keines der beliebten Probleme der Zeit, Krieg, Schule, Politik, forcierte Aktualität, sondern ein Heute, das für gestern und morgen und jederzeit gilt und jedem verständlich ist, der mit dem Herzen versteht. Mir und dir und jedermann kann diese wahre und klare Jedermannsgeschichte heute oder morgen oder übermorgen geschehen. Im Nachbarhaus und um die Ecke ereignet sie sich täglich. Man müht sich und wirkt ohne viel Aufhebens und Begeisterung sein tägliches Werk. Man ist nicht so gut als man sein sollte, aber man ist auch nicht so schlecht als man sein könnte. Man ist weder ungläubig noch übermäßig gläubig: man ist eben wie alle, wie die meisten sind. Und dann fällt plötzlich von oben her, von irgendwo ein Schlag und trifft mitten hinein. Mich kann er treffen oder dich oder den Nachbar um die Ecke, den Freund oder den Feind. Unglück schickt über Nacht seinen erbarmungslosen Büttel ins Haus, Krankheit, Tod oder Armut; das Schicksal, bisher gleichgültig, wirft sich in einem plötzlichen Anfall von Bosheit auf einen, und zwar auf einen, der ebenso schuldig oder unschuldig ist wie die andern. Das geschieht jeden Tag links und rechts, im ersten, im zweiten, im dritten oder vierten Stock jedes Hauses, aber immer taumelt dieser eine Mensch auf unter dem Keulenschlag und schreit und ballt die Fäuste und fragt: Warum gerade mich? Was habe ich getan, daß es mich so hart trifft? Warum nicht die andern. Warum nicht den Nachbar, den Freund, den Feind, warum gerade mich unter allen?

Dieser Schrei, über zwei Jahrtausende schon hallt er herüber, der Schrei eines dieser Jedermanns, der anklagende wilde Protest des einfachen, schlichten, gewöhnlichen Mannes, den plötzlich über Nacht das Unglück so anfällt. Hiob hieß der erste, von dem wir wissen, und wohnte im Lande Uz. Ein reicher Mann war er, gottesfürchtig und fromm, aber nicht reicher als die andern und nicht frömmer als die andern, und doch hat gerade ihn Gott ausgesucht, um mit dem Teufel zu streiten, gerade seinen Rücken gewählt zum Austrag der grausamen Wette. Schlag auf Schlag hämmert das Unglück auf ihn los, ohne daß er weiß, warum. Da richtet sich Hiob auf und rechtet mit Gott, ein einzelner mittlerer Mensch lehnt sich gegen das Schicksal auf, und seine Stimme dröhnt anklägerisch durch zwanzig Jahrhunderte. Und jedem Geschlecht wiederholt sie sich tausend- und millionenmal.

Diese Geschichte des ewigen Hiob hat Joseph Roth noch einmal erzählt. Sein Hiob wohnt nicht im Lande Uz, sondern in Rußland; er hat nicht Weide und Schafe und Rinder, nicht den geringsten Reichtum der Erde, sondern ist nur ein kleiner jüdischer Lehrer, »fromm, gottesfürchtig und gewöhnlich, ein ganz alltäglicher Jude«. Er ist nicht sehr glücklich, er ist nicht sehr unglücklich, er ist fromm, aber nicht fanatisch fromm. Er hat wenig Geld, aber ihm dünkt es genug, er kann sich nichts von den Freuden der Erde gönnen, aber doch legt hier und da seine Frau einen Rubel Erspartes heimlich unter die Diele ihres einzigen Zimmers. Er liebt seine Frau und liebt sie doch nicht zu sehr, er hat Kinder, sie sind gut geraten, aber auch nicht zu gut, alles ereignet sich unbedeutsam bei ihm, mittel und gewöhnlich. Einmal pocht dann das Schicksal mit dem knochigen Finger an, ein Kind wird ihm geboren, das nicht sprechen lernt, in Wachstum und Wesen zurückbleibt, unheimlich in seiner Schwäche und den Eltern heilig. Und seine Tochter, heiß und schön geraten, geht, kaum mannbar, heimlich mit Kosaken. So klopft das Schicksal zum erstenmal, und das Herz des alten Mannes ängstet sich. Aber das Schicksal geht wieder vorbei. Einem seiner Söhne gelingt es, die Familie nach Amerika hinüberzunehmen, dort hat der Junge ein gutes Geschäft, und das Geschäft geht besser und besser; schon 15 000 Dollar verdient er in einem einzigen Jahr. Bequemlichkeit, ja vielleicht Reichtum wartet zum erstenmal auf die Familie des kleinen Lehrers aus Zuchnow. Da wird der alte Mann wieder froh, aber nicht zu froh, denn sein Herz bleibt bescheiden, er wird nicht frech und hochmütig im Wohlstand, so wie er nicht verzagt in der Armut gewesen. Er zieht nicht hinüber mit den andern in den Stadtteil der Besitzenden, bleibt in der engen Judengasse New Yorks im kleinen Zimmer und versäumt nicht sein Gebet. Er ist ein mittlerer Mensch, er hat nicht den Mut, glücklich zu sein, und doch Kraft genug, um sich zu bescheiden in seinem kleinen mittlern Leben und dafür Gott zu danken.

Vorbildlich, einfach ist diese Chronik eines ephemeren Daseins erzählt, die Biographie eines mittlern Menschen, auf den man angeregt und mit warmem Anteil blickt. Aber großartig wächst das Geschehnis nun ins Epische, in das Erschütternde empor, wie jetzt gleich einem Räuber aus dem Wald das Schicksal mit dem Knüppel durch die zehntausend Straßen von New York gelaufen kommt und unter den hunderttausend Kammern der gigantischen Stadt gerade diesen einen kleinen Menschen aussucht, den stillen, bescheidenen alten Mann, um ihm das Herz bei lebendigem Leib aus der Brust zu reißen. Weltkrieg bricht los, der eine Sohn fällt in Rußland, der zweite im amerikanischen Hilfskorps, die Frau stirbt, die Tochter wird wahnsinnig, und von dem kranken Kind, das er in Rußland bei Fremden zurücklassen mußte, kommt keine Botschaft. Hieb auf Hieb, hart auf hart saust aus dem Dunkel das Schicksal auf diesen Arglosen nieder. Über Nacht ist er in der Millionenstadt der Fremde allein geworden, sein ganzes in sechzig Jahren

Zoll um Zoll aufgebautes Leben zerstückt und zerstört. Da taumelt er auf, der alte Mann, er muß seinen Schmerz ausschreien als eine Anklage. Und da er niemand weiß, der Schuld hat, so schreit er gegen ihn, der an allem Schuld hat, gegen Gott. Wie im Lande Uz einstmals Hiob seine mit Beulen und Schwären bedeckten Arme gegen den Allmächtigen, so ballt der kleine russische Schullehrer Mendel Singer in einer Hinterstube des Judenviertels von New York sein Herz gegen den Grausamen. Er will sein Gebetbuch verbrennen, und die schrecklichsten Flüche strömen über seine alten zitternden Lippen. Hier bildet Roth genau die Szene der Bibel nach: entsetzt umstehen die Freunde den Gotteslästerer und suchen ihn zurückzuhalten, aber er schlägt ihren Einspruch nieder, und vergebens bereden sie ihn, auf ein Wunder zu hoffen. Nein, schreit er, es geschehen keine Wunder mehr. Und doch, ein Wunder geschieht: der verschollene, ehemals kranke Sohn kommt plötzlich nach Amerika herüber, er ist gesundet und begabt, und er holt den alten Vater wieder zurück in die Heimat. Wie bei Hiob beginnt der alte morsche Stamm noch einmal zu grünen, und die Saite des Schicksals, bis zum Zerreißen gespannt, nun lockert und löst sie sich wieder zu einer zarten, die Seele herrlich beschwichtenden Harmonie.

Mit welcher seelischen Kraft diese Umkehr von Joseph Roth geschaffen ist, werden hoffentlich viele ergriffen fühlen. Mit welcher verborgenen Kunst aber dies Werk gestaltet ist, werden nur die Kenner verstehen, denn seine Einfachheit, seine tiefe Zartheit ist magistraler und kraftvoller als alles Raffinierte und fühlbar Bewußte. Alles Nebensächliche in diesem scheinbar nebensächlichen Schicksal ist weggelassen, um dem Übergewaltigen Raum zu geben. Keine Arabeske stört seine entschlossenen und dennoch niemals schroffen Linien, die von den erzenen Zeichnungen William Blakes zum Buche Hiob inspiriert scheinen, kein Pathos verletzt die volksliedhafte Natürlichkeit dieser durchleuchtend klaren und dem Bildnerwillen allezeit gefügigen Sprache. Man erlebt statt zu lesen. Und man schämt sich nicht, endlich auch einmal von einem wirklichen Kunstwerk ganz sentimentalisch erschüttert zu sein.

Freuds neues Werk
›Das Unbehagen in der Kultur‹

In seinem siebzigsten Lebensjahr, einem Alter, wo sonst der produktive Geist allmählich zu ermüden pflegt, hat Sigmund Freud gleicherweise seine Freunde und seine Gegner durch eine Umstellung und Erweiterung seiner Weltbetrachtung überrascht, indem er seinen exakten und fachwissenschaftlichen Forschungen die künstlerische Kuppel einer metaphysischen (oder vielmehr antimetaphysischen) Religionsanschauung überbaute (›Die Zukunft einer Illusion‹, 1927). Nun ergänzt ein neues Werk ›Das Unbehagen in der Kultur‹ (Psychoanalytischer Verlag) in willkommenster Weise sein philosophisches Weltbild, abermals die Weite und Spannkraft dieses strengen und unbeugsamen Geistes erweisend, ein Werk, durchaus produktiv eigenartig und wie jedes seiner früheren vehement zur Diskussion anreizend. Fragen in die Welt werfen, also in sokratischer Methode Probleme zu erlichten, war von je Freuds besondere Kunst und Leidenschaft: auch an dieser neuen und unerwarteten wird sich die allgemeine Aufmerksamkeit unbedingt erregen müssen.

Warum fühlt der Gegenwartsmensch sich nicht wohl in der Kultur? so formuliert Freud diese Frage. Er hat doch Unendliches erreicht, er hat seine Sinne unermeßlich ausgespannt, er ist – geniales Wort – ein »Prothesengott« geworden dank seiner technischen Entdeckungen. Sein Ohr hört dank der telephonischen Membran bis in die fernsten Kontinente, sein Auge sieht vermöge des Teleskops bis zu den Sternen, sein Wort blitzt im Telegraphen Hunderttausende Meilen weit in einer Sekunde und bleibt unzerstörbar, das einst flüchtige auf der Platte des Grammophons. Wir haben den Blitz eingefangen, die Elemente gebändigt, das Licht springt uns auf einen Knips unserer Hand flutend entgegen, alle Elemente sind uns, dem zweibeinigen Säugetier, sklavisch untertan. Warum aber doch trotz dieser Triumphe der Gemeinschaft in dem einzelnen von uns kein rechtes Siegesgefühl, kein reines Glücksgefühl, warum eher ein Unbehagen, eine geheimnisvolle Sehnsucht nach einem Zurück in primitivere, einstmalige Zustände? Diese Frage beantwortet Freud folgendermaßen – oder nein, er beantwortet sie eigentlich nicht, denn der exakte Forscher in ihm ist zu übermächtig, als daß er in so dichten Gefühlskomplexen eine simple »Lösung« versuchte – er deutet also nur vorsichtig einige dieser Unlustkomponenten an, indem er dem Individuum ein Unterbewußtsein unterlegt, daß er diesen Zuwachs an Macht und Sicherheit mit einem Verlust an persönlicher Freiheit bezahlt habe. Nach der schon früher bekannten Auffassung Freuds ist ja nur eine dünne Oberschicht des Ich von Bewußtsein, von Kultur, von Ethik durchfärbt – die eigentliche dunkle elementare Ichmasse des Menschen bleibt durchaus triebhaft in seinen Wünschen und Wollen, seine unzähmbare Libido weiß nichts (und die Träume verraten dies) von den Sublimierungen und Vergeistigungen, an die sich das obere, das sozial eingeengte Ich längst gewöhnt hat. Und diese Urtriebe des Menschen wie der Menschheit sind im Laufe der Jahrhunderte unablässig mehr und mehr beschränkt worden. Nicht nur die Sexualität, die früher zwischen Geschlechtern freischweifende, die nicht nur bisexuelle, sondern multisexuelle hat sich eine Reihe von Einschränkungen gefallen lassen müssen wie das Inzestverbot, und ist allmählich auf den monotonen ehelichen Verkehr mit einem einzigen Objekt des anderen Geschlechts von der staatlichen und religiösen Norm abgedrängt worden – auch andere Elementartriebe, wie der Aggressionstrieb, sind durch religiöse wie sogenannte sittliche Verbote ihm entzogen; so spürt das innerste Wesen, das Urich, sich seiner übermächtigsten Leidenschaften beraubt, alle die höheren Errungenschaften an Sicherheit und Ordnung des Lebens sind also bezahlt mit Verzicht, es entsteht notwendigerweise »ein Glücksverlust durch Triebbeherrschung«, und das geheim Anarchische und Selbstwillige des Instinkts hat eigentlich in unserer wohlgeordneten Welt keinen Auspuff mehr: daher dies an aller Kultur immer nur gesteigerte geheime Unbehagen, das Freud in dieser Schrift eben aus einem »geheimen« in ein verständliches und verstehbares verwandeln will (Unbewußtes und Halbbewußtes zu verdeutlichen, zu akzentuieren, war ja von je dieses außerordentlichen Mannes besonderes Genie). Dieses Problem ist von Freud prachtvoll gestellt, und für sein Vorhandensein können noch unzählige Beweise gefunden werden – ich führe nur einen an. Sicherlich stellt die Wahl unserer Lektüre einen Befriedigungsersatz der Phantasie für eigene Triebhandlungen dar. Und daß unsere Welt von heute im Theater und Buch nichts so sehr fordert als den Zustand der Auflehnung gegen das Normale, daß er seinen Aggressionstrieb, seinen unbefriedigten, in leidenschaftliche Lektüre von Kriegsbüchern, sein anarchisches Ressentiment in Sherlock-Holmes-Geschichten oder Verbrecherstudien verschiebt, daß er alle Abweichungen von der normal ehelichen Sexualität in Büchern und Theorien so lärmend bewundert, all das ist (sehr tief im Unbewußten) ein Zeichen, daß der gesittete, geordnete, friedliche, beamtliche Zustand unserer Kultur irgendeinem Urinstinkt unseres Wesens widerspricht, und die Spiele des Kindes, aufrichtiger, weil noch moralisch ungehemmt, zeigen mit ihrer Soldatenfreude, ihrer gelegentlichen Grausamkeit wirklich die »Aggressionstendenz« jenes »Es« in uns, das sich beharrlich weigert, sittliches Ich zu werden. Und in dieser Schwebe zwischen Urtrieb und sozialer und ethischer Forderung, in dieser Angst vor dem äußeren Gesetz und seinem inneren schwarzen Schlagschatten, dem Gewissen, verbraucht der Kulturmensch nach Freud ein Großteil seiner Kraft zum reinen, bedenkenlosen Glücksgenuß. Manchmal spürt er, wieviel die »Kultur« ihm seiner innersten Libido entzieht, und dann überkommt ihn jenes Unbehagen, das in manchen einzelnen sogar zu neurotischen Äußerungen führt und das sonst nur gelegentliche Unlustgefühle zu tragischer Welteinstellung steigert.

Wie nun dem abhelfen? Diese Frage beantwortet Freud nicht – seine, des Psychologen, Aufgabe fühlt er im wesentlichen darin, Fragen zu stellen, nicht zu beantworten. Sein exakter, durchaus unmystischer Geist hat eine prachtvoll redliche Scheu vor allem Unbeweisbaren und nicht unbedingt Gültigen. Wohl deutet er noch einige Komponenten an, zum Beispiel, den Todestrieb als Gegentrieb des Eros, aber diese schon, weil sie ihm nicht voll erweisbar erscheinen, nur durchaus hypothetischer Art, und es ist rührend zu sehen, wie dieser Mann, der als Forscher in seinem eigensten Gebiet autoritär bis zur Starrsinnigkeit, unnachgiebig bis zum herrlichen Trotze ist, bei jedem philosophischen Exkurse mit äußerster Zurückhaltung seine Meinung äußert. Welche edle Bescheidenheit, und welche seltene vor allem, wenn er schreibt, daß er »wenig über diese Dinge wisse« oder daß er fürchte, »hier schon allgemein Bekanntes zu sagen«, wie ehrlich das Bekenntnis am Ende, er wisse, daß er eigentlich wenig Trost bringen könne! Aber wir sind der professionellen Tröster längst müde, die sich die Aufgabe und den anderen das Leben immer nur billig und bequem machen wollen, und eine kühne Diagnose wie diese wiegt hundert butterweiche Beschönigungen auf. Hier ist das psychologische Lot tief hinabgelassen in den Abgrund eines zeitgenössisch wichtigen Problems, eines unlösbaren, gewiß, aber welche Probleme darf man wirklich Probleme nennen, die glatt lösbare sind; hier handelt es sich nicht um optimistische oder pessimistische Ausdeutung, die Zeiten sind vorbei, wo eine Akademie die billige Preisfrage stellte, ob der Fortschritt den Menschen besser mache oder nicht, und Jean Jacques Rousseau durch sein glattes Nein die Begeisterung der Welt errang. Gerade die harte, sachliche, von keiner Gläubigkeit und Tendenz verzuckerte Art, wie Freud seine Thesen stellt, geben jedem, der sie ernstlich mitdenken will, etwas von seiner hohen Strenge und Entschlossenheit. Überreich an Anregungen, gedrängt voll mit Denkstoff, merkwürdig in vielen Einzelheiten, erweist abermals dieses Werk (dessen Grundfrage hier allein angedeutet wurde), einen wie ernsten und weiträumigen Denker wir gleichzeitig mit dem genialen Forscher in Sigmund Freud zu bewundern haben, und wie sehr diejenigen ihrer selbst spotten, die seine Leistung als Psychologe noch immer auf das einspurige Sexualgeleise abschieben wollen, indes seine Wirkung ständig ihre Grenzen erweitert und auf allen Gebieten geistiger Produktion schöpferisch anregend zutage tritt.

Thomas Manns ›Rede und Antwort‹

Nichts vermag die prominente, ja sogar privilegierte, das heißt mit besondern Vorrechten der Neigung und des Vertrauens ausgestattete Stellung Thomas Manns innerhalb unserer neueren Literatur besser zu verdeutlichen, als die Tatsache, daß wir ein Buch, das wir bei fast jedem andern als verfrüht, als überheblich empfunden hätten, bei ihm nicht nur leidenschaftlich billigen, sondern längst mit Ungeduld forderten und, nun es uns gegeben ist, um keinen Preis wieder missen wollten. Sein neues Werk ›Rede und Antwort‹ (S. Fischer, Verlag, Berlin [1921]) ist ja in jenem höheren Sinn, der vom Buch nicht bloß Sammlung eines Gelegentlichen, sondern Formung eines einheitlich Notwendigen fordert, ein typisches Unbuch, ein Nichtbuch; es ist geradezu jener landläufige letzte Band aus einem Nachlaß, wo der Philologe beharrlich datierend zusammenklittert und -kleistert, was der Autor an einzelnen Aufsätzen, Rundfragen, Äußerungen in ephemeren Zeitungen durch Jahrzehnte verstreute, »Zufallserzeugnisse«, wie sie Thomas Mann selbst einschränkend nennt. »Es handelt sich«, sagt er, auf vielfachen Wunsch von Freunden und Fremden sich bescheiden berufend, »um eine sozusagen interne Veranstaltung, um ein Buch für die Freunde meines Lebens, welche, selbst schon vertraut mit seiner Ökonomie und Kultur, bereit sein mögen, auch in dem Bei- und Außenwerk mit einer gewissen Genugtuung die Beziehung zum Ganzen zu entdecken.« Wirklich, es hat keine andere Mittelachse, dieses schöne Buch, beim besten Willen läßt sie sich nicht erklügeln, als den Menschen Thomas Mann; aber die ist, weiß Gott, solide genug, um auch Gelegentlichstes zu einer hohen Einheit zu erheben. Und das scheinbar Formlose, wie ist es geformt schon durch sein waltendes Element, durch die herrliche, stahlgehämmerte Thomas Mannsche Prosa, die uns, den im gleichen Sinne Bemühten, einen so restlosen, künstlerischen, ja sogar sportlichen Genuß bedeutet, daß uns das Thematische darin fast nebensächlich wird. Jeder, auch der abseitigste Gegenstand, wird in dieser seiner Prosa wichtig durch Gegenständlichkeit der Darstellung, alles Sachliche interessant durch Sachlichkeit der Behandlung, und wären in diesem Buche auch allerprivateste, selbst domestikale Dokumente abgedruckt, wie ein Zeugnis für ein entlassenes Dienstmädchen, ein Rekurs gegen eine Steuervorschreibung, ein Verlagsentwurf, so hätte wenigstens für mich die Meisterschaft der präzisen Formulierung – die bei ihm nicht eine artistische Neigung ist, sondern ein im innern Ethos verwurzelter Zwang – noch einen fachlichen, einen sachlichen, einen künstlerischen Anreiz. Das Gleichgültigste wäre, von ihm präzisiert, durch die Kunst der Formulierung, noch kunstwerkhaft, seine abseitigsten Dokumente im artistischen Sinn ebenso lehrhaft, wie es uns zum Beispiel die amtliche Prosa, die Bußtagsbotschaften und Kamerialerlässe des Herrn Stadtschreibers Gottfried Keller waren. Denn es gibt bei Thomas Mann gewissermaßen keine private Prosa, so sehr ist jede, auch die gelegentlichste seiner Äußerungen, durch menschliche Verantwortlichkeit, durch bildnerische Zucht vorbildlich und meisterlich; nie kann sie gehaltlos werden, so sehr ist sie Gestalt.

Sie schlankweg, wie manche rasche Formulanten belieben, die beste neuzeitliche Prosa zu nennen, scheint mir verwegen, denn die Vielfalt geistiger Werte graduiert sich nicht, sie nuanciert sich nur. Aber gewiß ist sie die männlichste, die sachlichste, die begrifflichste, und nur, wenn man deutsch mit protestantisch, mit pflichthaft und verantwortlich gleichsetzt, auch die deutscheste Prosa der Zeitgenossen. Sie bildert nicht, sondern sie bildet; sie umschreibt nicht, sondern sie ist geschrieben; sie singt nicht, sondern sie spricht; sie steigert nicht den Gegenstand, sondern hält ihn im rechten Maß. Ihre Präzision, ihre Sachlichkeit hat so recht die »heilige Nüchternheit«, von der Hölderlin, der Ekstatiker, als von seinem Gegenpol schwärmte; in ihrer Zucht und Straffheit, ihrer leidenschaftlichen Verantwortlichkeit entäußern sich Werte, die nicht aus turnerisch geschmeidigem Handgelenk, also äußerer Kraft, gestaltet werden konnten, sondern ihre Vehemenz von einer moralischen Geradlinigkeit, ihren Schwung von einer inneren Gespanntheit konzentrierten Willens herleiten. Die Aufrichtigkeit dieser Prosa kommt, das spürt auch der Laie, aus der Einheitlichkeit eines Charakters: in einer bildnerischen Fixierung Thomas Manns gibt es nichts Ungesagtes, Ungenaues, Approximatives, nichts Niedergedrücktes, nichts Feig-Verborgenes, sondern immer nur eine energisch bestimmte restlose Präzision, ein Gradeaus, das kein Deuteln duldet und nichts der Konjektur überläßt. Thomas Manns Prosa ist niemals »raisonnement«, also Klugschwätzen, Herumsprechen, sondern immer Aussprache im Sinn von Aus-Sprechen, Zuendesprechen: ihre einzelnen Sätze haben darum fast immer die diktatorische Unabänderlichkeit von vollkommenen Gedichtzeilen, die, kaum gestaltet, schon zu kristallener Unwandelbarkeit klar erstarren. Biegsam, sind sie zugleich auch hart, feurige Masse in Eis gehärtet, was ja von je als das Geheimnis der toledanischen Klingenschmiede galt.

Dieser Stil hat Zucht, aber er wird nie amorph. Seine Begrifflichkeit bleibt sinnlich, seine Sinnlichkeit wiederum diszipliniert sich höherem Gesetz. Muskeln und

Sehnen hat dieser gymnastisch geübte, turnerisch gelenke, sportlich trainierte Stil: an eine schöne, eine fast griechische Männlichkeit muß man denken, die Schwerstes als Spiel meistert und in ihrer heiligen Nacktheit naturhaft wird. Dieser Stil kann schnellaufen, ohne zu keuchen, kann springen und ringen, ohne zu stocken, klaren Auges, sicherer Hand trifft er ins Ziel – all die Kraftkunst, all die Kunstkraft (heilige Einheit!) des Jünglings, des Mannes wird hier Schönheit durch gesteigertes Maß. Rhythmisch taktiert, hat er naturgemäß weniger Musik als der seines meisterlichen Gegenspielers in der Prosa, als jener Hofmannsthals, der wieder alle Magie des Weiblichen hat: das Hinströmen, die weiche voluptuöse Linie, die blühende, warme, duftende, süße, fruchthafte Fleischlichkeit des Wortes, das Verschweben und das erhaben Aufgelöste der Melodie. Bei Thomas Mann ist die Kunst immer Disziplin, die Disziplin immer Kunst.

Solch eine Prosa ist notwendig meisterhaft in der Formulierung. Thomas Mann spricht einmal irgendwo in diesem Buch über die Kunst, »eine Sache siegreich auszudrücken«. Siegreich: besser kann er nicht veranschaulicht sein, der bei ihm immer vorausgegangene Kampf des Wortes um die Sache, das angestrengte, in jahrelangem Training mit allen Finten vertraute, feldherrnhafte, ja strategische Umstellen, Umspüren, Umfassen der Dinge durch das Wort bis zum Kernschuß des Attributivs, der dann pfeilhaft sicher dem Begriff in das Herz trifft. Siegreich, ja das ist das rechte, das einzige Wort für diese nervige Prosa Thomas Manns, die nicht aus einer inneren Eingeborenheit, einer prästabilierten Harmonie ihm locker aus der Hand schwingt, sondern die redlich, planhaft, mit Verbissenheit und Verzweiflung sogar, immer aber mit einer nie nachlassenden, pausenlosen, straffgespannten Energie sich an den Gegenstand heranarbeitet. Der Gegenstand, die Sache, sie ist ja so lange für ihn der Feind, als sie sich seinem dämonischen Diktat, Gegenständlichkeit, Sachlichkeit zu werden, weigert, als sie sich in das Joch des Wortes nicht gefügt hat. Er muß ihrer habhaft, sie ihm restlos hörig werden: auch als Stilist ist Thomas Mann kein Pazifist.

Kein Pazifist, durchaus nicht. In der Art, wie er als Essayist ein Thema angeht, darin liegt etwas von der Entschlossenheit eines Duellanten. Alles faßt er frontal an: er sieht den Dingen ins Gesicht, ohne sich von seinem vorgefaßten Standpunkt um einen Schritt zu entfernen; alle Nerven spannt er zusammen und stößt dann mit dem Blick auf sie los, mit diesem magisch klaren Blick, der nichts, auch in liebevollster Betrachtung, übersieht. Nie verändert er seine Positur, seinen Standpunkt: das gibt seiner Haltung etwas Starres und zugleich das Persönliche eines Charakters, gibt seinem Blickfeld eine gewisse Begrenztheit, aber anderseits eine seltene Statik, seinem Urteil ein privates, aber auch vollwichtiges Maß. Er sieht, er wägt alles nur von sich aus, nicht vom Weltraum, nicht aus einer absoluten Sphäre der Werte, sondern »à travers son temperament«. Versuche ich noch einmal, zur Verdeutlichung seiner Art die antipodische darzustellen, so sei wiederum der andere große dichterische Essayist, sei Hofmannsthals künstlerische Umfassung literarischer Gegenstände herangezogen. Hofmannsthal sieht alle großen Gestalten in Bindung untereinander: von Ferne zu Ferne baut er Brücken, umschreitet die einzelne Figur von allen Seiten, gleichsam aus einem imaginären Raum der Anschauung her. Seine Wertung hat immer Bezug auf ein unsichtbar Absolutes, nie aber auf seine eigene Person: er taucht gewissermaßen ein in die Erscheinung, indes Thomas Mann ihr entgegentritt als der immer Unverwandelte, starr stehend vor der Erscheinungen Flucht, Ja und Nein sagend nicht aus lockerem Gefühl, sondern aus entschlossenem Charakter, herrisch zurückweisend, was ihm Unbehagen schafft, dem Feindlichsten aber nicht ausweichend zur offenen Fehde.

Das gibt dem Essay Thomas Manns das, was Goethe das »Prävalieren des Subjekts über das Objekt« nennt. Im strengeren Sinn hat das Buch keine Gegenstände, obzwar es meisterlich über Fontane, Friedrich den Großen, Chamisso, Heine und Keyserling spricht, sondern bloß einen Gegenstand: Thomas Mann. Das Objekt dient immer dem Subjekt nur als Vorwand, als Deckfarbe: irgendwo wird es unweigerlich transparent. Ausgezeichnetes, ja Unübertreffliches ist hier über Dichter und Gegenstände gesagt; am besten verdeutlicht sich trotz allem, aber ohne jede Beabsichtigung, der Sagende selbst, Thomas Mann. Mit jedem Strich an einem Porträt ergänzt er das seine: wo er zu reflektieren scheint, werden seine Gegenstände Reflexe; sie glühen nicht von innen, sondern werden Widerschein. Scheinbar sich vereinzelnd an einer Vielfalt von Themen, sich zerstückelnd in dreißig Materien, füllt er sich ganz zur vollen Figur, rundet er sich ab. Seine Auseinandersetzung setzt sein Bild erst zusammen: nirgends war die Plastik seines Charakters so physiognomisch offenbar geworden wie an diesem »Stegreifwerk«, das gerade durch das Spontane der gelegentlichen Äußerungen besser biographisch-bildnerisch wird als die bewußten Darstellungen seines familiären Lebens in ›Herr und Hund‹ und dem ›Gesang vom Kindchen‹.

Dieses Autoplastische, dies unbeabsichtigt Selbstbildnerische, dies – um Stendhals Wort zu gebrauchen – »Egotistische« der Darstellung steigert dieser ›Rede und Antwort‹ literarischen Reiz. Vielleicht sind sonst Persönlichkeiten von Dichtern nur anziehend durch das Inkommensurable, das Unberechenbare ihres Wesens. Bei Thomas Mann ist nun die Wurzelformel ganz offen an der Oberfläche und von jedem zu fassen: sie heißt Verantwortlichkeit; aber diese sonst bürgerliche, diese Pflichtmenschentugend ist bei ihm zu einem solchen Fanatismus, fast sagte man, zu einer solchen kirchenhaften Bigotterie gespannt, dermaßen zur Qual, zur Hemmung, zur Krankheit, ja zum leidenschaftlichen Laster des Künstlers gesteigert, daß sie seiner scheinbar ganz normal gewachsenen Natur etwas Dämonisches entäußert, die kalte Dämonie des zuchtvollen Willens, nicht jene hitzige des zuchtlosen Gefühls. Unwiderstehlich, unaufhaltsam wütet in ihm der Zwang, alles Verworrene, alles Verschwommene, Undeutliche, Unverbindliche, Gallertige ebenso in der äußeren Welt abzuwehren, wie in seiner Prosa zu reinen kristallinischen, durchleuchtenden Formen abzuschleifen: so schwelt in dieser scheinbar ruhenden Natur ein fortwährender Prozeß gewaltsamer Klärung und Ausscheidung. Auch zum entferntesten Objekt in einer unbestimmten, einer nicht genau fixierten Beziehung zu stehen, irgendwo einen Begriff, ein Problem nicht wortplastisch bewältigt zu wissen, das reizt seinen elementaren Ordnungssinn, seinen Klarheitsmuskel zu gespannter Kontraktion, das drängt ihn zur Aussprache (die seinem Kunstprozeß zufolge notwendig zu Formulierung führt). Man spürt zum Beispiel deutlich, wie sehr Thomas Mann das rein soziale und gesellschaftliche Problem des Künstlers innerhalb des Staates bedrängt. Daß da, im Verhältnis des klassenlosen, gleichsam in der Luft hängenden, zwischen dem Bürgerlichen und dem Anarchischen pendelnden Wesen, etwas Amphibisches, etwas Unorganisches enthalten ist, das schafft ihm, der sich diesem zwittrigen Berufe zugehörig weiß, ein sichtliches Unbehagen: irgendwie möchte er den Dichter im Deutschen Reich gerne stabilisieren, den »Stand«, den sozialen Stand dieses labilen Elements einmal sachlich begrenzen, den deutschen Schriftsteller nicht, wie den Sarg Mohammeds in der Kaaba, im Luftleeren zwischen Himmel und Erde, zwischen Gesellschaft und Anarchie hängen wissen. Nirgends habe ich deutlicher die offenbare Beunruhigung empfunden, die dieser Fanatiker des Konkreten, des Korrekten, des Präzisen, des Scharfbestimmten an jedem ungeklärten Gegenstand, sobald er ihm die Epidermis streift, geradezu physisch erleidet, und es ist typisch, daß er allem, was eine Klassierung, eine äußere Wertzuerkennung der Literatur bedeutet, darum das Wort redet, daß er sogar die Tatsache eines Ehrendoktorats (die mir durch die Verleihung an Erzherzöge, Kanonenindustrielle und besiegte Generäle reichlich an geistigem Wert gemindert erscheint) oder die Errichtung einer Akademie als förderliche, weil offenbar Ordnung bringende Dinge einschätzt. Diese Bindung seiner ererbten – von ihm prachtvoll offen, ja leidenschaftlich auch zu konjunkturwidrigster Zeit bekannten – Bürgerlichkeit mit dem erworbenen makellosesten, feurigsten Künstlertum, gibt seiner Persönlichkeit einen ganz unvergleichlichen, zwiespältigen Reiz; denn was da Zweiheit scheint, ist ja nur Doppelform innerster Einheit. Ein und derselbe Urtrieb – Verantwortlichkeit, fanatischer Ordnungssinn – wirkt sich bei ihm nach zwei Seiten, gegen das Leben hin und gegen die Kunst, in zwei divergenten Formen aus, nach beiden Seiten hin aber mit derselben Intensität, demselben Radikalismus: das protestantische Ordnungsbedürfnis, das Klassengefühl des deutschen bürgerlichen Menschen wird im Künstler Thomas Mann transmutiert zu Meisterschaft der Distanz, zu visueller Präzision. Diese Doppelwirkung ist eigentlich keine überraschende. Fachmänner erzählen, daß die Mathematik, diese nüchterne, präzise, steifleinene Arithmetik des täglichen Rechnens in ihrer geistigen Sphäre, in der höheren Mathematik, etwas wunderbar Freies, Phantasievolles, ja Berauschendes werde, etwas ganz irdisch Abgelöstes wie Musik. So kann, das zeigt Thomas Mann, und das zeigte Kant noch großartiger vor ihm, das bürgerliche, das preußische Pflichtbewußtsein, sobald es aus dem Konventionellen, dem Militärischen sich verwandelt ins Abstrakte, plötzlich aufregend, bezaubernd, ja hinreißend werden. An irgendeinem Punkt wird alles, selbst die Gründlichkeit, zur Genialität.

Bis hart an diesen Begriff arbeitet sich die prosaische, die bildnerische Leidenschaft Thomas Manns heran, nicht zumindest in diesen Aufsätzen, die doch nur gelegentliche sind. Ihr letzter Wert ist das Erledigende in ihnen, die Distanz, die geradezu euklidisch tabellierte Distanz vom Dichter zu jedem Dinge. Jeder dieser Aufsätze ist ein Grenzpfahl des Menschen, des Dichters gegenüber einer Erscheinung, wodurch er dann freilich schließlich selbst wie von einem Wall umgrenzt und abgesteckt erscheint. Immer ist man, welcher Erscheinung immer man durch sein Auge nachblickt, in einem stabilen Zentrum, gesichert, zugleich vermauert, immer hat man gültiges Maß und Pegel zur Hand. Kein Wort ist darin einem andern zuliebe gemildert oder gesteigert, alles von dem Einzelnen aus nur von sich und für sich gesagt. Das scheint nun selbstverständliche und gar nicht so sonderlich rühmenswerte Forderung an einen essayistischen Darsteller, daß er immer nur seine eigene Meinung ausdrücke; aber was ist schwerer, als seine wahrste, seine unbestechlichste Meinung klar – also scharf begrenzt – zu wissen, sie klar – also restlos – auszudrücken! Das fordert ein unaufhörliches Wachsein des Gewissens, einen Cerberusblick der Verantwortlichkeit, fordert ein beharrliches Mißtrauen gegen das Gefühl, eine Selbstkontrolle ohne Entspannung, fordert die ganze Leidenschaft, das ganze Leben eines ganzen Menschen. Es gehört Heroismus dazu, das zu leisten, was das Selbstverständlichste scheint: sich ganz als den zu geben, der man ist, ganz in sich zu beharren und dieses Sein, dies Einmalige, ganz in Plastik, in Dauer zu verwandeln. Diese Selbstzucht des subjektiven Künstlers, die man so leicht mit Selbstsucht verwechselt, hat Goethe wohl im Auge gehabt, als er klagte: »Die Meisterschaft gilt für Egoismus!« Und auch Thomas Mann scheint sich manchmal defensiv äußeren Angriffs zu erwehren, wenn er sein Recht betont, in sich zu beharren, Imaginatives, Freierfundenes abzulehnen und immer wieder in sich selbst zu greifen, seine Produktion nur von sich aus zu zentrieren. In Dingen der Kunst entscheidet nicht die Methode, sondern das Werk: wie Flaubert hat Thomas Mann die Qualität seiner dichterischen Produktion mit einer Einbuße an Quantität bezahlt, wie jeder eindeutige Charakter die Intensität seines Urteils durch Begrenztheit der Einfühlung. Sein Standpunkt in diesem Buche und in den ›Betrachtungen eines Unpolitischen‹ gleicht einem Bergblick von seltener Klarheit, einem rechten Hochplateau, wo viele Gipfel verdeckt sind, das wundervolle Schau hat, aber nur nach einer Seite der Welt. Es ist nicht allseitige Vogelschau, Schwebe über das volle, wandernde Panorama der Welt, bei der man sich aber selbst im Gleiten fühlt: bei ihm steht man auf dem Felsen eines Charakters in einer ganz klaren, sublimen, in stürmischen Augenblicken leicht von Sils Maria-Wind durchwehten, reinen Luft, atmet frei und gut, freut sich der hellen Erhobenheit, der Klarheit des Blickfelds und freut sich zugleich, daß jenseits dieser begrenzten Schau von anderer Höhe, von anderm Standpunkt noch andere Fernsicht in die Vielfalt der Erscheinungen unserer wartet.

Thomas Mann, ›Lotte in Weimar‹

In diesen Tagen der Bedrücktheit [1939] muß jede Freude doppelt begrüßt und bedankt sein. Eine solche geistige Freude höchsten wie reinsten Ranges ist uns mit Thomas Manns neuem Roman ›Lotte in Weimar‹* gegeben, einem Meisterwerke, und seinem vielleicht vollgeratensten, trotz den ›Buddenbrooks‹, dem ›Zauberberg‹ und dem Epos von ›Joseph und seinen Brüdern‹. Vollkommen in den Proportionen, vollendet, ja in einem noch nie erreichten Grade durchbildet in der Sprache, scheint mir ›Lotte in Weimar‹ alles frühere nicht nur durch geistige Überlegenheit zu übertreffen, sondern auch durch eine innerliche Verjüngtheit, ein Brio des Vortrags, der beinahe spielhaft leicht das Schwierigste bewältigt und weise Ironie mit einer noblen Getragenheit in einer selbst bei Thomas Mann noch überraschenden Weise bindet. Alles, was die gefesselte und geknechtete Binnenliteratur Hitlerdeutschlands in den sieben wahrhaft magern Jahren produziert hat, ergibt zusammengerechnet nicht Gehalt und Gewicht dieses einzigen Buches aus dem Exil.

An sich schiene die Fabel dieses Romans nicht vielversprechend und kaum mehr Substanz zu haben als die einer souverän zu erzählenden Anekdote oder zierlichen Novelle. Ein literarhistorisches Aperçu, so meint man zuerst: Lotte Kestner, die ehemalige Lotte Buff, die Jugendgeliebte Goethes und unvergeßbar als die Lotte des ›Werther‹, kann der Versuchung nicht widerstehen, nach

* Bermann-Fischer Verlag, Stockholm 1939.

fünfzig Jahren, nach einem halben Jahrhundert Goethe, den Theseus ihrer Jugend, wiederzusehen. Ein Großmütterchen, reichlich delabriert von der Zeit und sonst weise geworden durch sie, begeht sie die süße Torheit, noch einmal das weiße Wertherkleidchen mit der rosa Schleife anzuziehen, um den ordensbesternten Geheimrat an die süße Torheit seiner Jugend zu erinnern. Und er sieht sie, ein wenig geniert, ein wenig gestört, und sie sieht ihn, ein wenig enttäuscht und noch geheimnisvoll berührt von diesem etwas gespenstischen Wiedersehen nach einem halben Jahrhundert. Das ist alles. Eine Fabel, groß wie ein Tautropfen, aber wie dieser ein Wunder an Farbe und Feuer, wenn angestrahlt vom oberen Licht.

Kaum daß Lotte Kestner ihren Namen einschreibt ins Fremdenbuch, drängt die kleine, neugierig-geschwätzige Stadt heran; einer nach dem andern aus Goethes Kreise kommt, sie zu sehen, und jeder ist genötigt, wie immer das Gespräch sich wenden mag, von Ihm zu sprechen, der sie alle im Bann hält trotz ihren inneren Widerständen und gekränkten Eitelkeiten. So bildet sich aus Reflex und Reflex langsam ein Bildnis Goethes, jede Facette eine andere Seite seines Wesens spiegelnd, und endlich tritt er selbst in die Mitte dieses Spiegelzimmers. Er tritt ein mit einer derartigen Wahrhaftigkeit, daß man meint, seinen Atem zu spüren. Es ist ein Porträt von einer Wirklichkeit und gleichzeitig von einer inneren Durchdringung, wie es nicht annähernd in irgendeinem mir bekannten Romane gelungen ist. Das Kleinliche, das jedem Irdischen anhaftet, ist beobachtet und bewahrt, aber allmählich verdämmert es im immer voller sich ergießenden Licht hinter dem Gewaltigen der Erscheinung. Mit einer Art Tiefenplastik ohnegleichen, die in mancher Beziehung auch Kühnheiten und Verwegenheiten nicht scheut, ist hier von innen heraus die Gestalt gebildet und so bis in jede Bewegung, bis in Tonfall und Geste die Erscheinung verlebendigt, daß man trotz aller philologischen Kenntnis nicht das Zitat von der dichterischen Zutat zu unterscheiden vermag. Dichterische Biographie, unerträglich, soweit sie romantisiert, schminkt und verfälscht, ist hier zum erstenmal vollendete Kunstform geworden; Goethes Bildnis, dessen bin ich gewiß, wird für die nächsten Generationen einzig gegenwärtig bleiben in dieser sublimen Formung Thomas Manns.

Kein Wort des Enthusiasmus scheint mir zu viel für dieses Werk, in dem sich Kunstverstand zu wahrhaftiger Weisheit erhebt und eine fast unheimlich versatile Meisterschaft des Ausdrucks dem größten und zugleich schwierigsten Gegenstande gerecht wird. Es wird in kommenden Zeiten ein literarhistorisches Kuriosum absurdester Art bilden, daß dieses deutscheste Buch, das beste und vollendetste, das seit Jahren und Jahren in unserer Sprache geschaffen wurde, bei seinem Erscheinen den achtzig Millionen Deutschen verboten und unerreichbar blieb. Fast könnten wir eine schlimme Freude empfinden, daß nur uns das (sonst bitter erkaufte) Privileg zuteil wird, es in deutscher Sprache lesen zu dürfen, in der es allein vollendeten Genuß bieten kann (denn jede Übersetzung wird, fürchte ich, viel davon zerstören, und gerade das Zarteste, das in Andeutungen und Beziehungen Schwebende wird dabei verlorengehen). Nehmen wir es darum nicht als Kunstwerk bloß, sondern auch als bestärkenden Beweis, daß für einen Künstler Exil nicht nur Verbitterung und seelische Verarmung bedeuten muß, sondern auch gesteigerte Anspannung und inneres Wachstum erschaffen kann. Und seien wir dankbar, daß wir dieses Buch heute schon empfangen durften, indessen jene andern im tatsächlichen Exil, die innerlich doch im Deutschland Goethes verblieben sind, es erst als Kriegs- und Leidensentschädigung erhalten werden.

Zwei historische Romane

(Richard Friedenthal, ›Der Eroberer‹ –
Klaus Mann, ›Alexander‹)

Der Zufall, daß zwei junge, höchst begabte deutsche Erzähler sich gleichzeitig die beiden erstaunlichsten Kriegszüge der Weltgeschichte in ihren Führergestalten zum Gegenstand eines Romans genommen haben – Richard Friedenthal in seinem ›Eroberer‹ (Ferdinand Cortez, Insel Verlag), Klaus Mann in seinem ›Alexander‹ (S. Fischer Verlag) – gibt einen zufälligen, aber doch ausgezeichneten Blick auf die ganze Gattung und Möglichkeit romanhafter Behandlung historischer Persönlichkeiten. Wer leidenschaftlich Geschichte liebt und kennt, bezweifelt eigentlich innerlich die Notwendigkeit solcher epischer Umstellung, denn meist erzeugen die ganz großen Gestalten aus dem Plasma ihres Lebens schon hinlänglich biographische Spannung, als daß es nötig wäre, sie noch einmal zu erdichten und zu verdichten. Selten gewinnt man auch erfahrungsgemäß bei solchen Versuchen eine sinnliche Steigerung der Tatsachen und Charaktere. Meist liegt der Verdacht vor, hier sollte Geschichte, durch einige Liebesepisoden sentimentalisiert und eingefettet, zu leichterer Verdauung der sonst hartleibigen Leserschaft eingegeben und dem jedem Menschen unausrottbar innewohnenden Heroenkult ein gefälliges Opfer dargebracht werden. Selten geht es um Höheres, um innere Ausbeutung, um Verdichtung der Atmosphäre durch Reflex auf eine Gestalt. Hier ist das nun bei zwei historischen Romanen erfreulicherweise der Fall, hier ist es gelungen, aus einer eigentlichen Zwittergattung Einheitliches und durchaus Reinliches zu schaffen.

Dabei ist diesfalls die Methode des historischen Romanes bei beiden Dichtern vollkommen konträr. Richard Friedenthal schreibt (ich bitte die Unterstreichungen zu beachten!) einen *historischen* Roman, Klaus Mann einen historischen *Roman*. Der eine schafft Geschichte durch einen Menschen, der andere erdichtet einen Mythos um eine Gestalt. Für Klaus Mann ist Alexander Symbol der Jugend überhaupt, des wilden, zornwilligen, unbedachten, dem ewig Unrealisierbaren mit allen Kräften und Überschüssen der Seele entgegenstürmenden, gärenden Triebmenschen. Sein Alexander will alles noch lange, ehe er eigentlich weiß, was er will. Es treibt ihn empor bis zur äußersten Höhe der Gottähnlichkeit, an die letzten Bezirke der Welt und Macht, und mit der gleichen Gegenkraft hinab nach innen, in die äußersten Tiefen der Selbstzerstörung: Klaus Mann sieht sein Lebensgenie vollkommen elementarisch, er schildert ihn wie ein Naturereignis seltenster und grandioser Art, unberechenbar und unerklärbar, von der eigenen Kraft überschäumt, vom Urwillen seines Willens emporgerissen und hinabgeschmettert. Das historische Gewand sitzt darum nur locker, manchmal reißt es auf im Sturm des Geschehens und entblößt den nackten verwundeten Menschen, manchmal, an den saloppen Stellen wirkt es sogar nur hastig umgetan wie ein Theaterkostüm; gewissermaßen zufällig heißt der Mensch Alexander und marschiert mit seinen Mazedoniern bis an den Indus und kämpft mit Amazonen und hält Zwiesprache mit Gott: er könnte auch Achilles heißen oder Alkibiades oder Bonaparte, denn das ganze Gefühl von Jugend und Überschwang wirft aus sich, aus seiner eigenen Generation Klaus Mann seinem Helden zu, und so reden oftmals Alexander und die Seinen die durchaus unhistorische, vielmehr die Sprache des Jahres 1920, statt einer mühsam aus den griechischen Historikern zurückübersetzten Zeitsprache. Aber

Lebendigkeit, Unmaß und Überschwang der ewigen Jugend darzustellen, ist Klaus Manns ureigenster Wille in diesem ›Alexander‹, und dies ist ihm ausgezeichnet gelungen, vom ersten Blatt an rauscht und brodelt, quirlt, schäumt und spritzt dieses Buch in der scharfen Böe einer aufgegorenen Prosa, die Horizonte flammen von Bewegung und Licht, nicht einen Augenblick geht es behaglich episch zu und homerisch beschreibend in diesem Heldengedicht, (das eine frühere Generation anno 1880 noch in geordneten Jamben als fünfaktige Tragödie geschrieben hätte). Aber die heutige Jugend, die Klaus Mann ausgezeichnet repräsentiert mit seinem verwegenen Talent, seiner rasch begreifenden Klugheit, seinem zufassenden Mut, seiner rasch vorstoßenden Energie, sie hat eine sehr glückliche Gegnerschaft gegen alles Drapierende und Kostümierende, ihr ist im Historischen das Vergangene nur ebenso neue Farbe wie im Heutigen das Exotische, das ja Klaus Mann in seiner Novelle aus Honolulu trefflich herausgebracht hat; sie sucht, angewidert von der Langsamkeit und Nüchternheit des Politischen, von der Verbürgerung und Schematisierung unserer Welt in Vergangenheit und Gegenwart, vor allem das Intensive, um sich dann emporzusteigern, und da war dieser Alexander als Figur der rechte, gebotene Griff. Hier wo die Quellen nur zaghaft tropfen, kann die Erfindung frei sich ausströmen, die innere Ekstase sich entfalten und sich einen Wettlauf leisten mit der gleichfalls gut gefederten geistigen Klugheit des Künstlers. Jedenfalls hat sich Klaus Mann in diesem sein ganzes früheres Werk überrannt. Alles Snobistische, eitel Begehrliche liegt jetzt hinter ihm, und vielleicht hat er, indem er hier Gefahren des Überschwangs in einer Gestalt schildert, sich selbst bekämpft und bezwungen. Sehr ernst in der Anlage, sehr bedeutsam in manchen Gesprächen, seelenkundig in einzelnen Abschattungen der Menschen und erfindungsreich auch in den Episoden, gibt dieses Buch Klaus Mann einen vollen Rang und dazu noch die menschliche Gewißheit, daß er ihn behaupten und neu bewähren wird.

Richard Friedenthal, der in seinen Novellen sich als ein ganz ungewöhnlicher Erzähler erwiesen, will keinen Mythos bilden. Er zeugt Geschichte, und in einer unvergeßlich ernsten, gerechten und großartig plastischen Art. Die Leistung seines Cortez ist nicht die aus den Lesebüchern gewohnte, des kühnen Desperados, der die Schiffe hinter sich verbrennen läßt und ein Weltreich mit 160 schlechten Gewehren erobert. Der Roman Friedenthals zeigt in einer furchtbaren und erschütternden Wahrheit diesen Mann im Kampf mit einer zügellosen, erbärmlichen, zynischen Rotte, den Kriegshaufen von Verbrechern, Desperados, Goldsuchern und Huren, er zeigt ihn im Kampf gegen die heimliche, eifersüchtige politische Macht im Rücken, im Kampf auch gegen sein eigenes Gewissen, das vorahnend schon an der Zerstörung dieser andersartigen, aber hochkultivierten Welt, an der Niedertracht seiner Gesellen leidet. Nicht daß er sentimental gezeichnet wäre, durchaus nicht: Friedenthal läßt ihm alle seine Straffheit, seine kalte verbissene Härte, er mengt nur in sein dunkles kastilisches Bastardblut einen Tropfen Ungenügen und Bitternis, der allein ihm Adel gibt unter allen diesen niedrigen Gesellen. Man spürt, daß Friedenthal selbst fünf Jahre im Kriege gestanden, denn so kann nur einer Lagerwelt, Müdigkeit, Zorn und Verzweiflung, durchmischt mit brennender Kampflust schildern, der selbst auf der nackten Erde gelegen und den Stank und Qualm der Unterstände für immer unter der Haut behalten. Dazu noch eine wirklich stupende Kenntnis des Historischen, eine Exaktheit in den Details, die einen von Blatt zu Blatt neu überraschen, die Kleidung eines Inka, die Koje eines Schiffes, das Rastzeug eines Soldaten, der

Apparat der Gerichtsbarkeit und Politik, alles das erscheint mit einer Plastik und Genauigkeit und gleichzeitig mit so starker Sinnlichkeit, wie sie mir in einem historischen Roman kaum jemals begegnet ist. Zielbewußt, langsam, gleichsam mit Schwertern klirrendem Schritt, mit unbesiegbarer Sicherheit geht die Handlung vor sich, genau der Logik der Tatsachen folgend. Friedenthal erfindet eigentlich wenig dazu, er belichtet nur neu, er verlebendigt einzelne Stellen, die Heerschau, die Begegnung mit Mariana, die Fesselung Montezumas, die Rückkehr Cortez' nach Spanien gehören für mein Gefühl zu den vollkommensten historischen Darstellungen in der deutschen Epik durch die fast unheimliche Tatsächlichkeit und sinnliche Glaubhaftigkeit, die ihn zu einem einzigen kulturhistorischen Dokumente macht.

Man sieht, der Kunst ist jede Methode die richtige, die ihr Resultat erreicht. Klaus Mann schmilzt Geschichte feurig auf, formt sie zu einer Vision und läßt diese erkalten. Richard Friedenthal arbeitet wie der Steinmetz mit kaltem Hammer, Zoll um Zoll, Einzelheit um Einzelheit, bis die plastische Bildwirkung erreicht ist; aber beide, diese jungen prachtvollen Kerle, haben je eine Plastik in die deutsche erzählerische Welt gestellt, einen Alexander und einen Cortez, dessen sich unser Schrifttum nicht zu schämen braucht.

Das Buch als Weltbild

Seit Jahrtausenden war es die Leidenschaft jedes geistigen Menschen, sich ein möglichst vollkommenes Weltbild zu schaffen, und dies war möglich ohne äußere Behelfe, solange die Welt noch im Spannraum der äußeren Sinne lag. Der Grieche kannte seine Landschaft, seine Denkmäler, seine Dichter und Künstler aus eigener Anschauung, die historische Vergangenheit war kurz und reichte kaum über das Alter der Ahnen hinaus, die Sprache umspannte eine beschränkte Anzahl von Vokabeln, die Wissenschaft ein fast handgreiflich nahes Netz von Gesetzen. Wir können uns kaum mehr veranschaulichen, wie gering, gemessen an dem Durchschnittswissen eines Durchschnittsmenschen von heute, eines Buchdruckergehilfen, eines Volksschullehrers, eines Kraftwagenfahrers, eines kaufmännischen Angestellten, das absolute Tatsachenmaterial selbst eines griechischen Gelehrten war, der mit einem verhältnismäßig geringen Quantum an Fakten die kühnsten und genialsten Bindungen entwickelte. Darum war in jener Zeit Universalität für den denkenden Menschen noch Selbstverständlichkeit. Ein Geist vermochte alle Wissenschaften einheitlich schöpferisch zu umfassen, ein Gehirn die ganze damalige Weltsubstanz unablässig und innerlich gegenwärtig zu haben.

Die ungeheuere Erweiterung der Welt hat erst das gedruckte Buch vollbracht, und wenn auch tausendmal festgestellt ist, daß die Erfindung des Drucks zweifellos das größte Geschehnis in der Geistentwicklung der Menschheit bedeutet, so ist vielleicht noch immer nicht die völlige Umformung geschildert, die die Denkart der Spezies Mensch durch diese scheinbar geringfügige technische Maßnahme erfahren hat. Und auch hier könnte nur die Statistik das Phantastische uns völlig zu Bewußtsein bringen, eine Statistik etwa, wieviel einzelne Druckzeichen bei einem einzigen modernen Menschen von heute von der Pupille gefaßt und in unbegreiflicher Umsetzung durch Nervenbahnen und Zellen zu Begriffen und logischen Feststellungen verwandelt werden. Milliardenzahlen und Billionen wären vielleicht zu gering, um die Gesamtsumme jener einzelnen Übermittlungen zu summieren, und ahnen zu lassen, welche geheimnisvolle Prägemaschine in dem halben Kilo Gallert, das wir Gehirn nennen, unablässig in Tätigkeit ist. Nur Statistik, eine ganz neuartige psychologische Statistik könnte uns zum eigenen Erschrecken begreiflich machen, etwa wieviel Namen von Orten, Menschen, Büchern, Pflanzen, Gegenständen oft in vierfach oder fünffach verschiedenen Vokabeln in unseren Hirnarchiven ruhen, deren jedes einzelne tausendmal mehr Einzelobjekte enthält als die größte Stadt Einwohner, als die umfassendste Bibliothek Bücher. Und erst ein Vergleich zu dem Weltbild der Früheren würde die ungeheure Erweiterung unseres geistigen Kosmos ehrfürchtig uns ahnen lassen.

Selbstverständlich kann ein irdisches Gedächtnis trotz seiner Vervollkommnung und Anpassung eine solch unheimliche Fülle nicht dauernd bereit halten und noch weniger ordnen. Wir haben zweifellos unsere Kenntnisse nicht in dem Maße bereit, wie die Menschen der früheren Welt, die die Epen Homers, die Gesetzeslehren und die Geschichte auswendig wußten vom ersten bis zum letzten Wort. Darum haben wir, das Geschlecht der Organisatoren, unser Gedächtnis zum Teil außerhalb unseres eigenen Lebens gestellt und gleichsam neben der Handbibliothek, der ständig nahen und innerlichen, eine immense andere Weltbibliothek in den Büchern. Sie bewahren, wie Akkumulatoren, unendliche Ströme geistiger Kraft, die, übergeleitet, sofort in uns weiter wirken und neue Kräfte entzünden. Sie sind die Reserve, die unerschöpfbare, unseres Wissens, die wirklichen Bausteine für das ewig unvollendbare Denkmal unseres Weltbilds.

Weil die Welt weit wird, drängt sie auf Abbreviatur, auf Verkürzung, und da wir nicht alles schauen und anschauen können, müssen wir uns schadlos halten an der gleichsam konzentrierten Anschauung unzähliger anderer in den Büchern. Für unsere eigene Ordnung arbeiten unzählige Vorordnungen wie die der Historiker, der Philologen, der Gelehrten, so daß wir Resultate übernehmen können, Durchschnitte und endgültige Feststellungen, und immer mehr, immer mehr benötigen wir für Ordnung und Überblick dieser vorordnenden Kräfte. Jeder Geistige unserer Zeit wirkt daran mit, der Dichter ebenso wie der Geograph, der Historiker wie der Philosoph und nicht zumindest der Verleger, dessen Aufgabe um so größer und schöpferischer wird, als sein Gesamtwerk selbst einen welthaften, einen universalischen Charakter annimmt. Enge Kreise zu ziehen, gelingt verhältnismäßig leicht, für die weiten aber sind weite Zeiträume vonnöten, ein einheitlicher schöpferischer Plan, ein geduldiges Durchführen, das sich mit dem Getanen nicht genug gibt, sondern den neuen Ansprüchen erweiterter Welt erneuerte und erweiterte Leistung ständig entgegenhält.

Solche Unternehmungen sind selten, sie sind selten wie der universalische Mensch, wie der umfassende Geist, und selbst innerhalb Deutschlands haben wir wenige, die einem solch verwegenen Versuche sich gewidmet. Zu ihnen zählt, und an erster Stelle, das Haus Reclam, auf hundert Jahre zurückblickend und drei Generationen an dem fast übermenschlichen Unterfangen eines universalischen Weltbilds durch das Buch bauend, alle Künste, alle Wissenschaften, alle Erkenntnisse umfassend und sie in einheitlicher, handlicher Form vereinend. Es wäre verlockend, dem Ursprung und Grundplan dieses Baues nachzuspüren, der seinen anfänglichen Grundriß zweifellos im Wachstum überhöht hat: wahrscheinlich hat hier ein Vorfahre nur geplant, den Deutschen in billigster und handlichster Form ihre wesentlichen literarischen Meisterwerke zu übermitteln. Jener Trieb zum Weltbild, jener urmächtige, wohnt aber nicht nur dem einzelnen Menschen selbst inne, sondern jeder seiner Tätigkeiten. Wirkt sein Samen in einer Sammlung, so wird diese Sammlung universalischen Charakter unwillkürlich annehmen wollen, sie wird begehren, Welt zu sein, Kosmos. Wird er dichterisch sich erproben, so gerät er bald in die Verlockung, alle nur denkbaren Formen sich einzufügen, den inneren Lebenskreis mit allen Problemen zu verbinden. Wird er als Gelehrter nur eine Spezies als Eingang des Stollens wählen, so gelangt er, gerade fortstoßend, in natürlicher Verlängerung doch irgendwie an den Mittelpunkt der Welt. So ist diesem ursprünglich begrenzten Unternehmen von Jahrzehnt zu Jahrzehnt immer deutlicher der Sinn zugewachsen, Weltbild und weltbildnerisch zu werden, mit der Unterhaltung Belehrung, mit der Belehrung Vertiefung, mit der Vertiefung im seelischen zugleich Erweiterung im geistigen Raume zu verbinden, Gebiet für Gebiet in immer weiterer Nachbarlichkeit einzubeziehen und schließlich eine Repräsentation aller dichterischen und denkerischen Bemühung zu werden, die in allen Ländern und zu allen Zeiten jemals versucht wurde. Wo einmal aber dieser Trieb des Wachstums ins Weltmäßige eingesenkt ist, kann er nicht enden und stocken, denn wer kann beschließen innerhalb einer Zeit, die sich unablässig verwandelt und fortgestaltet, wer innehalten, indes ihn die Strömung weitertreibt, wer zu schauen aufhören in einer Sphäre, wo die Horizonte unablässig wachsen und weiterschreiten? Alles Zielmäßige erschöpft sich. – Nur wo das Ziel ins Unendliche und Universalische hinausgeht, verbietet sich der Stillstand. Vielleicht hat Großvater Reclam, als er seiner bescheiden geplanten Serie den Namen »Universal-Bibliothek« gab, nicht geahnt, zu welcher Verpflichtung und Aufgabe er damit sein eigenes Leben und drei anderer Geschlechter aufrief. Hier wie immer wurde die Größe der Aufgabe erschaffen, drei Generationen haben sie gefördert, ohne sie je vollenden zu können, jeder dem nächsten neue Möglichkeiten überlassend und damit das Glück schöpferischer Tätigkeit.

Was dies für Deutschland bedeutet, daß diesem wissensbegierigen und kenntnisfreudigen Volke zu billigstem Preise alles Wesentliche der ganzen Nation zugänglich, alles Fremde vermittelt und so die Möglichkeit geboten war, das individuelle Weltbild zu erweitern, das läßt sich heute nicht mehr ausmessen, aber gewiß, wenn diese Nation heute in der Bildungsleistung an der ersten Stelle Europas steht, so dankt sie dies nicht zum geringsten Teile diesem großartigen Unternehmen, das allzu oft als ein bloß privates oder literarisches gewertet wird. In Wirklichkeit hat es wie kein anderes vielleicht innerhalb der deutschen Verlegerzunft mitgeschaffen an dem, was einmal Jean Paul mit so glücklichem Wort »Weltseitigkeit« der Deutschen nannte, die Fähigkeit, nach allen Seiten zu blicken, sich dem Fernsten zu verbinden und aus eingeborenem metaphysischen Geiste alles Einzelne als Teil der Gesamtheit zu begreifen. Was ihr Schöpfer damals zufällig zugreifend, aus dunklem Instinkte blind im voraus entschied, als er die kleine Reihe kühn »Universal-Bibliothek« nannte, hat weltbildend auf vier oder fünf Geschlechter der Deutschen gewirkt und steht heute als die vollkommenste Enzyklopädie jedem Gebildeten zur Seite, unerschöpflich und unerschöpfbar, unabgeschlossen, weil unabschließbar, dauernder Steigerung fähig. Und wir sind gewiß, sie wird, so groß begonnen, sich auch weiterhin groß fortführen und den kommenden Generationen ebenso notwendig und entscheidend sein, wie sie es den früheren gewesen ist.

Das Drama in ›Tausendundeine Nacht‹

Die Entdeckung des Ostens bedeutet die letzte der drei gewaltigen Erweiterungen des europäischen Horizonts. Die erste große Entdeckung europäischen Geistes war in den Tagen der Renaissance die der Antike, der eigenen großen Vergangenheit. Die zweite, fast gleichzeitige Entdeckung war die der Zukunft: Amerika tauchte auf hinter einem bisher unendlich gewähnten Ozean. In gewaltige Ferne rückte sich der Horizont, unbekannte Länder, fremde Vegetationen wirkten aufreizend auf die geweckte Phantasie und füllten den europäischen Geist mit neuen Voraussetzungen und unbegrenzten Möglichkeiten. Die dritte Entdeckung, die nächstliegende, von der man eigentlich nicht recht begreift, wieso sie so spät gekommen, war die des Ostens für Europa. Alles, was ostwärts lag, blieb uns durch Jahrhunderte in Geheimnis gehüllt; vom Orient, von Persien, Japan und China kamen nur zweifelhafte und fast legendäre Berichte herüber, und selbst Rußland, das benachbarte, dämmerte bis in unsere Zeit im seltsamsten Nebel der Fremdheit. Noch heute [1917] sind wir hier mitten im Anfang eines geistigen Erkennens, das durch diesen Krieg in gewaltsamer und darum vielleicht nicht genug objektiver Weise beschleunigt wurde.

Jene erste Botschaft der morgenländischen Welt brachte zur Zeit des Erbfolgekrieges ein kleines Büchelchen nach Frankreich, die heute längst überholte Übertragung Gallands, eines gelehrten Mönches, aus ›Tausendundeine Nacht‹. Man kann sich jetzt keine rechte Vorstellung mehr von dem ungeheuren Aufsehen machen, das diese ersten Bändchen hervorriefen, wie fremd und phantastisch sie auf europäisches Gefühl wirkten, so sehr sie sich auch äußerlich dem modischen Geschmack anzupassen suchten. Mit einem Male war der alten Welt da ungeahnter Reichtum einer Fabelkunst aufgetan, die in seltsamem Kontrast zu der steifen französischen Hofpoesie und zur Simplizität der »Contes des fées« stand, und das Publikum – das ja zu allen Zeiten naiv ist – berauschte sich an diesen Zaubererzählungen, an diesem Haschisch unendlicher Träume. Hier fanden sie entzückt eine Art der Dichtung, die sich regellos und mühelos genießen ließ, wo der Verstand ausruhte und die Phantasie aufschweben konnte in ihr heimisches Gebiet, ins Grenzenlose, Kunst ohne Schwere, ohne Sinn, ja ohne Kunst fast, und seit jenen Tagen der ersten Begegnung hat man sich gewöhnt, diese Märchen mit einem gewissen Hochmut als arglose Kunterbunter, als sinnlos farbiges Durcheinander kurioser und seltsamer Geschichten zu betrachten, als anonymes Werk, ohne sonderlichen Kunstwert, ohne Dichter und Gestalter. Vergebens hatten einzelne Gelehrte den hohen künstlerischen Wert dieser Sammlung betont, eine ganze Wissenschaft die Wanderung einzelner Motive bis in ihre Urheimat nach Persien und Indien zurückverfolgt, immer aber blieb noch dieses anonyme Werk ohne Dichter, und diesen gefunden, wenn auch nicht benannt zu haben, ist das Verdienst eines schlichten Menschen in unserer Welt, der hier mit keinem anderen gelehrten Apparat als der nachfühlenden und nachspürenden Liebe sich auf den Weg gemacht hat. Adolf Gelber hat in zwanzig Jahren aus seinem Leben alles für dies Werk* genommen, was ihm von

* Adolf Gelber, ›Tausendundeine Nacht. Der Sinn der Erzählungen der Scheherezade.‹ Wien, Moriz Perles' Verlag, 1917.

seinem Beruf an Zeit übrig blieb – ähnlich wie Fritz Mauthner in Berlin in einem halben Lebensalter seine Kritik der Sprache unterirdisch neben seiner publizistischen Tätigkeit schuf –, und das Resultat ist ein wirklich erstaunliches, belehrend und anregend zugleich. Denn wer diese wundervolle Welt der orientalischen Phantasie, diese Zauberkette der Erzählungen schon vordem liebte, wird nun erst gewahr, ein wie weiser Sinn in der anscheinend zügellos schweifenden Anordnung waltet, und wie wertvoller menschlicher Kern hier hinter der schillernden Schale des Märchens verborgen liegt.

Bisher empfand man dieses zwölfbändige Epos des Orients so: hier waren tausend bunte, kluge, dumme, spaßige und ernste, fromme und phantastische, laszive und doktrinäre Geschichten in wirrem Durcheinander in die enge Hürde einer dünnen Rahmenerzählung getrieben, eine an die andere gekoppelt von einem nachlässigen, kunstlosen, verantwortungslosen Kompilator, und es war gleichgültig, ob man's von rückwärts nach vorne oder von vorn nach rückwärts las, dieses zwölfbändige Buch, dieses Chaos von Phantasmagorien. Gelbers Buch, ein kluger und aufmerksamer Begleiter, weist einem zum erstenmal den Weg in dieser tropischen Wildnis, er zeigt den offenbaren und geistvollen Sinn der Anordnung und entdeckt den Dichter im Kompilator. Wie er es uns aufklärt – und diese seine Darstellung wird zwingend – ist Scharyar, dieser schattenhafte König, der sich in langen Nächten Märchen um Märchen erzählen läßt, eine tragische Figur, Scheherezade eine Heroine und das ganze Buch, die tausend und tausend Seiten anscheinend wahlloser Erzählung ein einziges Drama von Spannung und Bewegung, ein Drama, das in Gelbers Sinn nachzuerzählen und nachzudichten von höchstem psychologischen Anreiz ist. Scharyar, den König, ihn fühlten wir bisher bloß als Schreckfigur aus dem Puppenspiel, halb Holofernes, halb Blaubart, der jeden Morgen das Mädchen, das er zu seiner Gattin gemacht, in blutgieriger Tyrannei dem Henker überliefert und den Scheherezade, der ewige Schalk im Weibe, von Nacht zu Nacht um ihren Tod betrügt, indem sie eine märchenhafte Geschichte erzählt, und immer wenn der Morgen graut, im spannendsten Augenblicke abbricht. Eine geriebene Betrügerin, so fühlten, so werteten wir sie bisher, deren ganzer Kunstgriff darin bestand, den bösartigen König in seiner Neugier zu packen und ihn am spitzen Widerhaken der Spannung zappeln zu lassen wie einen gefangenen Fisch. Aber das Märchen ist weiser und sein Dichter unendlich tiefsinniger. Dieser fremde Mensch vor hundert und hundert Jahren, dessen Namen niemand weiß, ist ein wahrhaftiger Tragiker, und was er hier an Schicksal und Spannung zwischen diesen beiden Menschen aufrollt, ein Drama, gleichsam schon griffbereit für einen späteren Gestalter.

Versuchen wir es in Gelbers Sinn zu erzählen. Die Szenerie: der Orient mit dem sternprächtigen Himmel, der frei in das offene Schicksal der Straßen und Basare schaut, die unverschlungene Welt der einfachen Leidenschaften. Der Schauplatz: ein Königspalast von morgenländischer Pracht, aber umwittert von jener Spur des Grauens, wie die Königsburg von Mykenä und die Paläste der Orestie. Und darin der König des Schreckens, das frauenmörderische Ungeheuer, der Tyrann Scharyar. Die Szene ist gestellt, die Figuren geordnet, ein Drama kann beginnen. Aber dieses Drama hat ein Vorspiel in der Seele des Königs. Scharyar, der König, ist in der Tat ein Tyrann, ein mißtrauischer, blutdürstiger, ungläubiger Mensch, der die Liebe mißachtet und die Treue verhöhnt. Aber er ist nicht immer so gewesen. Scharyar ist ein Enttäuschter. Er war vordem ein gerechter, ernster, pflichtbewußter Herrscher, glücklich mit seiner Gattin, weltvertrauend wie Timon von Athen, arglos wie Othello. Da kommt sein Bruder von ferner Reise gebrochenen Herzens und erzählt ihm sein Geschick, daß seine Frau ihn mit dem schmutzigsten seiner Knechte betrogen. Der König bedauert ihn, noch ahnt er den Argwohn nicht. Aber dieser Bruder, dessen Auge gewitzt ist an eigener Erfahrung, erkennt bald, daß seines Bruders Ehe wie die seine vom Wurmstich der weiblichen Untreue zerfressen ist. Vorsichtig bedeutet er's Scharyar. Der weigert sich dem bloßen Wort zu glauben. Wie Othello, wie Timon fordert er einen Beweis für die Niedertracht der Welt, ehe er sie anerkennt. Und bald muß er schauernd erkennen, daß jener nur zu wahr gesprochen und seine Frau ihn mit einem niedrigen Negersklaven entehrt, daß all seine Höflinge und Sklavinnen längst darum wußten und nur seine Güte ihn blind gemacht. Mit einem Male bricht die Welt des Vertrauens in ihm zusammen. Sein Gemüt verdüstert sich, er vertraut keinem Menschen mehr. Die Frauen sind für ihn ein Geschlecht aus Lüge und Betrug, die Diener eine Horde von Schmeichlern und Lügnern, sein Geist, sein verbitterter und umnachteter, empört sich wider die Welt. Er könnte Othellos Monolog sprechen oder die Anklage Timons, die Worte aller großen Enttäuschten. Aber er ist ein Gewalttätiger, ein König, er spricht nicht viel, sein Zorn spricht mit dem Schwert.

Seine erste Tat ist Rache, ein beispielloses Gemetzel. Seine Frau und ihr Buhle, all die Sklavinnen und Knechte, die um diesen vertrauten Verkehr wußten, büßen mit dem Tode. Aber was nun? Der König Scharyar fühlt sich in der Kraft seiner Jahre, und sein Verlangen nach der Frau ist nicht gestillt. Als Orientale hat er das Bedürfnis nach der wohligen Nähe des Weibes, als König ist er zu stolz, ihm mit Sklavinnen und Dirnen zu frönen. Er will Königinnen haben, aber doch auch die Gewähr, nicht mehr betrogen zu sein. Er will in dieser Welt einer schranken- und treulosen Moral die Sicherheit der Ehre und will zugleich den Genuß. Menschlichkeit erkennt er nicht mehr an: so wächst in dem Despoten der Plan, jede Nacht eine Tochter von den Edlen des Landes, eine Unberührte, zur Königin zu machen und am nächsten Morgen sie töten zu lassen. Jungfräulichkeit ist ihm die erste Gewähr der Treue, der Tod die zweite. Von dem Brautbett stößt er die Erwählte immer gleich dem Henker zu, damit ihr keine Zeit bleibe, ihn zu betrügen.

Nun hat er Sicherheit. Jede Nacht wird ein Mädchen ihm zugeführt und stürzt von seiner Umarmung in das Schwert. Grauen erfüllt das Land, und wie in den Tagen des Herodes, der die erstgebornen Söhne von seinen Häschern vertilgen ließ, schreit das Volk machtlos wider den Despoten. Die Edlen des Landes, die Töchter haben, tragen Trauer um ihre Kinder, noch ehe sie ihnen entrissen werden, denn sie wissen: eine nach der anderen rafft der Moloch seines Mißtrauens hinweg, alle opfert er seinem grausamen Wahn. Sein finsterer Ingrimm kennt keine Schonung, und in seiner verdüsterten Seele leuchtet etwas flackernd auf von fanatischer Rache, daß nur er nicht mehr der Betrogene des Weibergezüchtes ist, sondern daß er als Einziger die Frauen um ihren Betrug betrügt.

Und nun, meint man, würde das tragische Märchen weitergehen, daß endlich einmal auch Scheherezade, die Tochter des Großwesirs, gerufen würde an das Königsbett, und die Listige in ihrer Verzweiflung, im bitteren Kampf um ihr Leben, Märchen und Schwänke dem Trübsinnigen erzählte, Lachen auf den Lippen, Todesangst im Herzen, um den Despoten für sich zu gewinnen. Aber wieder ist das Märchen weiser und der Dichter wissender, als wir vordem meinten, denn ein ganz großer dramatischer Dichter ist dieser Anonymus von ›Tausendundeine Nacht‹, einer, der alle Tiefen des menschlichen Herzens kennt und die unsterblichen Gesetze der Kunst. Scheherezade wird nicht zum König gerufen. Sie, als die Tochter des Großwesirs, der schaudernd die Befehle des Herrn vollzieht, ist ausgenommen von der furchtbaren Bestimmung, sie kann frei ihren Gatten wählen und darf sich heiter ihres Lebens freuen. Aber wunderbar und doch im tiefsten wahr: gerade sie, die nicht gezwungen ist, diesen Weg des Blutes und des Grauens zu beschreiten, gerade sie tritt eines Tages freiwillig vor ihren Vater und bittet, zum König geführt zu werden. Es ist etwas von Judiths Entschluß in dem ihren, von der Heroine, die sich opfern will für ihr ganzes Geschlecht, aber vielleicht noch mehr von dem Wesen der Frau überhaupt, die vom Ungewöhnlichen angezogen, vom Außerordentlichen angelockt, von der Gefahr an und für sich bezaubert wird. So wie Blaubart mehr neue Frauen anlockt, dadurch, daß er die früheren tötet, als wenn er sie vergöttert hätte, so wie Don Juan durch die Legende seiner Unwiderstehlichkeit die Mädchen verleitet, ihm zu widerstehen, und sie dem Versuch dann doch zur Beute fallen, so zieht auch dieser blutige König Scharyar, dieser dunkelblütige Wüstling und Despot, gerade durch sein Wüten gegen die Frau und ihre Art magisch die kluge, unschuldige, jungfräuliche Scheherezade an. Es drängt sie zu ihm, wie sie meint, ein Erlöserdrang, der Wunsch, ihn vom täglichen Morde zu bekehren, in Wirklichkeit ist es wohl mehr als sie weiß, ein tiefes, mystisches Verlangen nach dem Abenteuer, nach dem furchtbaren Spiel um Liebe oder Tod. Der Vater, der Großwesir, erschrickt. Ist er es doch selbst, der täglich die zitternden Opfer seines Herrn vom warmen bräutlichen Pfühl des Königsbettes zum kalten Tod hinzugeleiten hat. Er versucht, Scheherezaden den tollkühnen Gedanken auszureden. In bildhafter Rede und Gegenrede tauschen sie ihre Argumente, aber der alte Mann vermag nichts wider sein opferglühendes, ekstatisches Kind. Sie will zum König. Diesen Wunsch wagt er nicht zu verwehren. Denn trotz allem fürchtet er für sein Leben mehr als für das ihre, er ist, wie meist die Väter von Heroinen, ein Sentimentaler. So tritt er hin vor den König und meldet dem Erstaunten den Entschluß seiner Tochter. Scharyar warnt ihn, daß auch ihr keine Gnade zuteil werde, düster senkt der Diener und Vater sein Haupt. Er kennt das Verhängnis. Das Schicksal nimmt seinen Lauf, und Scheherezade erscheint, geschmückt wie ein Brautopfer, vor dem König.

Diese erste Nacht Scheherezadens beginnt wie alle andern als eine Liebesnacht. Sie verwehrt sich dem König nicht und stellt nur eine Bitte, als er die Tränen in ihren Augen bemerkt, ihre liebste Gespielin, die jüngere Schwester Dunyazad noch sehen zu dürfen, ehe der Morgen ihres Todes graut. Und der König gestattet es. Kaum aber daß Mitternacht vorüber ist, bittet die jüngere Schwester, wie die ältere ihr klug vorauswissend befohlen, sie möge eine Geschichte erzählen, »unterhaltsam und ergötzlich, um die wachen Stunden des Restes der Nacht zu betäuben«. Scheherezade erfragt vom König die Erlaubnis, und der König, der schlaflos und rastlos ist, wie alle Blutigen, verstattet es gern.

Nun hebt Scheherezade zu erzählen an. Aber nicht ein Scherzhaftes erzählt sie, eine spaßige Schnurre, eine kuriose Geschichte, sondern ein Märchen. Ein süßes, einfältiges Märchen vom Wanderer, vom Dattelkern und einem Schicksal. Doch in diesem süßen Märchen ist der bittere Schmack einer Wahrheit. Es ist eine Geschichte vom Schuldigen und Unschuldigen, von Tod und Begnadigung, eine Geschichte, die anscheinend absichtslos ist und doch scharf wie ein Pfeil auf das Herz des Königs zielt. Eine zweite Erzählung fließt gleichsam in die erste ein, wieder eine von Schuld und Unschuld. Sie erzählt ihm, die Kluge, im letzten seine eigene Geschichte, wenn sie von dem Fischer berichtet, der eine Flasche aus dem Meere zieht, in der ein Geist verschlossen ist mit dem Siegel Salomonis und der mächtig auffahrend aus seinem Gefängnis den Wohltäter erschlagen will. Zwar den ersten, der ihn befreite aus seiner Düsternis, so hatte der Gefangene voreinstens geschworen, wollte er zum Reichsten der Erde machen. Aber als tausend und tausend Jahre vergingen und niemand kam, der ihn erlöste, hatte er im Zorne geschworen, den ersten, der als Befreier käme, zu töten. Und schon hebt er die Faust über seinen Wohltäter. Scharyar horcht auf. Ist sie vielleicht auch gekommen, ihn zu befreien aus dem dunklen Gefängnis der Melancholie, des Grams und des Irrwahns, in dem er gefangen ist von einem grausamen Geist? Und will er sie nicht auch töten, die ihn erlösen will zur Heiterkeit? Aber schon erzählt Scheherezade weiter, eine andere Geschichte, ein anderes Märchen. Bunt sind sie alle, arglos und kindisch scheinen sie, und doch wiederholen sie alle mit seltsamer Eindringlichkeit dasselbe Problem von Schuld und Schonung, von Grausamkeit und Undankbarkeit und von Gottes Gerechtigkeit. Scharyar horcht zu. Er spürt hier Fragen, die er zu Ende denken will, Probleme, die ihn beklemmen und beunruhigen. Er beugt sich vor, lauscht unruhiger und unruhiger im angestrengten Empfinden eines, der eines Rätsels Lösung finden will. Da bricht Scheherezade mitten in der Geschichte ab, denn der Morgen dämmert. Die Stunden der Liebe und der Leichtigkeit sind vorbei. Nun soll sie zum Schafott. Die Geschichte ist noch nicht zu Ende, doch ihr Leben.

Sie soll zum Schafott. Das nächste Wort des Königs wird sie töten. Aber der König zögert. Die Geschichte ist noch nicht zu Ende, die sie begonnen, und in ihm dunkles Fragen nicht gestillt, das mehr ist als gemeine

Neugier und kindische Horchlust. Irgendeine Macht hat ihn angerührt und lähmt seinen Willen. Er zögert. Und zum erstenmal seit Jahr und Jahr verschiebt er die Hinrichtung um einen Tag. Scheherezade ist gerettet, gerettet für diesen einen Tag. Sie kann die Sonne sehen und in Gärten gehen, sie ist Königin, die einzige Königin dieses Reiches, einen lichten Tag. Aber er dämmert, der lichte Tag. Wieder wird es Abend, wieder tritt sie in sein Gemach, wieder umfängt sie die Umschlingung seines Armes, wieder harrt ihre Schwester, und wieder muß sie erzählen. Und nun beginnt dieser wundervolle Reigen der Nächte, der tausendgliedrige Ring der Geschichten. Noch umkreisen sie vorerst den einen Sinn, noch sind sie ganz Absicht, den König zu bekehren, den Wahn von ihm zu nehmen mit Bildern des Beispiels und der Belehrung. Mit erstaunlicher geistiger Beweglichkeit hat Gelber dem Sinn und der Absicht jeder einzelnen dieser Erzählungen nachgespürt und gezeigt, mit welchem raffinierten System sie geordnet sind. Lose scheinen sie gereiht, aber wie die Maschen eines Netzes sind sie geknüpft, das sich immer enger und enger um den König zieht, bis er sich wehrlos darin verfängt. Vergeblich sucht er ein oder das andere Mal sich zu befreien. »Vollende die Geschichte vom Kaufmann!« fährt er sie einmal hart an. Er spürt, wie ihm sein Wille entgleitet, spürt, wie er von Nacht zu Nacht von dieser klugen Frau um seinen Entschluß betrogen wird, und spürt vielleicht schon mehr. Aber Scheherezade läßt nicht ab. Sie weiß, sie erzählt nicht nur um ihr eigenes Leben, sondern auch um das der hundert und hundert Frauen, die nach ihr sterben würden. Sie erzählt, um diese alle zu retten, und vor allem diesen, den König selbst, ihren Gemahl, den sie im Innersten als einen Weisen und Wertvollen fühlt und den sie nicht wiedergeben will an die dunklen Dämonen des Menschenhasses und des Mißtrauens. Sie erzählt – weiß sie es selbst schon? – um ihrer Liebe willen. Und der König horcht zu, anfangs unruhig, aber dann allmählich ganz hingegeben, und der Dichter merkt es nun öfters an, daß er »begierig« und »ungeduldig« verlangt, sie möge weitersprechen. Immer mehr hängt er an diesen ihren Lippen, die er allnächtlich küßt, immer rettungsloser ist er gefangen, immer klarer wird ihm sein Wahn, und vielleicht fürchtet er nichts so sehr, als daß sie aufhören könnte, zu erzählen, denn diese Nächte sind zu schön.

Und auch Scheherezade weiß es wohl längst, daß sie aufhören könnte und würde ihres Lebens sicher sein. Aber auch sie will nicht aufhören, denn diese Nächte sind Liebesnächte, wo sie mit diesem seltsamen, starken tyrannischen und gequälten Menschen im Bett ruht, den sie gebändigt und geläutert fühlt durch ihre innere seelische Kraft. Sie erzählt weiter und weiter. Nicht mehr so sinnvoll, nicht mehr so klug, es wirbeln dumme und kuriose, seltsame und einfältige Geschichten bunt durcheinander, sie wiederholt sich, versäumt sich, und nirgends in den Erzählungen der letzten fünfhundert Nächte wird man mehr die klare Geschlossenheit, die sinnvolle Architektonik des ersten Halbtausends finden, dessen inneres Gesetz Gelber so prachtvoll in seiner Einheit aufzeigt. Diese letzten sind nur mehr erzählt um des Erzählens willen, um die Nächte zu füllen, die wunderbaren, weichen Liebesnächte des Orients, und erst wie ihre Erfindung versagt, wie ihr Herz nicht mehr weiter weiß oder will, in der tausendsten Nacht, schließt Scheherezade den Reigen. Mit einem Male tritt eine verwandelte Wirklichkeit in die traumhafte Welt. Drei Kinder stehen ihr zur Seite, die sie dem König in diesen drei Jahren geboren, und sie reicht sie ihm dar und fleht, er möge ihnen die Mutter erhalten. Und Scharyar hebt sie auf an sein Herz, von dem der Aussatz des Mißtrauens gefallen, er ist befreit von seinem

Wahn, wie sie von ihrem Bangen. Sie wird die Königin eines heitern, weisen und gerechten Königs, und die Schwester Dunyazad gibt der von der Enttäuschung Genesene dem enttäuschten Bruder zum Weib, damit auch dieser die Frau wieder achten lerne. Jubel durchrauscht das erlöste Land, und als ein Hymnus auf die Treue der Frauen, ihren Wert und ihre Liebe endet, was als ihre Schmähung und ihre Verhöhnung begann.

Wunderbar weit auseinandergespannt ist die Skala der Gefühle in dieser Tragödie des Namenlosen aus dem Morgenland, und nur in manchen Werken Shakespeares, bei denen Adolf Gelber auch so kühne und neuschöpferische Deutungen unternommen hat, findet sich ein ähnlich großartiger psychologischer und fast musikalisch klarer Übergang von tiefster Verzweiflung zu fesselloser, restloser Heiterkeit, wie in diesem verborgenen Drama von ›Tausendundeiner Nacht‹. Alle Elemente des menschlichen Herzens sind darin aufgewühlt, so wie im ›Sturm‹, die Wogen des Meeres und der Seele, und sind alle wiederum sanft geglättet wie dort der silberne Wasserspiegel der Heimfahrt. Alle Leichtigkeit des Märchens, alle Buntheit der Legende leuchtet darin auf, und doch ist zutiefst in dies bewegte Spiel das tiefe Drama des Blutes verflochten, der harte Kampf der Geschlechter um die Macht, der Kampf des Mannes um die Treue, der Kampf der Frau um die Liebe – ein unvergeßliches Drama, gestaltet von einem großen Dichter, dessen Name niemand weiß, und den uns zum erstenmal in seiner anonymen Größe gewiesen zu haben, das Verdienst dieses anregenden und bedeutsamen Werkes bleiben wird.

Einleitung zu einer zusammengefaßten Ausgabe von Jean-Jacques Rousseau's ›Emil oder Über die Erziehung‹

Eine Weltwende ist immer die rechte Stunde für Jean-Jacques Rousseau. Immer, wenn die soziale Ordnung umgeschüttelt wird, die tiefsten Probleme des gesellschaftlichen Zusammenhanges an die Oberfläche kommen, immer, wenn eine Zeit an die untersten Fundamente des Staates und des Menschen rührt, Traditionen zusammenstürzen, Gesetze ins Wanken geraten, dann wird er Bote und Berater. Denn er steht immer außerhalb der Zeit, außerhalb jeder Zeit, der ewige Anwalt der Rechte des Menschen, Zeuge eines unsichtbaren Gesetzes, das keine Gesellschaft ganz erfüllt und keine ganz verleugnet. Rousseau fängt immer ganz vom Anfang an und immer von außen her: seine Kraft ist wie die des Hebels außerhalb des Objekts tätig, nicht in der zeitlichen Epoche, sondern im ewigen Menschen. Und darum gilt er für alle Zeit. Denn er ist nicht Revolutionär gegen seine Generation, gegen seine Staatsordnung gewesen, sondern die ewige Auflehnung der Persönlichkeit gegen die Gemeinschaft, der ewige Anwalt des Menschen im Kampfe um seine Freiheit. Als den Vater der Menschenrechte hat ihn die Revolution auf den Schild gehoben, seinen Namen in den Reden des Konvents verewigt. Als den Zeuger der Anarchie hat die Reaktion seinen Leichnam aus dem Panthéon gerissen und die Reste seines Leibes in alle Winde zerstreut. Aber in jeder Weltwende ward sein Wort und sein Geist wieder lebendig.

Jean-Jacques Rousseau gehört in keine Zeit und in jede. In seinem achtzehnten Jahrhundert war er so fremd in den Salons des ancien régime, als er heute in einem Parlament oder in einer Redaktion wäre. Er sah die Probleme mit einem merkwürdig paradoxen, ganz eigentümlichen Blick: wie ein Naturmensch, wie jener Fremde aus den ›Lettres persanes‹ des Montesquieu. Er sprach über alle Dinge so, als hätte noch niemand von ihnen gesprochen. Ganz ohne Voraussetzungen, ohne Tradition, ohne Pietät, ganz so, als wäre er der erste Mensch in dieser Welt. Das war sein Erfolg. Und das ist sein ewiger Wert: daß er die wichtigsten Probleme des Menschen ganz zeitlos ansieht, und daß sie, mit ihm gesehen, ewig neu und unverbraucht wirken. Etwas von einem Urkind der Menschheit ist in ihm, etwas unverblühbar Naives, vermengt mit einer genialen Logik, – jene Zweiheit von wissender Kunst und naturhafter, fast tierisch nackter Menschlichkeit, die seine ›Confessions‹ zu dem erstaunlichsten psychologischen Dokument aller Zeiten macht. Unklar, ungebildet, unreif, dilettantisch und immer genial hat er eine Revolution geschaffen, überall wo er anfing: in der Literatur, in der Psychologie, in der Kultur, im Staate. Er hat Ländern wie Amerika und Polen Konstitutionen gegeben, Rednern wie Mirabeau und Robespierre ihre Argumente, den Philosophen von Kant bis Karl Marx ihre Thesen, Dichtern wie Goethe ihre prosaische Form – durch zwei Jahrhunderte hat er gewirkt und in steter Verwandlung. Und beginnt neu in jeder Zeit, wo der Mensch sich auf sich selbst besinnt, und die Probleme der Gemeinschaft wieder einmal sich verwandelt zu formen beginnen.

Zeitlos ist sein Werk. Nicht seine Werke. Seine Postulate sind zum Teil überholt durch ihre Erfüllungen, zum Teil veraltet in ihren Forderungen. Manches, das richtig war, ist heute schon selbstverständlich. Manches, das falsch war, als unbrauchbar beiseite gelegt. Der ›Contrat social‹, der ›Discours sur l'inégalité‹ sind historische Manifestationen, nicht mehr lebendige Bücher. Ihre Ideen sind in den modernen Staat eingemauert und unsichtbar wie der Grundstein in jedem Gebäude. Seine politischen und religiösen Polemiken sind vergessen, seine Opern Kuriositäten ohne Rang und Wert. Nur Kunstwerke bleiben über ihre Zeit: sie können nicht überbaut werden wie ein Grundstein vom Hause. Sie bleiben als Monumente, freiragend und allein, vor dem Horizont der Ewigkeit, oder sie sinken in die Erde der Vergessenheit.

Nur Rousseaus Kunstwerke sind uns geblieben. Die ›Confessions‹, dieses unsterbliche Dokument der Dichtung und Wahrheit, und seine zwei Romane, der pädagogische ›Emile‹ und der sentimentalische ›Die neue Heloise‹. Beide haben sie einmal die Welt erschüttert. Beide Revolutionen des Geistes und des Gefühls verursacht (immer schuf dieser erstaunliche Mensch Revolution, wenn er zur Feder griff). Ein Jahrhundert war trunken von ihnen, sie werden Vorbild unzähliger Schöpfungen – ›Werther‹ ist nicht denkbar ohne die ›Neue Heloise‹ und ›Wilhelm Meister‹ nicht ohne ›Emile‹ – Byron, Madame de Staël, die ganze Generation der Romantik suchen zärtlich und gerührt an den Ufern des Genfersees die Spuren der erfundenen Gestalten in der Landschaft. Nicht nur eine neue Literatur, auch ein neues Gefühl der Liebe, der Natur, des Empfindens beginnt mit diesen beiden Romanen, von deren beispielloser Wirkung auf ihre Zeit wir uns kaum mehr eine Vorstellung machen können.

Und auf die unsere? Welcher von beiden hat noch Wert für unsere Welt? Die ›Neue Heloise‹ ist ein Roman der Liebe, Roman des Gefühls. ›Emile‹ der Roman der Erziehung, ein Buch der Ideen. Nun meint man, das Gefühl sei das dauerhafte durch die Zeiten, die Ideen das vergängliche. Nichts ist falscher. Keine Idee stirbt ab: sie wird manchmal gleichgültig für eine Zeit, aber sie bleibt bestehen wie Kristall. Die Gefühle aber – oder besser: die Formen des Gefühls – welken ab und verblühen. Wir können den Geist einer vergangenen Epoche verstehen, nie ihr Gefühl. Die ›Neue Heloise‹, der Roman der »schönen Seelen«, ist uns heute unendlich fremd: nichts in uns spricht aus dem Sentimentalismus dieser schwülstigen Briefe, selbst die Landschaft wirkt tot auf uns oder falsch, wie die eines Claude Lorrain oder eines Poussin. Das Schäferhafte, das Larmoyante, das Süßpathetische ihrer Menschlichkeit wird heute selbst einer modernen Sentimentalen, der Urenkelin des Gefühls jener Frauen, langweilig und preziös erscheinen. Die Seele verwandelt sich eben in zwei Jahrhunderten mehr als wir wissen: nur an solchen Büchern werden wir es recht gewahr.

›Emile‹ dagegen ist ein Roman der Ideen. Ideen einer Epoche können der nächsten falsch erscheinen, aber nie werden sie ganz fremd, ja in einem geheimnisvollen Rhythmus von Ebbe und Flut strömen die eben abgestoßenen wieder uns zu, das Abgelebte von gestern wird die Wahrheit von morgen. Und in ›Emile‹ ist viel vergangene Wahrheit, viel zukünftige. Und viel ewig gegenwärtige, weil es ein Buch vom irdischen Menschen inmitten von ewigen Dingen ist.

Schwer faßlich, ja unfaßbar ist freilich für uns von heute die explosive Wirkung dieses ernsten weiten Werkes in seine Zeit. Im Hause einer Marschallin von Frankreich geschrieben, wird es heimlich gedruckt; kaum 1762 erschienen, erläßt die Regierung einen Haftbefehl gegen den Autor, dem sich Rousseau mit knapper Not durch Flucht in die Schweiz entzieht. Das Buch wird öffentlich an der Stufe des »grand palais« verbrannt, in Genf erneuert der Rat den Beschluß, und eine Republik, die Genfer, geht darüber in Trümmer, eine andere, die nordamerikanische, ersteht aus seinen Lehrsätzen. Ein König setzt sich an den Schreibtisch, eine Entgegnung, den ›Anti-Emile‹, zu verfassen, Immanuel Kant in Königsberg vergißt über der Lektüre seit vierzig Jahren zum erstenmal seinen täglichen Spaziergang zu machen. In Motiers schlagen die Bauern mit Steinen Rousseau die Fenster ein, und Herzoginnen in Frankreich vergießen Tränen der Rührung und beginnen, ihre Kinder wieder selbst zu stillen. In Aufruhr gerät die ganze literarische Welt, die Mode des Lebens wird eine andere, Königinnen kehren »zur Natur zurück«, spielen Schäferinnen in den Trianons, und gleichzeitig diktiert dies Buch ihren zukünftigen Anklägern, dem Konvent, die Reden und Tiraden. Wie jedes seiner Bücher ist dieser ›Emile‹ geschriebene Revolution, Umsturz des Denkens, der Sitte, des Glaubens.

Mit wohlverständlicher Neugier suchen wir heute die Explosivstoffe in diesem Kunstwerk. Und finden sie nicht. Für uns ist ›Emile‹ in seiner ungekürzten Form ein sehr langwieriges, umständliches, pädagogisch-philosophisches Werk, das oft entzückt, oft erstaunt, aber niemals revoltiert. Paradox schon durch die Tatsache, daß ein Mensch, der selbst nie Ordnung in sein Leben bringen konnte, nie in einen Beruf sich fand, die erstaunlichsten Theorien der Erziehung mit verführerischer Logik predigt, daß ein Vater, der seine fünf Kinder im Pariser Findelhaus ablegte und dem Zufall für immer überließ, die Sorgfalt für die Jugend als wesentliche Pflicht des Menschen statuiert. Paradox auch im einzelnen Argument, aber doch blendend in seiner Verwegenheit und ein Meisterwerk der Pädagogie.

Aber die Pädagogik, sie ist im letzten nur Maske. Dieses Buch handelt nicht vom Kinde, sondern vom ganzen Menschen. Es scheint nur den Anfang des Lebens zu behandeln, geht aber an den Anfang (und damit an die Wurzel) aller Probleme. Es ist die Auseinandersetzung jedes einzelnen mit der Welt. Des Kindes mit Eltern und Erziehern. Des herangewachsenen Bürgers mit dem Staat, den geschriebenen und ungeschriebenen Gesetzen. Und – in dem »Savoyardischen Geistlichen«, dem Kronstück des Werkes – die Auseinandersetzung des Menschen mit seinem Gott. Nicht mit Gott, sondern mit seinem Gott. Denn hier ist zum erstenmal dem Menschen mit all den Rechten der Freiheit, die Rousseau ihm zuspricht, auch dieses Recht gegeben: sich seinen Gott frei zu schaffen.

Bei Rousseau fängt die Welt immer noch einmal an. Pietätlos, wunderbar außenseitig denkt er, als habe noch nie vor ihm ein Mensch gedacht. Vor ihm gab es ein Denken aus Klassen und Ständen, aus Maximen, Religionen und Traditionen, bei ihm denkt der Urmensch, der von der Gesittung freie Mensch, über die Sitte nach. Der Uhrmachersohn aus dem Armenviertel von Genf nimmt das ganze Gehäuse der Gesellschaft auseinander. Er stürzt alle Probleme um, daß ihre Fundamente offen liegen: es ist fundamentales Betrachten und darum außerzeitliches, gültig für jede Epoche und – wie ich schon sagte – besonders für jene, wo ein moralisches Erdbeben die Gebäude der Kultur erschüttert. ›Emile‹ ist eine Apologie des Rechtes, der »Menschenrechte«, die später sein Staat zum Gesetz erhoben hat und die jede Zeit aus sich selbst heraus revidieren muß, weil sie immer durch die Sitte sich versteinern, ihre feurigflüssige Form verlieren. Wie er dem Säugling die Freiheit der Bewegung zuerkennt und die Wickeln verurteilt, die ihn umschnüren, so erkennt er dem Bürger jede Freiheit gegen jede Beschränkung zu: als erster hat er seit den Griechen die Schwierigkeit neu entdeckt, die in einer Vereinigung der Pflichten des Bürgers (des sozialen Menschen) mit den Rechten der Persönlichkeit (des freien Menschen) bestehen. Alles, was er über diese Dinge sagt, insbesondere die Erschwerung dieser Beziehung durch die Kriegszeit ist wie für unsere Stunde geschrieben: das Utopische seines Verlangens überschreitet jede Realisierung, und macht es dadurch ewig zielhaft. Gewisse Forderungen, vor denen der bürgerlich disziplinierte Intellekt heute in allen Staaten zurückschreckt, hier stehen sie nackt und klar; und der Traum dieser Tage, die Vereinigung Europas zu einem friedlich-freien Völkerbunde, hier ist er statuiert. Selten war ein ewiges Buch so gerecht in einer Zeit als dieses in dieser Stunde. Eine Rückkehr zur Natur des Denkens ist darin, zum Anfang unserer Freiheit und unserer Rechte: und da eine neue Welt wieder beginnt, wird sie dieses Buch nicht entbehren können.

Daneben ist viel Abgestorbenes in diesem ewigen Buche des ersten »citoyen du monde«, und um es lebendig zu erhalten, mußte manches ausgeschieden werden, seine für uns unerträgliche Breite und abschweifende Redseligkeit auf ein neues Maß zurückgeführt werden. Dies wurde hier versucht, und zwar in dem Sinne, daß einerseits unterdrückt wurde, was für unsere vorgeschrittene Kenntnis, unsere lebendige Sitte selbstverständlich, andererseits, was von unserer neuen Forschung als unhaltbar erkannt wurde. So daß nur übrigblieb, was immer giltige psychologische Erkenntnis und ewig giltige Forderung ist. Wer diese komprimierte Fassung liest, soll das sichere Gefühl haben, den ›Emile‹ ganz zu kennen, ohne die – wirklich kaum erträgliche – Mühe, ihn in seiner weitschweifigen Gänze durchgeackert zu haben. Das Romanhafte, das spät beginnt, ist im wesentlichen gewahrt geblieben, ebenso das grandiose Persönlichkeitsbekenntnis des »Savoyardischen Pfarrers«. Im wesentlichen wurden die Exkursionen in das pädagogische Detail verkürzt, manche Arabeske und logischer Rösselsprung unterdrückt. Das Ewige eines zeitlichen Werkes ist immer nur zu retten, wenn man die Zeit und ihre Polemik ausscheidet und allgemeingültig macht, was allen gilt. Soll es unserer Epoche die höhere Erziehung geben, so muß es vom Anfang des Anfangs beginnen, der innen im Menschen anhebt, und der nicht im Bürger endet, sondern wieder im Menschen: in dem freien Menschen.

Stendhals deutsche Wiederkehr

»Ich werde um 1900 berühmt sein« – bis auf das Jahrzehnt richtig hat der Exauditor und ehemalige Kavallerieoffizier Henri Beyle, genannt Stendhal, sich das Horoskop seines Erfolges aus Verzweiflung über die Gleichgültigkeit seiner Zeitgenossen gestellt. Zwar Goethe respektierte ihn noch, freilich ebenso wie Byron nur als amüsanten, geistreichen Konversationsmenschen, aber nach diesem kurzen literarischen Intermezzo bei dem Gewaltigsten wird der erste psychologische Romanschriftsteller der Franzosen so gründlich bei uns vergessen, daß durch Jahre in der Neuausgabe der ›Gespräche Goethes‹ mit dem Kanzler Müller »Stendel« statt »Stendhal« gedruckt bleibt und kein Teufel und keine Gelehrtenseele sich bekümmerte, diese impertinente Ahnungslosigkeit zu berichtigen.

Erst um 1880 herum hat er wieder einen guten Leser in Deutschland. Friedrich Nietzsche, der, wie er erzählt, die beiden Romane 60 oder 70mal gelesen hätte und der ihm nur Dostojewski in der Psychologie überlegen hält. Sein starker Fanfarenstoß weckt die Literaten wieder zum Gedächtnis auf. Und prompt zu Anfang des Jahrhunderts – welch ein Meister seines Schicksalshoroskops! – erscheint die erste, heute längst vergriffene Gesamtausgabe bei Diederichs. Heute eröffnen von drei Seiten drei Verleger ein Kreuzfeuer, die Propyläen-Ausgabe, die Insel und Georg Müller, indes in Paris der Verleger Champion die große Monumental-Edition vorbereitet, die freilich noch das Schock Manuskript-Bände in der Bibliothek von Grenoble wird durchackern müssen.

Das resignierte Motto, das er damals vor den Titel seiner Romane stellte, »To the happy few« (»Den Wenigen Erlesenen«, wie ich es übersetzen möchte im Gegensatz zu dem sonst so feinfühligen Arthur Schurig, der das ganz sinnlos »Den Wenigen Glücklichen« verwörtlicht) – dieses Motto gilt also heute, gilt 1921 nicht mehr. In allen Bibliotheken, in allen Sprachen, sind seine beiden besten Romane und der Traktat ›Von der Liebe‹ verbreitet, andererseits ist es auch heute nur ein engster Kreis, der dem spielhaften, unruhigen, halb scham-, halb charlatanhaften Charakter des romantischen Psychologen oder psychologischen Romantikers wirklich seelisch nahe gekommen ist. Ein paar Dutzend sind's in ganz Europa, und nichts bleibt charakteristischer für diese Fanatiker Stendhals, als daß sie statt schön brav einen Verein oder einen Klub, einen geheimnisvollen Stendhal-Bund gegründet haben, der halb Phantom und halb Realität, undurchdringlich und unfaßbar wie sein Protagonist die Getreuen freimaurerisch vereinte, um Jahr für Jahr ein neues Buch mit irgendeinem neuen Lebensdokument den »happy few« zu bescheren. Wer, wie und wo dieser Klub war, konnte ich auch in Paris nie recht in Erfahrung bringen; ein Pole, Kasimir Stryenski, war sein Präsident, und von den deutschen Initiatoren war der Fleißigste, der Tüchtigste, der Leidenschaftlichste Arthur Schurig, dessen unermüdlichem Eifer (bei größter Geistigkeit) wir kostbare Arbeiten danken. Eine vollendete runde Biographie hat freilich auch dieser beste Lebenskenner noch nicht gegeben, denn wie weit ist man bei dem Lebenslabyrinth Stendhals noch vom Ausgang! Da gibt es Masken hinter Masken, Schleichwege und falsche Fährten, einen ganzen Karneval von Kostümen, hinter denen Stendhal, ein Fregoli der Verwandlung, sich selbst und seine geliebten Figuren verbirgt. Nichts ist sicher, nichts ist gewiß in seinen Dokumenten; schreibt er ein Datum auf ein Manuskript, so kann man wetten, daß es ein falsches ist, um irgendeinen imaginären Forscher irrezuführen, nennt er eine Ortschaft, meint er eine andre, selbst auf seinem Grabstein läßt er statt seiner Geburtsstadt Grenoble Mailand nennen. Er zählt immer nach dem Hexeneinmaleins: so ist jeder Brief, jedes Dokument, jedes Buch (mit allen seinen Entlehnungen) eine Charade, die aufzulösen der ewige Reiz für die Stendhal-Forscher gewesen und geblieben ist.

Bei einem solchen verwegenen Maskenspieler wie Stendhal gibt es darum auch gar nichts, das man von vornherein als authentisch unbesehen hinnehmen könnte, selbst in den zahlreichen Fragmenten von Autobiographien, in den Briefen und Tagebüchern: denn trotz aller Offenheit und Unbarmherzigkeit gegen sich selbst ist Stendhal zu launisch, um »dauernd wahr bleiben zu können«. Seine Beichten sind nur intermittierend aufrichtig. Auch als Psychologe ist er zu dilettantisch im Sinne des italienischen »dilettante«, eines, der die Kunst einzig zum Vergnügen und nicht als Gewissenspflicht betreibt. Was in seinen Konfidenzen ein Bericht so sorglos ausplaudert, verbirgt und verwirrt der nächste wieder in bewußter Entstellung. Darum war es ein ausgezeichneter Gedanke von Arthur Schurig, alle verschiedenen Fragmente der Selbstdarstellung Stendhals (mit Ausnahme jener in Romanen), sowie auch die wichtigsten Dokumente aus seiner Freundschaftswelt in übersichtlichem Nebeneinander zu einem Buche ›Das Leben eines Sonderlings‹ (Insel-Verlag, Leipzig) zusammenzustellen, einer Biographie, die also gar nicht die Prätention hat, eine zu sein und doch hundertmal amüsanter, aufschlußreicher und wahrer in ihrem Anekdotismus wirkt, als die berühmte dicke des Historikers Arthur Chuquet, die immer nur im Äußeren hängenbleibt. Mit ganz ausgezeichnetem Geschick ist hier alles gewählt, was Stendhal je zu seiner Selbstkenntnis geäußert hatte, und daß dies nicht wenig war, mag man von einem Menschen getrost erwarten, der in seinem Testamente ursprünglich einen »Stendhalpreis für Seelenforschung« hinterließ, dem dann jährlich eine Medaille mit »Nosce te ipsum« beigefügt werden sollte. Selbsterkenntnis, Selbstbeobachtung, war im wesentlichen die einzige Lust und bis zum Laster getriebene Leidenschaft des sonst nur lässig durch die Welt Flanierenden. Literatur, Erfolg, Kunst interessierten ihn nicht, einzig er selbst und der Reflex aller Dinge auf ihn, den »Egotisten«, wie er sich nannte. Und aus diesen Reflexen, aus unzähligen kleinen Äußerungen ist hier psychologisch ein ganz scharfes und unvergeßliches Bild zusammengesetzt, unentbehrlich für alle Stendhal-Verehrer und noch mehr für alle jene, die es erst werden wollen.

Gleichzeitig mit diesem seinem schönsten Roman, dem Roman seines Lebens, kündigen sich in schöner Konkurrenz drei deutsche Ausgaben an, die des Propyläen-Verlags, geleitet von Oppeln-Bronikowski, die der Insel in der Romanbibliothek, übertragen von Schurig und anderen, und die dritte bei Georg Müller, herausgegeben von Franz Blei und Wilhelm Weigand. Alle drei halten sie vorläufig ungefähr gleich weiten Schritt, ich persönlich möchte bisher der Propyläenausgabe den Vorzug geben wegen ihrer zauberhaften Ausstattung, des reizenden Einbands, des guten Drucks, des angenehmen Formats, der trefflichen Übertragung von Arthur Schurig und Friedrich Oppeln-Bronikowski, diesen beiden wohlbewährten und gerade im Falle Stendhal besonders verdienten Übersetzern. Auch die Übertragung bei Georg Müller von Rudolf Lewy und Erwin Rieger scheint, so flüchtig ich sie auch nur vergleichen konnte, durchaus Niveau zu halten: Aus drei Spiegeln leuchten die romantischen Gestalten in unsere Zeit und so könnte sich der kühne Lotteriespieler von Civitavecchia, der seinerzeit schrieb: »Meine Bücher betrachte ich als Lotterielose, ich schätze sie erst, wenn sie um 1900 neu gedruckt werden«, glücklicher Erfüllung verwegenen Satzes zum mindesten in Deutschland rühmen, wo er gleich eine Terne, eine dreifache Ausgabe, in dem Spiel um die Unsterblichkeit gewonnen hat.

Anmerkungen zu Balzac

Eine sehr löbliche Tat ist zu vermelden. Ein junger Verlag Franz Ledermann hat sich an ein schweres Werk gewagt, an eine Übertragung Honoré de Balzacs, des Napoleons der französischen Literatur. Vorläufig ist die Ausgabe auf zehn Bände geplant, damit aber schon die gute Idee vom künstlerischen Standpunkte aus verfahren (hoffentlich nicht auch vom buchhändlerischen). Denn das Werk Balzacs ist kein Konglomerat, sondern ein Komplex. Balzac durch zehn Bände vertreten zu lassen, das ist ein so fadenscheiniges und doch prätentiöses Beginnen, als wollte man über Balzac definitiv in einem Essay sprechen, über ihn, der Anfang und Ende, Ausgang und Rückkehr nicht nur der französischen Romanliteratur ist. Über ihn, für den ein Buch kaum genügte. Was man bei solchem Anlaß über ihn sagen darf, können nur Anmerkungen sein, gewissermaßen an den Rand seiner Werke hingeschrieben, Ausrufungszeichen und Interjektionen und ab und zu ein bescheidenes Fragezeichen. Aber immer nur etwas Fragmentarisches, Losgelöstes – Anmerkungen, Impressionen. Wie könnte man gründlich sein wollen gegenüber einem Unergründlichen!

Vor allem, womit sollte man Balzac in zehn Bänden dem deutschen Publikum vorstellen? Mit den Meisterwerken natürlich! Nun ist aber dies peinlich, daß Balzac – außer dem Meisterwerke seines Lebens, den siebenundachtzig Bänden seines Gesamtwerkes – kein Meisterwerk geschaffen hat. Ein, zweimal vielleicht, in ganz kurzen Novellen – ›Une passion dans le desert‹ und einigen der ›Contes drolatiques‹ – ist er der Vollendung nahegekommen, in jenen engen Grenzen, wo sich seine verstiegene Architektonik nicht ausleben konnte und er wie spielend kleine Bijous formte. Alle anderen Werke hat sein glühendes Temperament vernichtet, jene fieberhafte Schaffensglut, die ihn oft achtzehn Stunden ununterbrochen mit halluzinativ überhitztem Gehirn am Schreibtisch arbeiten ließ. Nahrung nahm er in solchen Tagen kaum zu sich und nur das Stigma eines dampfenden schwarzen Kaffees feuerte den Kessel seiner Schaffenswut. Alle seine Romane haben ein wunderbares Fundament, breite sorgfältig behauene Quadern wie die Florentiner Paläste. Ein Riesenbau will aufwärts streben. Die Gestalten sind minutiös beschrieben, die Situationen werden mit überlegener Ruhe gestellt und die Schicksale bewegen sich in sicherem Gang gegeneinander. Aber wilder wird ihr Drängen, je näher sie sich treten. Zu einem dichten Knäuel wühlen sie sich zusammen, fiebrige Verwirrung stößt diesen Ballen hin und her, bis die ermüdete Faust des Dichters sie mit einem letzten verzweifelten Schlag auseinanderschlägt. Der Beginn ist Kunst, das Ende Kolportage. Der Dichter Balzac setzt ein, der von Schuldnern gehetzte, unruhige Schriftsteller Balzac macht um jeden Preis ein Ende, um den Roman dem Verleger abgeben zu können. Wie ein Weber knüpft er sorgfältig die Fäden zusammen, wie ein hitziger Schuljunge zerreißt er den Knäuel. Ich habe nur einmal in der Nationalbibliothek in Paris ein Manuskript von Balzac zur Hand genommen und selbst in den Schriftzügen die Bestätigung gefunden. Der Anfang des Romanes hat feine, ruhige, beinahe klare Lettern – soweit dies bei Balzacs zierlicher Frauenschrift möglich war –, der Schluß aber hastet schief und krumm durch den Spreu von Klecksen unwillig zu Ende. Wie immer im Talente tränkt die Quelle der größten Vorzüge auch die geheime Kraft der Fehler. Bei Balzac war es das Temperament, dieser Vulkan von Glut, der Licht und Feuer über den erschreckten Himmel gießend mit wunderbarer Schönheit die Gegend erhellt, um sie im nächsten Augenblicke unter starrer Lavaflut zu begraben.

Und noch ein Grund, weshalb eine Auswahl von Balzacs Romanen immer fragmentarisch wirken muß. Alle seine Werke fast – die ›Comédie humaine‹ – sind so ineinander verkettet, daß sie sich nur durch einander ganz erklären. Balzac war wie alle, die sich mühten, das Leben in seiner höchsten Fülle darzustellen, kein Schilderer, sondern ein Vereinfacher des Lebens. Er komprimiert vorerst die ganze Welt in Paris. Dann die Gesellschaft in drei Salons. Und die ganze Menschheit in ein paar Typen, in gleichsam versteinerte Formen abstrakter Eigenschaften. Er, der reichste Schöpfer des modernen Romanes, verschwendete sich nicht an die unwichtige Einzelerscheinung, sondern löste hundert Menschen, die er kannte und die sich in einem gewissen Sinn ähnlich waren, in das Prototyp auf. Er braucht nicht viele Ärzte: überall, wo ein Gelehrter nötig ist, erscheint Bianchon, bald als Student, bald als Professor, als Causeur. So ist Rastignac in jedem seiner Romane der Aristokrat des Salons, Canalis der Dichter, Lucien de Rubempré der Journalist – dieselben Menschen begegnen sich auf den Schwellen aller seiner Romane. Nur daß jeder Typ in jedem Romane wieder nur Bruchstück ist. Wer versteht Rastignac in den ›Illusions perdues‹, den utilitaristischen rücksichtslosen Gecken ohne Gemüt, den Arrivé, wenn er nicht sah, wie Rastignac, der junge Student, gläubig, gutmütig, ehrlich nach Paris (id est – in die Welt) trat und erst in der Tragödie des ›Père Goriot‹ lernte, daß man »Männer und Frauen nicht anders bewerten dürfe als ein paar Postpferde, die man eventuell an der nächsten Relaisstelle krepieren läßt, nur um rascher zum Ziel zu kommen«. Balzacs Gestalten erschöpfen sich nicht in einem Roman, wie etwa in unseren neueren deutschen Romanen, die den Helden aus den Händen der Hebamme bis ins Grab tragen. Sein Entwicklungsroman ist die ›Comédie humaine‹, das Werk mit zwanzig Bänden und sein Held nicht einer der Menschen, sondern das Leben, das sie gegeneinander wirft. Und da keiner das Leben zu Ende dichtet, muß jedes Epos, das sich an ihm versucht, Torso bleiben, Fragment aus tausend Fragmenten.

Was sind nun diese Menschen des Balzac? Sind sie Schemen oder Gestalten, Charaktere oder nur Typen? Gleich sind sie sich nur in einer Fraktur: in der Leidenschaft. Balzac interessierten nur bewegte Schicksale, intensive Merkmale. Details, so peinlich er sie auch empfand, waren ihm nur Farben auf der Palette, Instrument, nicht Melodie. Flaue Menschen hat er nie geliebt. Er, der – in der ›Histoire de treize‹ glaube ich – jeder Gasse eine menschliche Physiognomie unterschiebt, der in einem Hause einen Charakter, in einem Tiere eine Spezies entdeckte, liebte es, jeden Menschen markant, und zwar einseitig markant, zu sehen, in seiner Leidenschaft. Ehe die Menschen in seine Bücher treten, sind sie fast alle gleich, schwärmerische, zarte, idealische Dinge aus weichem Stoff. Nun nimmt er sie in die Faust. Um jeden legt er ein Schicksal, das ihm seine Leidenschaft formt. Und wie sie sich nun in den Salons, in den Straßen, in der Arena des Lebens begegnen, sind sie sich fremd, sie wühlen gegeneinander und werden sich selbst Schicksal. Von diesen Leidenschaften ist aber die Liebe nur eine und nicht die stärkste. Ist die Gier, mit der im ›Cousin Pons‹ die beiden Gestalten ihre Gemälde sammeln, nicht so heftig, wie jene wahnwitzige Liebe des alten Baron Uncingen, der sein Vermögen an eine Dirne verschwendet? Ist der Wahn des Erfinders, der Baltasar Claes vernichtet, nicht so urgewaltig wie die Kindesliebe des Père Goriot, der sein Leben seinen Töchtern verschreibt? Und der Haß gegen die Gesellschaft Vautrins, des Galeerensträflings, der in zwanzig Masken durch die Bücher Balzacs geht, die Eitelkeit Rastignacs, die Niedertracht Delphines, der Geiz Madame Vaugners, die Güte Schnuches – sind sie sich nicht ähnlich in der Glut ihrer Leidenschaft, wie geschmolzene Metalle? Von allen Dichtern hat keiner die formende Gewalt des Schicksals mehr betont als Balzac, keiner mehr die Theorie der angeborenen Leidenschaften verworfen. Die Dämonie der Leidenschaft ist es allein, die Tragik erzeugt, Leidenschaft aber, die so stark ist, daß sie alle Geschwister ihres Gefühls so rücksichtslos erdrosselt, wie Bonaparte die tüchtigen Generäle an seiner Seite zerschmetterte, um Napoleon zu werden. Da aber solche übermäßige Leidenschaft kein Gleichgewicht duldet, so entsteht auf der Fläche, die gewissermaßen die Szene des Romans darstellt, ein jähes Gleiten nach abwärts, eine Katastrophe. Fast alle Romane Balzacs enden in Katastrophen, in jähen, mit aller Skrupellosigkeit des äußeren Motivs herbeigeführten Abstürzen.

Eine bunte Armee, die Gestalten Balzacs. Der Galeerensträfling neben dem Roué, der Gelehrte neben dem Concierge, der Offizier neben dem Gesellschaftsstreber – alle gehen sie den gleichen Weg, ohne Parole, ohne Ziel. Die Menschen Balzacs kommen nach Paris – in die Welt. Eines Abends sehen sie ein Palais im Glanz, ein elegantes Phaëton, das, eine träumerische schöne Dame tragend, gegen den Bois lenkt. Und alle haben sie den gleichen Gedanken: für dich dieses Haus, diese Frau, Paris, die Welt! Alle seine Helden wollen die Welt erobern. Und nun gehen sie hartnäckig ihren Weg. Der durch den Seziersaal, jahrelang in Studien sich verwühlend, der andere durch das Schlafzimmer einer schönen Kokotte, der dritte durch die Schlachten, der vierte durch die Salons, der fünfte sucht den Stein der Weisen. Einer, zwei vielleicht – Rastignac der skrupellose Streber – gelangen hin, die anderen stürzen ab, zerbrechen aneinander, am Leben. Das sind die Tragödien des Balzac. Dadurch, daß er alle Möglichkeiten menschlicher Tätigkeiten und Charaktereigenheiten mit einer bisher nicht wieder erreichten Exaktheit gegen ein Ziel gewendet hat, ist es ihm wirklich gelungen, wie Taine in seinem berühmten Essay sagt, »mit Shakespeare und St. Simon das größte Magazin menschlicher Dokumente zu vereinigen«. Es ist eine Arbeit, die kaum ihresgleichen in der Weltliteratur hat. Aber Honoré de Balzac hatte unter das Bild Napoleons die Worte geschrieben: »Ce qu'il n'a pu achever par l'épée, je l'accomplirai par la plume.«

Einen Blick zwischendurch auf das Leben Balzacs. Wie hat dieser Dichter sich eine so ungeheure Kenntnis der Menschen und des Lebens aneignen können? Die Wirklichkeit verwirrt dieses Rätsel noch mehr, statt es zu erklären. Er hat das Leben kaum gekannt, nur zwei, drei Jahre sich in der Welt umgesehen. In einer Dachkammer schreibt er in seinen jungen Jahren Meisterwerke. Dann faßt ihn das Fieber nach dem Geld, denn für ihn war Geld das Leben; er hatte in sich die Fähigkeiten, Millionen zu erwerben und noch mehr, sie zu verschwenden. Seine Druckerei, seine Spekulationen ruinieren ihn. Schulden haften wie Blei an ihm. Da beginnt er wieder zu schreiben, fieberhaft, Tag und Nacht. Aber die Schulden bleiben. Geld, Geld, Geld – immer der gleiche Gedanke. Um Mitternacht steht er auf und schuftet bis wieder in die Nacht hinein, ist berühmt, ohne es recht zu merken. Phantastische Projekte, wie sie nur die Helden seiner Romane haben, verlocken ihn von Zeit zu Zeit. Er will die sardinischen Minen, die seit den Römerzeiten verlassen sind, in Betrieb setzen, er plant einen großen Börsenwurf, versucht zu entdecken – aber von alledem bleiben immer nur Schulden. Das Manuskript ist verkauft, ehe es noch beschrieben ist: er hetzt es herunter, um ein neues zu beginnen. Endlich birst die überhitzte Maschine, viel zu früh bricht der Kolaß zusammen, ohne je Zeit gehabt zu haben, ein Werk nach seinem Willen zu schaffen.

Er hat also fast gar nichts erlebt. Selbst die Liebesverhältnisse, die er hatte, waren mehr Literatur als Leben. Sie alle knüpften sich an eine vorausgegangene Korrespondenz; Balzac, der größte Illusionist der modernen Schriftsteller, konnte sich die Frau ebenso erträumen, wie er in den Vermögen seiner Helden wühlte, wie er in seinen Büchern Paris unzähligemal eroberte. Sicherlich hatte er einen geradezu sinnlichen Reiz, wenn er das Wort »Hunderttausend Livres Rente« hinschrieb, etwa wie ihn ein Gymnasiast erlebt, wenn er das Wort Liebe in seinen Gedichten stammelt. Abgeschieden von der Wirklichkeit, fiebernd an seinem Schreibtisch mußten seine Personen, mit denen er schaffend zusammenlebte, für ihn Wirklichkeit werden. Es ist jene künstlerische Halluzination, die der pathologischen so nahe ist – Flaubert hat darüber einen unvergänglichen Brief als Antwort auf Taines Enquête geschrieben – jene Halluzination, die allein den Dichter zur Plastik befähigt, weil sie ihn nicht aus Begriffen, sondern aus für ihn reellen Gestalten formen läßt. Taine schreibt sehr treffend über diesen Zustand ein paar Zeilen, die fast anmuten, als hätte er noch Machs Analyse der Empfindungen lesen können. »Les êtres imaginaires ne naissent, n'existent et n'agissent qu'aux mêmes conditions que les êtres réels. Ils naissent de l'agglomeration systématique d'une infinité des causes.« Sie haben also eigentlich, wenn sie suggestiv sind, den gleichen Wirklichkeitswert wie die tatsächliche Erscheinung. Dies allein kann das Leben des Balzac erklären. Nur dadurch, daß sich dieser lebenshungrige, vom Willen nach Macht beinahe verwirrte Mensch jenseits des Lebens eigene Welten schuf und seiner eigenen Schöpfungen Glück und Unglück in den furchtbarsten Erschütterungen mitlebte, war sein Leben erfüllt, seine Leidenschaften gelöst.

Vom äußeren Leben hat er vehement nur die eine Tatsache empfunden: daß er verschuldet war. Daran dachte er in dem Augenblicke, wo er ein Blatt beschrieb, rechnete noch im Entstehen sein Schaffen schon in Francs um; so ist es nicht verwunderlich, wenn diese Idee des Geldes auch seine Helden und Bücher beherrscht. Damit hat Balzac dem modernen Roman eine neue Welt eröffnet. In großen Epopöen und in kleinen, wie ein Blitzlicht hinhuschenden Augenblicken hat er die Gefühle gefaßt, die ans Geld geklammert sind als an das Symbol des Besitzes. Zum erstenmal finden die materialistischen Gefühle ihren Dichter: Balzac weist nach, daß es für einen jungen Mann gleich schmerzlich ist, einer Dame einen Wagen verweigern zu müssen, weil man keine fünf Francs in der Tasche hat, als ihn zu verweigern aus Eifersucht, aus Trotz, aus Eitelkeit oder irgendwelchem abstrakten Motiv. Alle seine Helden rechnen. Sie wissen, was sie das kostet, ihren Engel zu sehen: eine Schneiderrechnung, die ihr Jahreseinkommen übersteigt, einen Wagen, eine Rose, ein elegantes Hemd, ein Trinkgeld an den Diener. Sie wissen, was es für eine Katastrophe ist, in eine vornehme Loge eingeladen zu sein und einen alten Frack zu haben. Dies beschäftigt sie mindestens so wie ihre verliebten Sorgen, und mit der Schilderung dieser peinlichen Tragödien hat Balzac eine unendliche Fülle von Wahrheit und Lebensstoff dem modernen Roman zugeführt. Diese kleinen Episoden – Erinnerungen aus seiner eigenen

Jugend vielleicht – reizen ihn jedoch nur. Aber Balzac berauscht sich in der Darstellung der großen Börsenoperationen, die mit einem unsäglichen Raffinement ausgedacht sind (man vergleiche nur als Gegenbeispiel die kindische Art, mit der der Graf von Monte Christo im ungefähr gleichzeitigen Roman des Dumas père 300 000 Francs gewinnt). Wie Armeelieferanten, Bäcker, Bürokraten, Spekulanten in den Umsturzzeiten der Revolution bis zur Restauration sich Vermögen schaffen, wie die Arrivisten es den Besitzern wieder entreißen, dieses gierige blinkende Auf und Ab des Geldes, dieses Einströmen und Zerrinnen hat Balzac geradezu mit wollüstiger Glut geschildert; ganz verwirrt oft von dem Gedanken der Unerschöpflichkeit schleudert er Summen und Unsummen von Hand zu Hand, Millionenvermögen brechen wie ein Ungewitter über Bettler herein, Kapitale zerrinnen wie Quecksilber, wenn einen die Leidenschaft der Vergeudung packt. In Riesendimensionen offenbart sich ihm da Paris, keuchend und dampfend im Kessel der Gelüste, wie Dantes Verfluchte windet sich die ganze Menschheit in einem eigenen, zehrenden Gedanken: Geld, viel Geld, Kapitale, Summen, Millionen ... Milliarden ...

Aber ist für Balzac dieser Wille nach Macht schon die Philosophie des Lebens? Balzac hat wahrscheinlich gar keine Philosophie gehabt, weil er sie alle in sich lebte. Mit jenem immensen Projektionsvermögen, das ja die innerste Wurzel seines Genies ist, hat er sicherlich in den Augenblicken, da er seine Kreaturen sprechen und denken ließ, selbst ihre Ansicht als die unumstößliche empfunden. Er war Nihilist (in ›Trompe la Mort‹, dem Galeerensträfling) lange vor dem Wort, Arrivist und Opportunist (Rastignac), Altruist (Goriot und zahllose andere Figuren), Materialist (Bianchon), Positivist und was es überhaupt noch gibt an philosophischen Spezies. An

Galls Phrenologie, wie überhaupt an den gleichzeitigen biologischen und chemischen Theorien hat er immensen Anteil genommen, alle Möglichkeiten des Denkens mit der geradezu unheimlichen Rapidität seines Intellekts aufgesogen und verarbeitet. Dann strömte alles hervor, wenn er schrieb, ein Sprudel quellender Paradoxe, funkelnder Wahrheiten, geistreicher Aperçus, die sich leichtfertig zu Axiomen erweiterten, ohne daß sich seine hastige Art andererseits Mühe nahm, diese Axiome zu Gesetzen zu verarbeiten oder gar als Grundlinien eines Weltbildes zu fundieren. Er selbst scheint indifferent, ein Fatalist seiner Seele. Nur eine heimliche Meinung, wie eine verschämte Liebschaft, hat ihn der Mystik angenähert; er, der klarer sah als alle anderen, fühlte sich verwirrt von der Unermeßlichkeit und sehnte sich nach einem Sinn. Zwei ganz merkwürdige, von Swedenborg inspirierte Novellen ›Louis Lambert‹ und ›Seraphita‹ stehen abseits von seinem Werk, so abseits fast, als kämen sie aus seinem Leben. Dort – wie in der ›Messe des Atheisten‹ der Freigeist heimlich in die Kirche schleicht – hat er viel von seinem innersten Glauben vergraben, aber zu tief, als daß man es je blank ans Licht bringen könnte. Dort allein glüht jener visionäre, aus tausend Himmeln erschreckt auf der Erde erwachende Blick des Balzac, wie ihn Rodin in seinem Standbilde versuchte, wieder in sich selbst zurück. Und dort hat er, der uns unbarmherzig tausend fremde Leben, von der Schale befreit, im rotglühenden Kerne geheimsten Wesens zeigte, die innerste Glut seines eigenen Seins mit dem gleichen ehernen Griff verschlossen.

Balzacs Codices vom eleganten Leben

Wir sind eigentlich gewohnt, die seelische Persönlichkeit eines Dichters um so besser zu erfassen, je mehr wir in seine Werke eindringen. Die Balzacs aber wird in dem Maße rätselhafter, als wir mehr und mehr Bücher und Dokumente über ihn erhalten; weil sein Genie nicht so sehr durch die Intensität seiner einzelnen Bücher zur Unbegreiflichkeit sich steigert, sondern durch die Vielfältigkeit, den ganz ungeheuren Umkreis seiner Gestaltungsmöglichkeiten, diesen Kosmos von Geschehnissen aller Zeiten, dieses Kompendium aller Sitten, Gebräuche, Anschauungen und Konventionen zum Rätsel wird. Die Summe von bewältigtem Lebensmaterial in seinem Werk ist absolut unvergleichlich mit der jedes andern Künstlers. Balzac hat alles gewußt, was sein Gedächtnis und auch nur im Fluge gestreift hat, ja noch mehr, mit einer geheimnisvollen Intuition Dinge geschildert, die genau zu kennen ihm versagt sein mußte und deren Wesenheit er dank dieses genialen Spürsinns doch besser als alle Fachleute und Miterlebenden wiedergab.

Dafür ist dieses auferstandene Buch von der eleganten Welt wieder ein neues Beispiel*. Balzac hat tatsächlich nie Zeit, nie Gelegenheit gehabt, elegant zu sein (er sagt ja selbst in diesem Werk: »Der Mensch, der einmal an die Arbeit gewöhnt ist, kann das elegante Leben nie erfas-

* ›Physiologie des eleganten Lebens.‹ Unveröffentlichte Aufsätze von Honoré de Balzac. Eingeleitet und hrsg. von W. Fred. München 1912, Georg Müller.

sen«). Als junger Mensch, ein kärglicher Student, war er ausgeschlossen durch die Armut, durch die Qual eines jämmerlich kleinen Berufs, der ihn tagsüber in eine Advokatenstube, abends und nachts in ein ärmliches Studierzimmer einschloß; damals hatte er kein Geld, um elegant zu sein, und später, als die großen Honorare kamen (um freilich rasch in nichts zu verrinnen), fehlte wieder die Muße, denn ein Werk nach dem andern nagelte ihn an den Schreibtisch hilflos an. Er hatte keine Zeit zur Eleganz und – daß er sie so meisterlich zu erklären und zu rechtfertigen versteht, darf nicht als Gegenbeweis gelten – auch kein Talent. Kein Talent, schon rein körperlich: dick, massig wie er war, mit seinem breiten, starken Nacken, der jeden Kragen zersprengte, seinem roten Gesicht und den derben Metzgerfingern. Seine Zeitgenossen wissen nichts Sonderliches von seinem persönlichen Geschmack zu berichten, im Gegenteil: Balzac verstieß gegen das oberste Gesetz, das er selber in diesem seinem Buch aufgestellt, gegen die Unauffälligkeit. Zu Hause trug er phantastische Kostüme, das berüchtigte Mönchsgewand, dieses allerdings mehr aus Eitelkeit, denn er hatte es eigens so wie die Frauen in den hoffnungsvollen Monaten als eitlen Schutz gegen seine Leibesunförmigkeit erfunden. Im Theater liebte er knallende Westen zur Schau zu tragen und jenen berüchtigten gigantischen Stock mit dem im Riesenknauf verborgenen Porträt der Madame de Hanska, den später Oscar Wilde erwarb. Man sagte ihm nach, daß er diesen Stock eigens trug, um die allgemeine Aufmerksamkeit auf sich zu lenken; das mag Pariser Gehässigkeit sein, aber jedenfalls war Balzac weit entfernt von einem Lebemenschenideal, und irgendwo in seinem Werke entschuldigt er sich dafür, indem er dem Künstler als einzigem verstattet, willkürlich der Mode Schach zu bieten.

Diese eigene Unfähigkeit zur Eleganz beweist aber gar

nichts gegen sein Verständnis. Balzac hat die divinatorische Gabe der vollkommenen Rechtfertigung, er ist ein Dialektiker, der jedem Menschen von seinem Standpunkt aus recht zu geben weiß, dem Geizigen wie dem Verschwender, dem Arbeiter und dem Träumer, dem energischen wie dem schwachen Charakter, und sein merkwürdiges Talent neigt überdies dazu, jede dieser gelegentlichen Ansichten gleich systematisch zu verdichten. So hat er auch hier mit dieser raschen Art theoretischer Improvisierung ein System der Eleganz begonnen, so wie ein paar Jahre vorher eines der Liebe, so wie die merkwürdige, noch nicht ganz ausgedeutete Theorie des Willens in Louis Lambert, und die tausend einzelnen Axiome in seinen Werken, die alle irgendwie Handgriffe sind, mit denen eine sichere Faust ein System aus dem Wirrwarr der Meinung hervorziehen könnte. Ihm selber fehlte zur Möglichkeit einer absoluten Weltanschauung oder eines starren Systems überhaupt die interessierte Parteinahme. Balzac war irgendwie selbst ganz aufgelöst in seinem Werke, er war fromm mit seinen Frommen, atheistisch mit seinen Gottesleugnern, elegant mit seinen Dandies und rustikal mit seinen Bauern: er verlor sich so ganz in seinen Gestalten und ihren Meinungen, daß von ihm selber kaum etwas übrig blieb. Und nichts wäre gefährlicher (Fred hat das geschickt vermieden), als irgendeine seiner Anschauungen, auch die über die Kunst, ganz als die seine nehmen zu wollen. Er hätte immer sophistisch mit gleicher logischer Meisterschaft das Gegenteil behaupten und festlegen können.

Man betrachte daraufhin dieses Buch (das ja allerdings künstlich, aber mit viel ordnendem Geschmack und schöpferischem Fleiß von W. Fred aus einzelnen Aufsätzen Balzacs zusammengesetzt ist. Es hebt mit einem Pathos an, als ob für Balzac die Eleganz die wichtigste Sache auf Erden sei. In Wirklichkeit war, das wissen wir ja, sie ihm persönlich indifferent; aber Balzac war nichts mehr indifferent, sobald er sich damit zu beschäftigen begann und am Schreibtisch saß. Dazu gesellt sich rasch der merkwürdig verallgemeinernde Trieb, der ihm einen Gegenstand nie vereinzelt erscheinen ließ, sondern in schnell arbeitenden Gedankenreihen ihn geschwind zu einer Welttheorie formte. Balzac wollte einmal Romane schreiben, es wurde die ›Menschliche Komödie‹ daraus, ein Werk, das sämtliche Stände, Berufe, Neigungen seiner Zeit umfassen sollte. Er wollte Notizen über die Liebe verfassen, es wurde ein System daraus, und auch hier sind solche rudimentären Ansätze zu einem System des Weltmanns, das sogar mit einer gewissen Ironie die Wichtigkeit des Themas durch Nachbildung der streng wissenschaftlichen Form betont. Wie in Spinozas Ethik, so gibt es hier Axiome, Beweise, Definitionen und Konklusionen. Und wirklich, es gelingt ihm ein Anschein realen Systems, so leicht, mit so spielerischer Hand es auch gebaut ist, verlockend durch die rasende Leichtigkeit der Diktion, durch das blendende Feuer der Axiome, die wirklich wie Diamanten unzerbrechlich flimmern, und man muß sich nur rechtzeitig erinnern, daß Balzac auch den russischen Feldzug, dem er nie beigewohnt hatte, die Landschaften von Syrien, die spanischen Kämpfe mit prachtvoller Plastik geschildert hat, ohne jemals ernstliche Studien über diese Länder gemacht zu haben, um begreifen zu können, wie es möglich war, daß er, der Unelegante, der Einsame, der ewige Arbeiter ein so vortrefflicher »Elegantologist« war.

Man muß, ich sagte es schon, die verschiedentlichen Theorien dieses »arbiter elegantiarum« nicht gar zu ernst nehmen wollen. Man darf nicht vergessen, daß im letzten Grunde diese Apologien der Eleganz nur aus unbefriedigter, unzulänglicher Sehnsucht entstanden sind, nämlich um die Mittel zum zureichenden Leben, ein paar schöne Honorare für Zeitschriftenartikel zu erlangen, daß hier von Eleganz geschrieben wurde, um selbst Eleganz zu zeugen. Die Zusammenstellung als Buch ist ja nur eine nachträgliche, eine künstliche, aber eine künstlerische. Ich finde es von W. Fred außerordentlich klug, daß er jene entzückende ›Petites misères de la vie conjugale‹, dies aufrichtigst-ärgerlichste aller Ehemannsbücher hier aufgelöst hat, weil es ja gewissermaßen das Innenleben dieser leichten Durchschnittsexistenzen gibt, deren gutbeschneiderter Außenfläche alle diese Theorien gelten. Denn, das ist eine der hübschesten Erkenntnisse Balzacs in diesem Buch, man darf die Eleganz nicht als etwas Äußeres nehmen. Eleganz verlangt Seele, ja sogar Bildung. »Man muß mindest sein Abiturium gemacht haben, um ein elegantes Leben führen zu können«, heißt ein Axiom, und Balzac meint damit, daß das rein Äußerliche, das viele an der Eleganz verachten, nur ein Reflex bestimmter seelisch verfeinerter Zustände sei. Das Kleid ist für ihn ein Uhrzeiger des Charakters. Blättert man seine Romane durch, so wird man merken, welchen Wert er als schaffender Künstler der Kleidung zuspricht. Ehe er einen Menschen zu beschreiben beginnt, befaßt er sich mit seiner Kleidung, inwieweit sie der Mode gehört, spürt den Flecken und den Rissen in seinem Mantel nach, er schätzt seine Ausgaben ab und gleichzeitig das Geschick, mit dem er sie bestreitet. Wie oft in der ›Comédie humaine‹ schildert er den Unterschied zwischen einem neuen oder rasch auf Glanz gebügelten Hut, und einmal läßt er in den ›Verlorenen Illusionen‹ den geschmacklosen Frack des Louis de Rubempré ihm sogar zur Katastrophe werden. Balzac liebt den Dandy, weil er eine Menschenklasse für sich ist und ihn jede Spezies des Irdischen, sobald sie zum Typus wird, in die Schilderung hinreißt. Und so hat er auch dem armen alten Brummell, dem berühmtesten Gecken, hier ein Denkmal gesetzt, das alle

Daten und Anekdoten und Schilderungen über ihn reichlich aufwiegt. Es ist einer der reizvollsten Artikel dieses entzückenden Buches und verdiente sehr bekannt zu werden.

Überhaupt, dies Buch strahlt mit Funken, es verlockt einen nach rechts und links, schmeidigt einem die Nerven durch sein elektrisches Spiel mit Worten und Meinungen. Bekommt man es in die Hand, ohne etwas von Balzac zu wissen, so vermutet man irgendeinen genialen Lustspieldichter als Autor dahinter, einen Beaumarchais oder Molière, irgendeinen, der das Leben nur als Farce betrachtet und mit einer ungeheuerlichen Leichtigkeit und seligen Schwebe des Empfindens zu erfassen weiß. Und da erkennt man wieder die unendliche Verwandlungsfähigkeit Balzacs, sich selbst mit dem Stoffe zu verändern, leicht zu werden an den leichten Dingen, tragisch an den verworrenen, bedeutsam in seinen philosophischen Erörterungen, jene geheimnisvolle Seelenlosigkeit der ganz Großen, die, wie bei Shakespeare, das Göttliche und Unbegreifliche des vollendeten Künstlers darstellt.

W. Fred, der ja mit seinen eigenen Werken über die ›Lebensformen‹ anscheinend absichtslos ein bedeutsam Kulturelles will, irgendwie die Deutschen von der Schwere und Langweiligkeit zu erlösen, hat sich mit dieser Zusammenstellung ein großes Verdienst erworben. Er hat den Deutschen an einem vollendeten Beispiel gezeigt, wie man leicht sein kann, ohne oberflächlich zu werden, theoretisch scheinen, ohne in einem Wust von Papier zu ertrinken, und vor allem, daß es auch einem großen Künstler ansteht, manchmal nicht ganz ernst zu sein und mit den Dingen zu spielen, die er sonst ethisch zu werten und in leidenschaftliche Gegensätze zu bringen gewohnt ist. Einen zweiten Band hat er uns versprochen: wir erwarten ihn ungeduldig.

›Die Schule der Empfindsamkeit. Geschichte eines jungen Mannes‹

von Gustave Flaubert

Es ließe sich schließlich doch noch etwas mehr über diesen Roman sagen, als daß er äußerst langweilig ist. So hat ihn nämlich von je das französische Publikum gewertet, das sich – schon unangenehm berührt, daß Flaubert, der Held des Bovaryprozesses, ihnen statt eines Sensationsromanes ein dickes, unmögliches Buch aus Afrika (›Salammbô‹) präsentierte – beim Erscheinen dieses innigsten und persönlichsten Dichterdokumentes mißmutig von dem verbitterten Dichter zurückzog. Aber ähnlich, wie bei unserm Grillparzer, hat sich bei Flaubert aus diesem ernsten, äußerlich ein wenig polternden, innerlich aber sacht sich verwurzelnden Schmerze eine wunderbare Süße losgerungen, ein Beredterwerden aus Verachtung für die Zuhörer, Eigengestaltung aus Vergessenheit fremden Lebens. Was ihn zutiefst berührte, eine Episode – oder wohl *die* Episode – seines Schicksals, hat er in diesem Romane versponnen, vergraben förmlich, aber doch ganz gegeben: die Geschichte seiner Liebe. Man weiß heute schon den Namen dieser Dame und auch Details: Doch das ist hier unwichtig, weil es äußerlich ist. Und das Innerliche, die wundervollen Zartheiten einer dichterischen Natur, die, noch sanft angehaucht vom romantischen Atem der vergangenen Epoche, aus dem Traume einer ersten Begegnung die Wirklichkeit eines ganzen Lebens gestaltet – alle diese feinen Strahlungen edler Seelen im Lichte ihrer Liebe sind hier in Prosastellen aufgefangen, die transponierte Lyrik scheinen.

Aber warum »éducation sentimentale«? Fréderic ist innerlich keine sentimentale Natur. Er ist einer jener edlen Bummler, wie sie alle großen Dichter lieben: mehr Träumer als Schöpfer, Dichter in Phantasien der Liebe, aber nicht in Versen, unfruchtbar in allen seinen Begabungen, aber Ästhet. Er ist das Passive gegenüber dem Alltag, den Flaubert nicht minder haßte als Balzac. Aber sentimental ist er eigentlich nicht: er wird es erst in der Liebe. »Alles was man als übertrieben tadelt, haben Sie mich fühlen gemacht«, sagt er im Epilog seiner Geliebten, halb in Dankbarkeit, halb in Schmerz. Er ist empfindsam insofern, als ihm Kleinigkeiten unendlich viel werden, als die Farbe eines Kleides, ein Druck ihrer Hand, ein Seufzer größere Erlebnisse in seinem Leben sind als die Französische Revolution, die nur leicht sein Ästhetenherz berührt. Übertrieben ist er in Träumen, vorsichtig, behutsam, edelsinnig in seinen Taten, mehr Gedicht, so rein und zart, denn Dichter. »Er beneidete die Pianisten um ihr Talent, die Soldaten um ihre Narben. Er wünschte sich eine gefährliche Krankheit, in der Hoffnung, sie auf diese Weise zu interessieren.« Er liebt sie wie Dante Beatrice. »Eines wunderte ihn: daß er nicht eifersüchtig auf Arnoux war; und er konnte sie sich nicht anders als angekleidet vorstellen – so natürlich schien ihre Schamhaftigkeit.« Von solchen kleinen Wundern der Zartheit und hingebungsvoller Neigung ist das ganze Buch erfüllt: und zwei Szenen verzweifelter Tragik gibt es darin, die mit so behutsam kühler Hand, so mit verhaltenem Zittern geschrieben sind, daß sie unwiderstehlich werden. Das ist der Augenblick, wie Fréderic in den Armen einer fremden Frau schluchzt, und jene Schlußszene des Buches, das Wiedersehen mit der ergrauten Geliebten – ganz Sehnsucht noch und darüber wie eine scheidende Abendwolke das letzte Rot der Leidenschaft – vier Seiten, wie sie die französische Literatur nicht besser hat.

Nur hat der unerbittliche Beobachter des Lebens, der

wahllose Referent der kleinen Dinge, der Realist Flaubert, der dem Idealisten in ihm ein Leben lang auf der Lauer lag, mit allerhand Kleinkram versucht, den Weg zu diesen Schätzen seiner romantischen Seele zu verrammeln. Es gibt unglaublich langweilige Passagen in dem Buche – ich bemitleidete die Übersetzerin [Luise Wolf], die ihre Sache sehr gut gemacht hat und meines Wissens nur zweimal auf dem spiegelglatten Eise der Flaubert-Prosa ausrutschte. Aber es ist – nebst der ›Correspondance‹ – das beste Porträt Flauberts, in dessen Gestalt die Balzac-Tragödie der großen Gegensätze eines ästhetisch perfekten Künstlers und eines bourgeoisen, stilwidrigen Milieus gleichsam definitiv gedichtet ist. Und so man dieses Werk nicht auf seine Unterhaltsamkeit hin liest, wird man eine Süße spüren, wie sie nur der Herbe tiefsten Lebens entwächst.

Flauberts Nachlaß

Ein ganzes Leben lang lag Geheimnis um sein Werk. Die ›Bovary‹ war durch den unnützen Eifer der Behörden ein Sensationserfolg gewesen, man bangte, harrte, wartete in Frankreich auf sein nächstes Werk; Flaubert blieb jahrelang still. Dann kam ›Salammbô‹, ›Die Versuchung des heiligen Antonius‹, Werke, die schon durch die Fremdartigkeit ihres Vorwurfs den rasch Berühmten dem Publikum wieder entfremdeten, und immer wieder kam Schweigen, ein langes regloses Schweigen, und nach jeder dieser jahrelangen Unterbrechungen ein Meisterwerk. Jedes war gewissermaßen umhüllt von einem Mantel von Geheimnis und Schweigen, jedes schien aus einer anderen Welt zu kommen, und niemand wußte, was in diesen langen Zwischenräumen von Werk zu Werk in Flaubert geschah. Die Freunde klagten über seine Trägheit, die Mißgünstigen nannten sie Sterilität, niemand wußte die Wahrheit: sie hieß Arbeit. Gerade jene Zeit war unfähig, das Mysterium dieser Zurückhaltung zu durchdringen, denn Produktion bedeutete für sie Extensität, niemand vermochte darin diesen geheimnisvollen, an die Härtung des Stahls erinnernden Prozeß der Komprimierung, diese vor Flaubert unbekannte äußerste Anspannung zur Sparsamkeit zu ahnen. Denn Kunst galt damals als Verschwendung.

Flaubert begann als Autor zu einer Zeit, wo Balzac und Dumas unablässig Buch nach Buch herausschnellten, eines hing noch mit dem anderen zusammen. Gestalten liefen hinüber und herüber; wie ein ungeheurer

Strom, auf dem die Geschehnisse unablässig tanzten, floß ihr Schaffen dahin. Es gab da keine Rast, kein Innehalten, fast schrieben sie mehr, als ihre Zeit lesen konnte, sie überholten mit ihrem Werk die Neugier und das Interesse, ihr ganzes Leben war Öffentlichkeit. Sie waren geheimnisvoll in ihrer Tätigkeit, rastlos in ihrer Anspannung. Nach diesen Verschwendern kamen die ersten Versuche Flauberts, der freilich arm erscheinen mußte neben solcher Verschwendung, und am Ende seines Werkes stand schon ein anderer heroischer Arbeiter, Zola, dessen aus wohlbehauenen Quadern fast geometrisch getürmter Ruhm sein Werk überschattete, stand die beispiellose Beliebtheit seines Schülers, des geschmeidigen, einfallsreichen Maupassant. So von rechts und links überschattet, gänzlich geschützt vor dem Einbruch der Neugierde, blieb sein Werk unbeachtet, es schien klein, steril, aber doch schon damals umwittert von einer seltsamen Legende. Den ganzen Umfang seines Werkes zu schauen, ist erst uns gegeben. Erst wir können sehen – können's hören aus den gequälten Aufschreien seiner Briefe, belauschen in den Fragmenten, nachweisen in den zerarbeiteten Manuskripten –, daß die Arbeit, die hier fünf Bücher schuf, nicht geringer ist und sicherlich nicht vergeblicher als diejenige Balzacs und Zolas, die ihrer fünfzig auftürmten. Ein wundervolles Geheimnis entschleiert sich uns: und Ehrfurcht zwingt uns ins Knie vor der beispiellosen Aufopferung dieses Schweigens.

Bisher hatten wir nur die Bücher. Die waren wie Statuen kalt, ehern, unvergänglich, klassischen Angesichts, eines dem andern fremd und den brüderlichen Ursprung nur bezeugend durch die Fehllosigkeit ihrer Kunst. Von der ungeheueren Glut, die sie beseelte, jener unterirdischen, sorgsam vor fremden Blicken gehüteten Glut, die alle Schlacken des Zufälligen, alle Unreinlichkeiten der Schöpfung restlos verzehrte, haben wir erst jetzt eine Ahnung, da sein Nachlaß veröffentlicht wird, die Werke, die er verworfen hatte, die zahllosen Versuche des Schülers vor der Meisterschaft. Das Buch, das Paul Zifferer für Deutschland herausgibt, (›Flauberts nachgelassene Werke. Erster Band: Flauberts Werke bis zum Jahre 1838.‹ Übersetzt und eingeleitet von Paul Zifferer. Verlag J. C. C. Bruns, Minden 1910), ist der erste erlaubte Blick in des Meisters Werkstatt. Man sieht die feurige Esse noch einmal flammen, sieht Rauch und Unrast gemengt im Werke eines, der nur den makellosen, wandellosen Guß zu seinen Lebzeiten der Welt übergab.

Dieser erste Band des Nachlasses enthält die Novellen des Fünfzehnjährigen, des Sechzehnjährigen und Achtzehnjährigen, die künstlerischen Versuche am Rande der Kindheit. Es sind Novellen aus der Zeit des Lernens, Schulnovellen, aber in einem höheren Sinne, etwa wie er sie seinen Famulus Maupassant schreiben ließ, jede Woche eine, gewissermaßen Fingerübungen auf dem Klavier der Sprache. Aber immer Versuche eines Meisters. Die Geschichte, die der Knabe aus den Büchern in sich aufnimmt, formt der werdende Dichter zum Bild, jede Seite aus dem Geschichtsbuch wird ihm zur farbigen Novelle, Lektüre verwandelt sich durch Phantasie. Er liest von Philipp II. und formt sofort eine Szene, die Königin von Burgund wird Bild aus dem Begriffe. Er erzählt, ohne zu besinnen, ohne rechtes Gefühl für die Form, ohne jenes entsetzliche Verantwortungsgefühl, das die Jahre seines späteren Schaffens in einen unaufhörlichen Kampf verwandelt. Später hielt er sich zurück, preßte er sich an jeden einzelnen Satz an, konnte sich von ihm nicht losreißen, jetzt fließt noch alles über, zerrinnt in Farben und Visionen. Es ist noch nichts darin von dem späteren Flaubert, noch nicht die Konzentration, die besonnene Gewalt, die Bindung, und doch wieder alles.

Es ist vieles in diesen Novellen, was überwunden werden mußte, die Fülle, die sich an das Einzelne verliert, ungezäumt jeder Verlockung nachgaloppiert, die wilde Erzählerwut, die sich erst in Erzählungskunst umformen mußte. Verheißungsvoll aber ist schon in diesen früheren Novellen die merkwürdige Sattheit der Farbe, ahnungsvoll das Rembrandtsche Dunkel. Die Melancholie der einsamen Kinder überschattet die Welt des jungen Flaubert, alle Novellen haben als letztes Blatt den Tod. Kühle ist darinnen, geisterhafte Kühle – ähnlich und doch so unendlich fern jener klaren, wie Schneeluft in der Kälte der späteren Werke, wo alle Umrisse, alle Farben ihre höchste Reinheit erreichen –, eine Kühle, die feucht und nebelhaft die Dinge umwittert und aus Gräbern zu steigen scheint. Ich weiß nicht, ob Flaubert damals schon E. T. A. Hoffmann gelesen hatte, aber manche Blätter haben die gespensterhafte Art dieses undeutschesten aller Deutschen, ein Totentanz, düster, »macabre« – ich weiß kein deutsches Wort dafür – zittert der Reigen seiner Gestalten vorbei. Und merkwürdig ist an diesen Novellen noch die seltsame Verschlossenheit der eigenen Gefühle, dieses Verbergen des Ich und der eigenen Erlebnisse vor der Welt, das für den späteren Flaubert so typisch ist, jene Flucht ins Objektive, die Flucht ist vor dem Gefühl und Ehrfurcht zugleich. Schon das Kind hütet sorgsam sein eigenes Leben. Redet Flaubert von sich, so hält er sich eine Maske vor. ›Erinnerungen eines Narren‹ nennt er das Stück Selbstbiographie, das diesen Band abschließt, und das schon früher einmal unvollständig französisch erschienen war. Horcht man von nahe daran, so hört man ein schüchternes Kinderherz darin unruhig schlagen, sieht man näher zu, so leuchten unter dem merkwürdig grauen fahlen Licht dieser Geschehnisse kleine farbige Bilder eines wirklichen Lebens.

Man kann den Wert dieser Novellen schwer nach ihrem künstlerischen Gut abschätzen. Mißt man sie nach dem hohen Maßstab Flauberts, dem höchsten, den je ein Künstler an die Kunst gelegt hat, so ist die Antwort durch die Tat schon gegeben: sie sind verworfen. Mißt man aber die moralische Tat, das menschliche Dokument einer Kunstschöpfung, die beispiellos ist in unserer Zeit, so gibt sich ein Wert, der gar nicht abzuschätzen ist. Wird jetzt Blatt an Blatt, Buch an Buch, der ganze Nachlaß Flauberts entrollt, so wird einer Generation von Dichtern eine Lehre zur Selbstzucht gegeben sein, die nicht zu überhören ist. Ein ganzer Roman, ›Die Spirale‹, Novellen, Fragmente, Aufsätze sind versprochen, alle verworfen von Flaubert selbst; aber, müßte man sich fragen, wieviel von all dem, was heute als Kunst gilt und sich Literatur schelten läßt, wieviel von all diesen Romanen, selbst denjenigen, die wir bewundern und lieben, vor Flaubert bestehen könnten? Schicht an Schicht, wie bei einer Ausgrabung vergangener Epochen, die uns die unbekannte Kultur vergangener Völker lehren, wird nun dieses merkwürdige Monument von Fleiß und Genie in seiner Entwicklung aufgedeckt, das wir Flaubert nennen. Das Fundament liegt jetzt zutage, Flaubert, der Knabe, der Beginner.

Paul Zifferer hat mit der Sorgsamkeit und mit der Ehrfurcht vor dem Wort, die jedem zu eigen ist, der Flaubert wahrhaft verstanden hat, die frühen Arbeiten übertragen, ein feines, impressionistisch glitzerndes Vorwort belebt die Kindheit des Meisters von Rouen. Mit Besonnenheit und äußerster Ehrfurcht hat er das verantwortungsvolle Werk begonnen: nun wird er sich, da der Schatz verraten ist, gegen unsere eigene Neugier zu wehren haben, die gerne schon morgen den nächsten Band in Händen hätte und übermorgen den dritten. Denn Flaubert will nicht eilig gelesen sein, nicht eilig übersetzt und nicht eilig verstanden. Die letzte Lehre seiner Kunst, das höchste Beispiel seines Lebens ist, so vielfältig es auch formuliert ist, doch zusammengepreßt nur ein Wort: Geduld.

Eulenspiegel Redivivus

Endlich ist »Die belgische Bibel«, das dichterische Evangelium des flandrischen Volkes, ins Deutsche übersetzt worden.* Man mag denken über Übertragungen wie man will, man mag mit Recht erbittert sein, wie sehr unsere Literatur mit gleichgültigen, langweiligen, unbedeutsamen Erzeugnissen aus Frankreich überschwemmt wird, mag gehässig geworden sein, hat man anderseits gesehen, wie ablehnend, wie feindlich und verächtlich sich die Franzosen allen deutschen Kunstwerken verschließen: hier wird man dennoch aufrichtig jubelnd ein Werk begrüßen. Denn die Übersetzung des Charles de Coster ist Gewinst für unser deutsches künstlerisches Empfinden, Abzahlung einer ungetilgten Schuld und vor allem, es ist eine Aufgabe, eine Verpflichtung für das deutsche Publikum. Hier ist nicht ein gerechter oder ungerechter Weltruhm zu bestätigen, einer Weltbewunderung noch ein Quentchen Begeisterung beizutun, sondern hier haben die Deutschen Gelegenheit, einem fast Namenlosen den Ruhm zu schenken. So wie einst Gobineau in Frankreich unbekannt blieb und erst durch die stürmische Liebe der Deutschen in Frankreich allmählich bemerkt wurde, so wie Maeterlinck und Verhaeren in Deutschland heute noch immer tiefer und voller verstan-

* Charles de Coster, ›Tyll Ulenspiegel und Lamme Goedzak. Legende von ihren heroischen, lustigen und ruhmreichen Abenteuern im Lande Flandern und anderen Orts.‹ Deutsch von Friederich v. Oppeln-Bronikowski, mit Nachwort des Übersetzers. (Jena 1909. Eugen Diederichs.)

den werden als im vergeßlichen und leichtfertigen Paris, so glaube ich, wird es auch diesmal Deutschland sein, das den Ruhm des stammverwandten de Coster erst begründen wird. Unstern hat über sein Schicksal in Frankreich immer gewaltet. Schon zu seinen Lebzeiten hat man diesen tapferen und gewaltigen Dichter mißachtet, und noch heute ist sein Name Schall und Rauch. Ich erinnere mich, wie ich vor Jahren einmal in Paris einem französischen Dichter mit so stürmischer Begeisterung von diesem unvergänglichen Werke erzählte, daß er sich sofort zum Ankauf entschloß. Wir wanderten von Buchhandlung zu Buchhandlung, in keiner war das Werk vorrätig, in den allerwenigsten kannte man es auch nur dem Namen nach. Es blieb nichts übrig, als es von dem kleinen versteckten Verleger in Brüssel zu bestellen. Den Deutschen wird es leichter gemacht. Eugen Diederichs hat es in seinen Verlag übernommen, Friederich v. Oppeln–Bronikowski so meisterhaft übersetzt, daß es wie ein Original wirkt. Und es ist nun an Deutschland, diesem großen verkannten Künstler Rechtfertigung zu gewähren dafür, daß es dreißig Jahre nichts von ihm und seinem Werke wußte.

Dreifach ist sie berechtigt, die Rechtfertigung in Deutschland. Denn vor allem: de Coster ist in Deutschland geboren, in *München* 1827. Ich glaube nicht, daß man bisher in der Isarstadt stolz gewesen ist auf diesen Künstler (dessen Namen das Konversationslexikon bisher noch als überflüssig erachtet hat), aber ich bin sicher, kein Größerer ward dort in diesem Jahrhundert geboren. Zum zweiten ist Deutschland de Coster Dank schuldig, weil er es liebte. Aus deutschen Volksquellen trinkt seine Kunst ihre tiefste Kraft. Schillers Don Carlos und Goethes Reineke Fuchs standen dem Ulenspiegel – wie jüngst eine vortreffliche Untersuchung nachwies – als Paten zur Seite. Und zum dritten muß es geliebt werden aus dem rein menschlichen Gefühl, daß hier ein ungeheures Unrecht gut zu machen ist, das Gleichgültigkeit und Uninteresse an einem Lebenden und noch an dem Toten begangen hat.

Denn ein Märtyrer ist Charles de Coster gewesen. Er hat zu einer Zeit begonnen, wo in Belgien keine Literatur war, wo sich Zeitungen und Verleger für heimische Kunst nicht interessierten, wo Paris der Leitstern allen guten Geschmackes war. Er aber kehrte sich nicht an Geschmack und Neigung, sondern schrieb fünfzehn Jahre lang ohne Aussicht auf einen materiellen oder künstlerischen Erfolg unbeugsam den Hymnus an sein heimisches Volk, das ihn verhungern ließ und mißachtete. Es hat sich nicht konstatieren lassen, wie viel ihm der Verleger für dieses Lebenswerk zahlte, der gleiche Verleger, der im gleichen Jahre 300 000 Francs an Victor Hugo für einen Roman bar auszahlte, aber es muß wenig gewesen sein. Denn er schleppte sich mühsam auf kleinen Berufen durchs Leben, endete schließlich als Literaturlehrer in der Kriegsschule, wo ihn die jungen Burschen – nicht um seines Werkes willen! sondern für seine herzliche Art, seine kavaliermäßige Erscheinung und seinen unbeugsamen Humor – innig liebten. Niemand kannte ihn. Zwei alte Jungfrauen, eine Krämerin und eine Verkäuferin waren die einzigen, denen er seine großen Hoffnungen erzählen konnte, ohne verlacht zu werden. Zu früh gekommen, starb er auch zu früh, im Jahre 1879. Starb wie Johannes, ohne den Heiland gesehen zu haben, starb knapp vor den Jahren, wo sich die Erfüllung seiner patriotischen Träume so wunderbar verwirklichte. Von der künstlerischen Generation, die Belgien die Achtung der Welt eroberte, von den Constantin Meunier, Maeterlinck, Verhaeren, hat er nur den einen gekannt, Camille Lemonier, der ihm die Grabrede sprach. Er war der einzige von der literarischen Jugend, der am Sarge stand – die Priester hatten den Beistand verweigert, weil er in seinem Werke den Gedanken der Freiheit als höchsten Besitz und höchstes Ziel Belgiens gepriesen hatte –, er und dann noch die Kadetten in ihren schmucken Uniformen, die den freundlichen Lehrer beweinten. Aber keiner von ihnen wußte, einen wie großen Künstler man in das arme Grab von Jxelles hinabsenkte.

Denn Charles de Coster hat den Roman des Tyll Ulenspiegel geschrieben, ein unvergeßliches und unvergängliches Werk. Wie die Ilias urweltlich, kraftvoll und unvergleichlich am Anfange der griechischen Literatur, so steht es einsam und überragend in seiner Zeit. Ein solches Werk kann nur ein ganz Verkannter, ein ganz Einsamer schreiben. Einsamkeit zerbricht den Künstler oder sie erhebt ihn unendlich. Hätte er auf nur irgendeinen materiellen Erfolg rechnen können, er hätte sein Werk vielleicht beschleunigt, vielleicht gekürzt, vielleicht in kleineren Proportionen begonnen. Aber er wußte, daß er von dieser Generation nichts hoffen konnte, so schuf er für die nächste. Fünfzehn Jahre hat er an dieses Werk gewandt. Er hat Reisen gemacht, um alle Orte und ihr Kolorit zu studieren, er hat die deutschen, die holländischen, die flämischen, die französischen Dokumente, alle Archive durchstöbert, er hat nicht geeilt, nicht gehastet, er hat gehungert und gedarbt, nur um aus seinem Lebenswerk ein Werk zu schaffen. Und es ist ein Buch geworden, ein Volksbuch ohnegleichen. Wenn es noch nicht so populär in Belgien ist wie es sein sollte, so liegt dies an äußeren Umständen, an der Kostspieligkeit der Ausgabe, an der inneren Schwere und Trägheit der Rasse. Aber ein Volksbuch wird es werden, weil es aus Volksquellen genährt ist und weil es eine unsäglich stürmische begeisterte Liebe für Land und Menschen atmet. Es ist die Geschichte Till Eulenspiegels, des fröhlichen Narren. Aber seinen Possen und Narreteien gelten nur die ersten

Kapitel des ersten Buches, dann taucht aus dem heiteren Maskenspiel plötzlich das ernste Antlitz des Schicksals. De Coster hat seinen Ulenspiegel in die große Epoche seines Vaterlandes gestellt, in den Aufstand der Niederlande gegen die Spanier. Die Inquisition lastet wie ein Alp auf dem freudigen Volke, in jeder Stadt, in jedem Dorfe flammen die Brandstöße mit den zuckenden Gestalten der Häretiker, »und der König erbt«, der finstere und grausame Philipp von Spanien, fern im Escorial, wo er die Tiere quält, die Menschen schaudern macht und Unheil sinnt gegen alle Lebensfreudigkeit. Das heitere Land wird bald zum Schrecken gezwungen. Und auch Till Eulenspiegel, der Schalksnarr verliert sein Lachen, wie er seinen Vater auf der Folter sieht und dann am Holzstoße. Aus der Asche des Vaters nimmt die Mutter eine Handvoll, schüttet sie in ein Seidentäschchen und hängt es Eulenspiegel um den Hals. Und nun schlägt bei jedem Schritte diese furchtbare Mahnung an sein Herz. Aus dem Landstörtzer wird ein Geuse, einer der Kämpfer gegen Spanien. Während er Possen treibt am Markte, hetzt er das Volk gegen Philipp auf, während er durch das Land arglos zu trollen scheint, bringt er Botschaften und geheime Sendungen an den Prinzen von Oranien und schließlich, wie der große Kampf entbrennt, ist aus dem Schalksnarren ein Soldat geworden, der nicht früher rastet, als bis die Freiheit Flanderns gewonnen ist.

Hinter diesem Kampfe aber ringen höhere Gewalten. So lebenswahr, so herzlich echt diese Figuren sind, sie bedeuten doch im Grunde Symbole eines Höheren. Der Kampf Flanderns und Spaniens ist der Kampf zwischen Lebensfreudigkeit und Askese, zwischen Pan und Christus. Ulenspiegel ist das Symbol der Seele Flanderns, ist die ewige Heiterkeit, der unbeugsame Wille zum Leben. Wie man ihn als einen Toten einscharrt am Ende des Buches, schüttelt er den Sand weg von sich und springt lebendig wieder auf. »Begräbt man Tyll Ulenspiegel, den Geist von Flandern? Er kann schlafen, aber sterben, nein.« Das Unsterbliche der Lebensfreude in seinem Volke wollte de Coster schildern, den urewigen Kampf von Freiheit gegen Unterdrückung, den Sieg des Lebens über seine Widersacher. Darum wird es auch nie aufhören, stark und lebendig zu wirken, Generationen, die ermatten, wieder aufzufrischen zu neuer Sehnsucht, es wird jung bleiben wie Eulenspiegel, der nicht alt werden kann, weil er in jeder Menschenseele neu aufblüht als die freudige Heiterkeit an allen irdischen Dingen.

Ich weiß nicht, wie oft und oft ich in diesem Werke schon gelesen habe, im französischen Original wie nunmehr in der Übertragung. Niemals bin ich müde geworden, denn es ist ein so ungeheurer Reichtum an Leben darin, eine so einzige Fülle von Episoden, eine geradezu simplizianische Abenteuerfülle. Jede Figur ist ein Kabinettstück, Lamme der Vielfraß, Ulenspiegels Sancho Pansa, Nele, das frische Mädchen, und dagegen die schwarze Silhouette Philipps und die verzerrten Masken der Verräter. Es ist so neu in seiner ganzen Diktion, ein Gemälde aber wie Mosaik, zerteilt in vielleicht 400 Aventuren, kleine Genrebilder, etwa im Sinne Gobineaus und von denen manches erinnert an die delikaten Bilder von Breughel oder Teniers, mancherlei an die Schwelgerei Rubens' oder das tragische Halbdunkel Rembrandts. Dokumente sind hier lebendig geworden, Kostüme um lebendige Menschen geschlungen, Historie zur Poesie gestaltet. Man fühlt, daß ein ganzes Leben und die ganze Mühe eines so einsamen Lebens hier versammelt ist und daß nicht die Kraft dieses Einzelnen nur darin wirkend ist, sondern die künstlerische Gewalt einer ganzen Rasse, die endlich ihren Dichter gefunden hat.

Nun ist es deutsch zu lesen, dieses herrliche Buch. Es hat nicht verloren durch die Übertragung, im Gegenteil, die niederdeutschen Ausdrücke, die aus dem Französischen wie Klippen aus einer schäumenden Flut herausragen, glätten sich hier in dem ein wenig altertümelnden Deutsch, das Oppeln-Bronikowski seiner Übertragung gegeben hat. Man muß ihm dankbar sein, daß er an ein so umfangreiches Werk – 600 Seiten stark ist dieser Roman – seine Mühe und künstlerische Kraft gewandt hat, dankbar auch Eugen Diederichs, der sich kühn an dieses Buch gewagt hat (das ich seit fünf Jahren, wie oft schon, deutschen Verlegern vergeblich empfohlen habe). Ich hoffe, man wird es lesen und lieben. Hier ist ein Kranz zu gewinnen für Deutschland: Wieder einmal zu zeigen, daß bei uns unbekümmert um die Gleichgültigkeit anderer Nationen ein gewaltiges Werk mit aller Liebe und Begeisterung gewürdigt werden kann und selbst den Heimatlosen eine neue Heimat geboten wird.

Triumph der Kathedrale
(Anmerkungen zu Paul Claudels ›Verkündigung‹)

Zwei Gebäude hat sich der französische Geist zum Kultus über die Jahrhunderte gebaut, die Kathedrale, mächtig von Stein gefügt, aufsteigend aus bäurischer Erde, Heimstatt des Glaubens, und den »temple de la raison«, das geistige Gefüge des Menschen und seiner Selbstbestimmung. Inkarnation des Glaubens und seiner Verneinung, Religion und Revolution, zwei Traditionen, gleich gestählt im Kampf der Jahrhunderte, ringen sie beide um die Herrschaft über den französischen Geist, unzerstörbar der eine durch die steinernen Zeugen von Reims, Chartres und das Wunder von Notre Dame, unvergänglich der andere durch die Taten von 1793 und den Hymnus der Marseillaise. Prachtvoll dieser Kampf in allen seinen Verwandlungen – Königtum und Republik, Glaube und Skepsis, Weltbürgertum und Nationalismus – rollt er auf und nieder, Wellenberg und Wellental durch die Jahrhunderte, manchmal ruhend in gewaltiger Woge, manchmal aufschäumend im gischtenden Aneinanderprall, immer aber Bewegung, fließende Erregung, beseelte Unruhe der Massen, strömende Energie eines reichen und intellektuellen Volkes. Triumph der einen Gruppe entzündet den Unmut der andern, die Republik schlägt das Königtum, das Kaiserreich wiederum diese nieder, und wieder siegt die Republik, Symbol der intellektuellen Vorherrschaft. Aber unter der Skepsis erlischt nie der Funke metaphysischer Sehnsucht. Eine Generation der Künstler verdrängt die andere, feindlich erstehen die Traditionen.

Eine große und erhabene will nun sinken, eine, die ganz Europa verführte, der Naturalismus, die literarische Maske des Materialismus, des Willens zur Wirklichkeit. Ohne Erben ist die Generation Flauberts, Zolas, Maupassants untergegangen, einsam ragt Anatole France, der letzte Lateiner, der letzte Schüler Voltaires, in das neue Jahrhundert. Zu Ende ist der große Traum vom Weltbürgertum. »Gesta Dei per Francos«, das uralte Glaubenswort klingt wieder aus den Reihen der Jugend. Und über dem Rauch der Städte zittert leise, in goldenen Konturen, der nahe Glanz der neuerstandenen Kathedrale.

Urkraft der französischen Kunst (im Vergleich zu der deutschen): Sie hat Tradition, sie kehrt immer wieder zu einem Anfang zurück. Sie erneuert immer, sie beginnt nie neu. Sie setzt an, wo ein anderes Jahrhundert aufhörte, Zola ergänzt Balzac, Verlaine Villon, Voltaire Pascal und Anatole France wieder Voltaire. Ein einziger Bau ist ihre Kunst, kein Konglomerat; jeder Dichter, jeder Maler reiht sich ein an seinen homogenen Platz. Die vergangene Generation war eine revolutionäre, die neue ist eine mittelalterliche, eine loyale, eine gläubige. Sie verleugnet die Vernunft, »la raison«, als ihre Gebieterin, »la foi«, der Glaube, die Intuition ist ihre Herrin (und Bergson, der Philosoph, ihr Prophet, César Franck, das fromme Kind der Töne, Frankreichs Bruckner, ihr Hymniker). Zum Mittelalter wollen sie zurück, in jene geheimnisvolle Vereinung von Kraft und Demut, in die Mystik der Verzückung und der Ekstase.

Die Kunst des französischen Mittelalters war die Kathedrale. Sie haben nicht wie Deutschland damals ihren Luther, Holbein, Dürer, Cranach und jenen letzten Spätling der Reformation, den urgewaltigen Johann Sebastian Bach, der alle Kraft deutschen Mittelalters in sich zusammenfaßt. Ihr Mittelalter ist die Kathedrale, die Wunderwerke in Stein und glühendem Glas, dies rembrandtische Gewebe aus Licht und Dunkel, dies einzige Mysterium der Vereinigung von Kraft und Gläubigkeit. Und ihre höchste Kunstform sind diese romanischen Werke. Nicht wie die deutschen Kathedralen, die erhabenen Schöpfungen der Gotik, stoßen sie steil, ein geschmücktes Schwert, zum Himmel empor in Gottes Herz; langsam, aus Quadern und unendlicher Geduld gebaut, liegen sie, eine schwere wuchtige Masse, gleichsam auf den Knien vor Gottes Herrlichkeit. Geduld ist die Lehre der Kathedrale, und ihre höchsten Schüler sind Flaubert und Rodin, die in unendlicher Ausdauer Stufe um Stufe ihr Werk emporgebaut haben bis zur Unsterblichkeit. Nicht dem Tag zu dienen, sondern der Ewigkeit, nicht der Eitelkeit des Geistes, sondern der Demut des Herzens wird ihre Mühe. Ihr Bauhelfer ist der Glaube des Künstlers an sein Werk und der Glaube des Frommen an seinen Gott. Was außen Mode scheint – Barrès, Bourget, diesen Frömmlern aus Arrivismus – wird vielen Bedürfnis. Verlaine hat den Katholizismus erneut, Claudel ihn vollendet, nicht den Klerikalismus der Dreyfusards und der Aristokraten von St. Germain, sondern den Glauben, der Steine versetzt, den wunderseligen, wunderdürstigen, in einer wissenschaftlichen Zeit, den mythischen und mystischen. Den Katholizismus, der die Kathedralen schuf aus Glauben und Geduld.

Vor zwei Jahren fragte man Faguet, den klügsten der Literaturklitterer an der Sorbonne, um seine Meinung über Paul Claudel. Er antwortete (mit empfehlenswerter Offenheit), er habe keine Meinung über ihn, weil er nie seinen Namen vernommen hätte. Wie sollte er auch!

Claudel, der Vierzigjährige, hat nie in Paris gelebt, nie sich in den Antichambres der Literatur herumgeschmiert, nie einem der illustren Lesekomitees jener Amüsierbühnen seine Dramen eingereicht (die dort Lachkrämpfe erzeugt hätten), nie in den Revuen die Gefälligkeiten des Ruhms auf Gegenseitigkeit erbeten. Er hat als Konsul in Tsche-Fu, Peking, Prag und Frankfurt lebend, seine Dramen sich und wenigen zuliebe geschrieben, diese Dramen, die Seelenzustände von so brennender Glut gestalten, daß alles Irdische, Kostüm und Zeit, in ihnen verflackert, Tragödien der Seelen ohne Kulissen voll ekstatischer Bildlichkeit und einem dumpfen Weihrauch der Worte, der die Sinne erregt und betäubt zugleich. Die Verse – eine Prosa, in der wie von nahen Orgeln Musik unterirdisch wogt – glühen wie der Wein im Ziborium kostbarer Fassung, alles ist Dunkel und funkelndes Blut, von einer berauschenden Bildlichkeit. Nie ist Magie der Metapher im Französischen berückender geworden als in diesem Katarakt der heißsprudelnden Sätze, mit denen die Menschen ihr ganzes Blut auszuströmen scheinen. Eine sehr dichterische Philosophie, die das ganze Universum gleichsam als Uhrzeiger einer unsichtbaren Stunde – der ewigen Zeit – umdeutet, umrandet dies sein dichterisches Werk und durchdringt es zugleich, das Poetische und die Ekstatik des Glaubens in eine Einheit des Weltbegriffes lösend, für die wir in Deutschland ein glückliches und vielfach sogar genaues Gegenspiel in der weltdichterischen Inbrunst des Novalis haben. Und im Sinne Novalis' will auch der Katholizismus Claudels verstanden sein, der nicht zu verwechseln wäre mit dem ostentativen eines Barrès, Bourget oder Coppée, sondern niedersteigt in die glühende Inbrunst des Willens zum Wunder, in die mystische Ekstase. Ein Katholizismus, der im letzten aber nicht feindlich, sondern brüderlich dem hymnischen Überschwang Verhaerens, dem Pantheismus Romains ist, brüderlich nicht durch das, was sie verkünden, aber durch die Rotglut des dichterischen Bekennens, in dem alle Begriffe hinschmelzen an der Flamme ekstatischen Weltgefühles.

Diese isolierte Stellung und dies exemplarische Leben sollten genügen, Paul Claudel die Achtung zu erzwingen, die sein neuartiges Werk verdient – ein Werk, das sich jeder raschen Erörterung versagt, weil es überall die Grundfesten der sogenannten dramatischen Gesetze erschüttert (die immer nur Geltung für den haben, dem nicht die Kraft zuteil ward, sie zu zertrümmern). Ein kleines vorteffliches Buch Georges Duhamels über Claudel beim ›Mercure de France‹ möge Suchenden die erste Einführung bieten, vier oder zehn Seiten einer Zeitschrift vermögen nicht, diese Gattung des Dramas zu erörtern, dem sich das moderne Theater erst entgegenentwickeln müßte. Nur von seinem neuen Werke der ›Verkündigung‹ sei das Symbol angedeutet, die erhabene Predigt von der Kathedrale des Herzens.

Ein Wunder der Liebe und Demut geschieht in dem Werke (das die sehr verbreiterte und gesteigerte Form eines früheren ›La jeune fille Violaene‹ ist). Durch die Inbrunst einer Jungfrau, die aus Mitleid den Fluch der Verfemung, des Aussatzes, auf sich genommen, wird das Wunder des Lazarus und das der unbefleckten Empfängnis mystische Einheit in ihrem Schoße, zur Weihnachtsstunde schenkt sie einem fremden toten Kinde bluteigenes Leben und vergeht an ihrem Opfer in Entsühnung fremder Schuld. Doch dieses Wunder ist nur die (grandiose) Folie jenes Symbols vom Künstler, des Peter von Ulm, dieses katholischen Baumeisters Solneß, der nur Kirchen zum Preise Gottes baut, die Kathedralen der deutschen mythischen Welt. Vom Aussatz (der Sinnenlust) geschlagen, wird er frei erst durch die Hingabe an den Geist, das Werk und den Glauben. Erst wenn die Seele die innere Demut schafft, wird sein Werk zum Wunder, er vollbringt es, »während die heidnischen Baumeister alles von außen schaffen, innerlich wirkend wie die Bienen«, in Gebeten dichtet er, dessen Strophen die Steine sind, dessen Farben die leuchtenden Fenster. Und herrlich rauscht sein ekstatischer Stolz des Gotteswerkes – genährt von jenen biblischen Versen bei Salamonis Tempelbau – in das Lob seiner Kunst empor

»Gelobt sei Gott, daß er mich zu einem Vater der Kirchen schuf!
Er goß mir Einsicht ins Herz und den Sinn der dreifachen Dehnung!
Ich schneide nicht von außen ein Bildwerk
Sondern dem Erzvater Noae ähnlich, inmitten meiner Arche
Wirke ich emsig im Innern und rundumher sehe ich alles, wie alles mit einem Mal ansteigt!
Was ist ein gemeißelter Leib neben einer einzuschließenden Seele
Und neben dieser gesegneten Weite, leer belassen von dem ehrerbietigen Herzen, vor seinem Gotte zurückweichenden Herzen?
Und mir ist nichts zu tief: meine Schächte dringen bis zu den Wassern der Hauptader
Nichts ist meinem Bogen zu hoch: mein Pfeil steigt in den Himmel und leiht sich von Gott den Blitz!
Oh wie schön ist der Stein und wie weich in den Händen des Baumeisters! und wie richtig und schön sind doch die Lasten seines gesamten Werkes verteilt!
Wie ist er getreu und wie bewahrt er in sich den Gedanken und den Schatten den er wirft!
Wie stimmt ein Weinstock zu dem geringsten Mauer-

werk und darüber ein Rosenstrauch, so oft er in Blüten steht.

Wie ist das schön und eins mit dem andern verknüpft!«

Demut, die in Ekstase zum Stolze wird, dies wird das strahlende Bekenntnis des Künstlers, dies auch Paul Claudels glühender Lebensglaube. Dunkelheit, die durch die farbigen Filter der Metaphern sich in Purpur wandelt, ist seine Sprache, Hingebung, die sich zu Entzückung steigert, sein Glaube. Er meint, einfältig und stumm zu beten, und es wird hymnisches Orgelbrausen in der Kathedrale.

Hegner hat dies Werk herrlich übertragen (viel intensiver als Franz Blei die andern Dramen, dem aber dauerndes Verdienst als erster deutscher Bekenner Claudels gewiß bleibt), in Hellerau wird Reinhardt es als geistliches Spiel erstmalig am 3. Juli inszenieren. In Hellerau, im Haus, das Dalcroze seinen rhythmischen Darbietungen gebaut, in diesem Tempel für den antiken Kult des Körpers, wird dies mittelalterliche Mysterium den Hymnus der reinen und körperlos seligen Gottesseele bekennen, seltsam sie beide vereint in einer Stunde künstlerischer Durchdringung – der Tempel und die Kathedrale.

Byroniana

Welche legendarischen und mythenbildenden Kräfte in seinem Dasein enthalten waren, hat niemand deutlicher gefühlt als Byron selbst und einmal in einem Gedichte auf das prachtvollste ausgedrückt, wie unmöglich es der Nachwelt trotz Widerstand, Haß und Gegenwehr sein werde, an seinem Bildnis vorbeizugehen. Herrlich wahrsagerisch sind diese Verse, wo er diese seine Kraft beschreibt, gestaltend über sich fort zu wirken:

With all that chilling mystery of mien
And seeming gladnee to remain unseen
He had (if 't were not natures born) an art
Of fixing memory on another heart ...
You could not penetrate his soul, but found
Despite your wonder to your own wound.
His presence haunted still; and from the breast
He forced an all unwilling interest:
Vain was the struggle in that mental net –
His spirit seemed to dare you to forget

Diese nur scheinbar prahlerische Ankündigung hat sich durch Jahrzehnte in unglaublicher Weise verwirklicht. Goethe in Deutschland, Grillparzer in Österreich, Victor Hugo und Lamartine in Frankreich, Puschkin in Rußland, Mickiewicz in Polen, alle waren sie unablässig berauscht und beschäftigt von dieser einzigartigen vehementen Persönlichkeit, alle in dieses geistige Netz seiner Seele gezogen, und nach Jahrzehnten der Gleichgültigkeit hebt neuerdings eine stürmische und plötzliche Byronwelle über Europa an. Die Ursache ist leicht einzusehen, denn vor einigen Jahren erst hat durch die Publikation ›Astarte‹ des Lord Lovelace sich manches von dem Schleier gelüftet, der prüde während der viktorianischen Zeit über die Beziehungen Byrons zu seiner Stiefschwester Augusta gebreitet war. Und an dieser biographischen Diskussion mußte sich notwendig das dichterische Interesse wieder entzünden.

Das erste Zeichen dieser Auferstehung innerhalb der deutschen Literatur war neben einer einzelnen Szene in einem Stück von Ernst Toller, eine Novelle Heinrich Eduard Jacobs* in seinen ›Narren und Dämonen‹, eine rechte Raketennovelle, die mit einer blitzend aufsteigenden Parabel das Problem Byron erhellt. Sie stellt in richtiger psychologischer Folge dar, wie die snobistisch verlungerte Eitelkeit Byrons (seine Urkraft) durch einen törichten Angriff plötzlich zur dichterischen Tat aufgepeitscht wird, wie die rasende Lust des Sich-beweisen-Wollens aus diesem fanatischen Willensmenschen ebenso gewaltsam den Dichter herausholt, wie sich der Lahmbeinige zum Meisterschwimmer aus einer Umschaltung des Minderwertigkeitsgefühls brutal umzwang. Auch Max Brod** hat in seinem dreiaktigen Schauspiel ›Lord Byron kommt aus der Mode‹ – das man hoffentlich bald auf der Bühne sehen wird, die ritterlich romantische Herausforderung an das Schicksal, den dämonischen Selbststeigerungs- und Selbstvernichtungswillen als das Zentrum der Byronschen Seele erkannt, dieses rasend gespannte Ich, das aus Trotz und Übertrotz jedes bisher giltige Maß im Dichterischen wie im Sportlichen wie im

* Heinrich Eduard Jacob, ›Narren und Dämonen‹, Rütten & Loening Verlag.

** Max Brod, ›Lord Byron kommt aus der Mode‹, Zsolnay Verlag

Moralischen überschreiten will. Einige Szenen sind darin prachtvoll gelungen und mit absoluter Folgerichtigkeit die Sterbeszene, die Vision Augusta's, seiner Schwester, eingeschaltet, als Symbol von Byrons Urschuld, immer in seinem Kampf mit dem Schicksal auch fremde, schwächere Gestalten migerissen zu haben, die dann an seinem persönlichen Übermaß zerstört, an seiner Herausforderung vernichtet wurden. Durchaus bewiesener Dichter, läßt Max Brod in Byron immer den heroischen Menschen, die herrlich expansive urpoetische Natur spüren, und gerade diese ist es, die man auf das enttäuschteste in dem Lord Byron-Roman von Kasimir Edschmid* vermißt, einem Werke, dem es wichtiger scheint, apart und amüsant zu wirken, als Byron in die Tiefen und Abgründigkeiten seiner Natur zu folgen. Es geht klug, plauderhaft und recht kokett in diesem Roman zu, Byron heißt darin unentwegt und unentrinnbar Georgy, treibt Sport und raucht sogar die damals noch nicht erfundenen Zigaretten, Schwester Augusta heißt »A«, Lady Byron »Bell«, die phantastische Figur der dicken, cholerischen, Schnaps trinkenden und einem echten Landlord ähnlichen Mutter figuriert als »Mammy«, und es wimmelt von allerhand munterm small talk und kleinen Sportlichkeiten. Aber wo das Zentrale berührt werden sollte, etwa in der brüderlich feindlichen und genial verbundenen Beziehung Byrons zu Shelley, sagt Byron von Shelley zusammenfassend nach einem urbanalen Gespräche »netter Mensch« bei Kasimir Edschmid, während ich mich erinnere, daß er an Murray die entscheidende Zusammenfassung schrieb: »Ich habe niemand gekannt, der mit ihm verglichen nicht zum Tiere herabsinkt.« Kurzum ein Buch, das Unbelehrte vielleicht als Plauderlektüre erfreut, aber gerade diejenigen, die an Kasimir Edschmid

* Kasimir Edschmid, ›Lord Byron‹, Zsolnay Verlag

doch hohe literarische Ansprüche stellen, nur enttäuschen und geradezu erbittern kann.

Nach einer solchen Verplauderung und Vergesellschaftlerei eines tragischen und eminent dichterischen Problems tut es dann geradezu wohl, eine sachlich klare, gerechte, übersichtliche Biographie zu lesen. Helene Richter* hat sie geschrieben, und sie darf selbst nach der ausgezeichneten von Ethel Colburn-Magne in Ehren bestehen. Eine geheimnisvolle Anziehung scheint auf Helene Richter gerade der dämonische Dichtercharakter auszuüben, denn wir danken ihr schon das ausführlichste, gründlichste und belehrendste Buch, das über den dichterischen und malerischen Mystiker William Blake in deutscher Sprache geschrieben wurde und in dem die gleiche gründliche, solide und gerecht abwägende Methode zu überzeugendsten Resultaten führt. In diesem monumental angelegten Werke stellt sie Byron vor allem mitten in die Zeit, so daß er nicht wie ein Meteor wirkt, sondern trotz seiner scheinbaren Gegensätzlichkeit als urtümliches Produkt seiner Rasse und Gesellschaftsklasse, und ausgezeichnet ist dann entwickelt, wie sich aus den allgemeinen Bedingtheiten die leidenschaftliche Revolte, die eigenwillige Einmaligkeit Byrons entfaltet. Mit viel Wissenschaft ist dann seine europäische Wirkung ausgedeutet und mit Recht die Kunst seines Briefstils, seiner privaten Äußerungen den dichterischen beinahe gleichgesetzt. Man spürt hier nicht nur Jahre, sondern Jahrzehnte einer saubern und sorglich schaffenden Wissenschaft, die durch Fülle des einzelnen das Gesamtbild erkundet, und man spürt hinter dieser philologischen Mühe die tief innerliche künstlerische Neigung, die ehrlich bewundernde Liebe, ohne die es keine wahrhafte Gestaltung gibt.

* Helene Richter, ›Byron‹, Max Niemeyers Verlag, Halle

Viel Liebe, sehr viel wirkende und schöpferische Liebe, vielleicht nur – dies als einzige Einschränkung – eine manchmal etwas zu mütterlich verbergende, zu vorsichtig zudeckende Liebe. Die Beziehung zu Augusta, der Stiefschwester, faßt für mein Empfinden Helene Richter etwas zu ängstlich an, als ob es hier wirklich noch etwas Todsündhaftes zu bemänteln und zu verstecken gäbe, als ob nicht gerade der tiefste Sinn Byrons eine Herausforderung an das Schicksal gewesen wäre und seine tiefste Schuld, daß er im Augenblick der Krise (wie Goethe bei Friederike) sich durch Flucht rettet und die ganze von ihm heraufbeschworene Qual der Zurückbleibenden hinterließ. Verschwiegen wird vielleicht auch die andere Schuld, die mit Recht die Engländer niemals dem Gentleman Byron verziehen haben: nämlich seine gefährliche Beichtlust, alles von sich auszuplaudern, seine privatesten Verhältnisse, seine intimsten Beziehungen, selbst die gefährlichsten und wie in diesem Falle naturwidrigsten, in Dutzenden Briefen und unter dünner Verhüllung in seinen Werken aller Welt ins Ohr, nicht zu flüstern sondern zu schreien; gerade zu diesem Chrakterschattenpunkt wäre auszuführen, wie das selbstdarstellende Genie seiner introvertierten Natur sich im privaten Leben kleinlich, beinahe lächerlich offenbart in einer peinlichen und wenig reinlichen Indiskretion, wie das Minderwertigkeitsgefühl des Körperlichen sich durch Exzesse der Selbstvergottung kompensiert. Das sind termini technici der Psychoanalyse, ich weiß es, aber vielleicht fehlt nichts diesem prächtigen Buch so sehr als der Mut und die Freiheit dieser neuen Psychologie, denn man darf ruhig sagen (um ein berühmtes Wort zu paraphrasieren), daß heute keine psychologische Biographie mehr ohne einen Tropfen freudischen Öles geschrieben werden kann, ohne die mitleidslose, bis zu physischen Organen niederblickende Psychoanalyse, die hinter jeder

»Seelenschuld« die natürlich logische Ursache als ein Selbstverständliches sieht. Im Psychologischen bleibt hier darum die Durchdringung hinter dem Literaturwissenschaftlichen zurück, und es ist vielleicht kein Zufall, daß diesem Buche vor dem Titel gerade die Büste von Thorwaldsen vorgeheftet ist, die nach bewährt alter Auffassung den »Dichter« in makelloser Schönheit, den Blick sinnend zum Himmel erhoben und den Bleistift in der Hand zeigt. In ebenderselben schönen, idealistischen, uns aber nun schon etwas allzu idealistischen Auffassung ist das Buch geschrieben, ebenso technisch vollendet in seiner Art als die Büste Thorwaldsens als Kunstwerk, aber in der Haltung, in dieser allzu schönen, allzu »poetischen« Einschleichung unserem Generationsgefühl nicht mehr ganz gemäß.

Darum ist es gut, daß diesem wissenschaftlich trefflichen und vorzüglich gearbeiteten biographischen Werk eine moderne psychologische Untersuchung zur Seite tritt: ich meine das anregungsvolle, reiche und auch seelisch profunde Buch von Charles Du Bos*. Charles Du Bos ist eine exegetische Natur. Er schafft keine ganz reinen, selbständigen Bildnisse, sondern prachtvolle psychologische Paraphrasen zu jedem geistigen Gegenstand. In einem engen Kreis von Paris, vor fünfzehn, zwanzig Zuhörern hält er seit Jahren Vorlesungen über Byron und Novalis, über Baudelaire, über Gide – großartige Kurse, die bisher nie die Öffentlichkeit erblickten. Jetzt sind zum erstenmal seine sechs Vorlesungen über Byron und Gide gesammelt, und nun erst weiß man, welch erlesener Genuß durch überlange Zeit einzig einem engsten Zirkel vorbehalten war. Charles Du Bos reizt nur das Geheimnis an jeder Natur. Einzig das Schwierigste in jedem

* Charles Du Bos, ›Byron ou le besoin de la fatalité‹, Paris au sans parait

Problem betrachtet er in seiner wissenden und durchdringenden Art, und manches ist hier von Byron zum erstenmal festgestellt, was der früheren, auf der alten Psychologie fußenden Betrachtung niemals verständlich war, vor allem die merkwürdige Dreieckbeziehung zwischen Byron, seiner Schwester und seiner Frau und die merkwürdige Kontrapunktik seiner innern, eisigen Menscheneinsamkeit und seines Bedürfnisses, die ganze Menschheit mit seinem Ich zu beschäftigen. Legt man diese beiden Bücher zusammen, das übersichtliche, tatsachenreiche und plastisch die Figuren voll umreißende der Helene Richter mit diesem aufhellenden, diesem geistig fluktuierenden und seelisch orientierenden des Charles Du Bos, so ergibt sich ein vortrefflicher Zusammenklang, eine wie vom geistigen Schicksal fast geforderte und gewollte gegenseitige Ergänzung. Mit diesen beiden Werken und der schon angekündigten Biographie von Maurois dürfte wahrscheinlich für einige Jahrzehnte wieder die geisteswissenschaftliche Position Byrons endgiltig umrissen sein, aber nur für einige Jahrzehnte; denn es ist das Wesen jeder wahrhaft problematischen Natur, daß sie ihre Fragen immer neuen Geschlechtern entgegenstellt und so die innere Schöpfungsenergie immer wieder in neuproduktive umsetzt: Gestalten, die vollkommen ausgedeutet sind, haben das Beste ihre vitalen Kraft verloren. Nur die nicht völlig zu erschöpfenden – und Byron gehört zu ihnen – werden nie ganz Geschichte, also Vergangenheit, sondern bleiben Mythos und damit fortgestaltete Gegenwart.

Das deutsche Walt Whitman-Werk

Vor etwa einem halben Jahrhundert brachte Ferdinand Freiligrath, unvergessener Pionier demokratischen Geistes, den Deutschen zum erstenmal Walt Whitman in einem Bündel Übersetzungen. Die deutsche Geistigkeit, die damals ihr lyrisches Ideal in Paul Heyse und bestenfalls in Eduard Mörike suchte, sah in diesen breit hinrollenden, wild ihrem eigenen Rhythmus nachströmenden Gedichten kaum mehr als einen merkwürdigen Barbarismus, genauso wie sie, vom Ideal einer falschen Klassizität benommen, die chinesischen, die japanischen Gedichte, diese Essenzen des Stimmungsgedichtes, nur als merkwürdig, nur als »kurios« empfand, als eines jener Mitgebringe aus den Tropen ohne irgendeinen Beziehungswert zu unserer Welt.

Nach einem Vierteljahrhundert war es dann ein Deutschamerikaner und schließlich Johannes Schlaf, die mit erneuter Leidenschaft für den »guten grauen Dichter« eintraten, dann kamen Karl Federn, Max Hayek und eine ganze Reihe anderer, jeder mit Übersetzungen der ›Grashalme‹, die allmählich eine Ahnung von Whitmans Wesenheit und Wirkung bei uns in Deutschland aufging, während gleichzeitig in Frankreich seit zwanzig Jahren unser brüderlicher Freund Léon Bazalgette mit Übertragungen und einer prachtvollen Biographie ihm Bahn in das europäische Geistesleben brach.

Nun fühlt man ihn schon als den, der er ist: der stärkste Dynamo moderner Lyrik, ungeheure Ströme von Kraft und Helligkeit aus der rhythmischen Energie seiner Gedichte verbreitend, ein Energiezentrum ohnegleichen, angehäuft mit Schwung, genug, um ein Weltall damit zu erfüllen. Und unerschöpflich ist dieser Mensch, dieses Dichters Vitalität, sie reicht nicht nur aus für sein eigenes Leben, sie reicht nicht nur aus, um dann noch das Gedicht ganz mit dieser glühenden Existenzwärme zu erfüllen, sie hat noch Kraft, durch dieses Gedicht andere Lebenskräfte zu steigern: drei Zeilen, einen Absatz Walt Whitmans nur muß man lesen, und schon fühlt man den elektrischen Funken in sich überspringen, alle gedrückten Energien straffen sich auf, der Kern der Vitalität ist wie von Sonne bestrahlt und beginnt zu blühen und zu fruchten. Greift man aber tiefer in seine Fülle, wirft man sich ganz in den Katarakt seiner Hymnen hinein, so scheint einem dies eigen Bewußte in einem panischen Taumel zu entschwinden; man rauscht selbst hinein, weggerissen von den rauschenden Kaskaden dieser Ströme, zerstampft von der Wucht dieser schäumenden, niederstürzenden Unendlichkeit.

Die Intensität dieses Werkes, sie kannte man also schon, diese bei aller Breite des Ganzen und Einzelnen so gepreßte Selbstheit des Dichters, die so stark ist, daß eine Strophe schon berauscht, eine Seite schon lebenstrunken macht: in dem kleinsten seiner Gedichte, in einer Zeile schon ist Whitman ja immer enthalten, so wie ganze Wälder in einem Samenkorn. Aber die volle Breite seines Werkes, die Fülle, die Vehemenz seiner Dichtung vermögen in Deutschland jene, denen die Originale nicht zugänglich sind, erst heute kennenzulernen an der umfassenden zweibändigen Ausgabe, die Hans Reisiger – Dank ihm, innigster Dank! – nun endlich meisterlich zu Ende geführt und bei S. Fischer erscheinen ließ.

Sie ist voll, sie ist weit, sie ist lebendig und breitschultrig wie er selbst, Walt Whitman, sie stellt nur dar, ohne zu übertreiben, ohne zu umschreiben, ohne jeden der modischen Versuche, einen Menschheitsdichter rasch in eine neue Religiosität umzuschwindeln oder ihn zum Parteimann zu degradieren. Ihr innerster Wille ist, Walt Whitman nicht nur lyrisch als Neurhythmiker empfinden zu lassen wie bisher, aber auch nicht politisch als demokratisch und nationalpsychologisch als Amerikaner, sondern einfach als Element, stark leuchtend und unerschöpflich wie Radium, klar wie Wasser, hell wie Sonne und reinschmeckend wie Morgenluft, als eine innere, unzerstörbare Einheit, in der Mann und Werk, Leben und Dichtung nur zwei verschiedene und doch komplementäre Formen derselben einmaligen Urkraft sind.

Diese Form, einen fremdländischen Lyriker wiederzugeben, indem man sich nicht darauf beschränkt, einzelne Proben in das Deutsch-Lyrische umzumodellieren oder künstlich die Gesamtheit seiner Gedichte nachzubilden, sondern indem man bei der Auswahl seiner Gedichte auch die Fülle seines Lebens entgegenstellt, indem man den lyrischen Menschen, die Erscheinung als Lebenselement, als Typus in deutscher Sprache ahnen macht, die ja doch das lyrische Geheimnis der anderen nie ganz mitzuteilen vermag – sie scheint mir die einzig notwendige in Deutschland.

Man verzeihe mir's, wenn ich da einen Augenblick von mir selbst spreche: ich habe bei Verhaeren, Rimbaud, Desbordes-Valmore, Verlaine dieses Prinzip längst als das einzig wesentliche und wahrhafte erkannt, und eben aus der Schwierigkeit, die sich da oft der Bildkräftigkeit eines Menschen, der Durchdringungsfähigkeit seines Gedichts mir entgegenstellte, vermag ich es so recht nachfühlend zu sagen, wie ausgezeichnet hier Hans Reisiger der Zusammenklang gelungen ist und wie rein der Urton Walt Whitmans mir in diesem Zusammenklang erscheint.

In den Versen rollt der Rhythmus straff und nur von innen gebändigt dahin, zum erstenmal zeigen die »Democratic Vistas« diese herrlichen Prosaseiten, das bisher unübersetzte erlauchte Manifest des Dichters an die Menschheit. Briefe und Aufsätze tun seine innersten und persönlichsten Gedanken auf, das Ganze aber faßt eine ausgezeichnete Biographie zusammen, klar, knapp, menschlich, ohne künstliche Dunkelheiten, gleichsam selbst durchfiltert von dem offenen, hellen Lebensblick Walt Whitmans, ein rechtes Meisterstück bescheidenkräftiger Darstellung, einzig vergleichbar der schönen Liebestat Léon Bazalgettes in Frankreich.

So ward ein Buch, das man von innen her lieben mag, zu dem man immer wieder zurückkehrt, um Kraft und Freude für eine Stunde sich anzutrinken, ein Buch, das ein Menschgedicht gestaltet, seine Gestalt zum Erlebnis macht und darum mehr als ein Buch bloß wird: eine Tat, eine echte und rechte, rein schöpferische Tat.

Anmerkung zu Joyce's ›Ulysses‹

Gebrauchsanweisung: man suche zuerst nach einem soliden Stützpunkt, um diesen Mammutroman nicht während des Lesens unablässig in der Hand halten zu müssen, denn dieser Band umfaßt fast 1500 Seiten und liegt einem wie Blei in den Gelenken. Zuvor nehme man noch sorgfältig zwischen den zweiten und dritten Finger die beigelegten Prospekte über »Das größte Prosawerk des Jahrhunderts« und den »Homer unserer Zeit«, reiße diese lautpaukenden, übertreiblichen Reklamezettel von einem bis zum anderen Ende durch und werfe sie in den Papierkorb, um nicht zu phantastischen Erwartungen oder Widerspruch im voraus gereizt zu werden. Dann setze man sich in einen Fauteuil (denn es wird lange dauern) und hole alle Geduld und Gerechtigkeit aus sich hervor (denn man wird sich auch ärgern) und beginne:

Gattung: ein Roman? Nein, durchaus nicht: ein Hexensabbat des Geistes, ein gigantisches Capriccio, eine phänomenale zerebrale Walpurgisnacht. Ein Film psychischer Situationen, sausend und flirrend im Expreßtempo, dabei ungeheure Seelenlandschaft voll genialer und genialistischer Details taumelig vorüberreißend, ein Doppeldenken, ein Tripledenken, ein Übereinander-, Durcheinander- und Quernebeneinanderfühlen aller Gefühle, eine Orgie der Psychologie, mit einer neutechnischen Zeitlupe begabt, die jede Bewegung und Regung in ihre Atome auflöst. Eine Tarantella des Unbewußten, rasende und rauschende Ideenflucht, die quirlend wahllos mit sich schwemmt, was ihr gerade in den Weg kommt,

Subtilstes und Banalstes, Phantastisches und Freudisches, Theologie und Pornographie, Lyrismen und Kutschergrobschlächtigkeiten – ein Chaos also, aber nicht dumpf geträumt von einem trunkenen Rimbaud-Gehirn, alkoholüberdunstet und dämonisch verdüstert, sondern von einem schneidend geistigen, ironisch zynischen Intellektuellen kühn und absichtsvoll instrumentiert. Man schreit vor Entzücken, man tobt vor Erbitterung, man ermüdet und spürt sich wieder wach gepeitscht, schließlich wird man duselig, als ob man zehn Stunden Karussell gefahren wäre oder unablässig Musik gehört hätte, jene blendende, flötenscharfe, dann wieder grob paukende und jazzbandwilde, immer aber bewußt modernistische Wortmusik James Joyce's, die hier sich einer der raffiniertesten Sprachorgien hingibt, die je in allen Sprachen unternommen wurde. Es ist etwas Heroisches in diesem Buche und zugleich etwas, das die Kunst lyrisch parodiert, also echt und recht ein Hexensabbat, eine schwarze Messe, in der der Teufel den heiligen Geist auf die allerverwegenste, alleraufreizendste Weise äfft und mimt: aber ein Einmaliges, ein Unwiederholbares, ein Neues.

Ursprung: etwas Böses ist die Wurzel. Irgendwo steckt in James Joyce ein Haß von Jugend her, ein Primäraffekt seelischer Verwundung. In Dublin, seiner Heimatstadt, muß er ihm zugefügt worden sein, von den Bürgern, die er haßt, von den Priestern, die er haßt, von den Lehrern, die er haßt, von irgend jemandem, denn alles, was dieser großartig geniale Mensch schreibt, ist Rache an Dublin, sein früheres Buch schon, die herrlich hemmungslose Selbstbiographie des Stefan Dädalus, und nun diese grausam analytische Seelenorestie. Keine zehn Seiten Herzlichkeit, Hingebung, Güte, Freundlichkeit findet man unter den fünfzehnhundert, alle sind sie zynisch, höhnisch und von einer orkanischen Gewalt der Empörung, alle explosiv, von entzündeten Nerven aufgeschnellt in einem rasanten Tempo, das zugleich berauscht und betäubt. Hier entlädt sich ein Mensch nicht nur im Schrei, nicht nur im Hohnwort und in der Grimasse, sondern aus allen seinen Eingeweiden leert er seine Ressentiments aus, er vomiert seine Gefühlsrückstände mit einer Wucht und Vehemenz, die redlich erschauern macht. Der genialste Bluff im einzelnen kann nicht die ungeheure Gefühlsergriffenheit dieses bebenden, dieses vibrierenden, dieses schäumigen und fast epileptischen Temperaments verdecken, mit dem hier ein Mensch sein Buch in die Welt erbricht.

Antlitz: manchmal in den Pausen habe ich mich an das Gesicht von James Joyce erinnert: es paßt zu seinem Werke. Ein Fanatikergesicht, ein tragisches Auge, hinter überschliffene Brille ironisch flüchtend. Ein zerquälter Mensch, aber eisenfest, starr und zäh, ein Verkehrtpuritaner mit quäkerischen Ahnen, einer, der sich verbrennen ließe für seinen Glauben und der seinen Haß, seinen Blasphemismus so heilig ernst nimmt wie verschollene Ahnen ihren Kirchenglauben. Ein Mensch, der lange im Dunkel gelebt hat, immer für sich, verschlossen, verkannt, gleichsam verschüttet unter der Zeit und darum doppelt Flamme geblieben. Elf Jahre Berlitzschool-Lehrerschaft, diese grausigste Tretmühlenarbeit des Geistes, fünfundzwanzig Jahre Exil und Entbehrung haben diese Kunst so scharf und schneidend gemacht. Es ist viel Großes in seinem Gesicht, es ist viel Größe in seinem Werk, eine phantastische inkommensurable Heldischkeit der Hingabe an den Geist, der Hingabe an das Wort: aber das eigentliche Genie von Joyce sitzt im Haß und erlöst sich einzig in Ironie, in einem funkelnden, verwundenden, quälenden Dolchspitzentanz des Geistes, in einer wollüstigen Vehemenz des Wehetuns, Entblößens und Verletzens, einer Torquemadalust der seelischen Inquisition.

Der Vergleich mit Homer ist schiefer als der Turm von Pisa; aber von Dantes quaderntürmendem Haß lebt etwas in diesem fanatischen Iren.

Kunst: sie offenbart sich nicht architektonisch und bildnerisch, sondern einzig im Wort. Da ist James Joyce absolut Magier, ein Mezzofanti der Sprache – ich glaube, er spricht zehn oder zwölf fremde und holt aus der eigenen eine ganz neue Syntax und ein strotzendes Vokabular. Er bemeistert die ganze Klaviatur vom subtilsten und metaphysischen Ausdruck bis hinab zum Kloakengequatsch eines besoffenen Weibes. Er rasselt ganze Lexikonseiten herunter, überstreut mit Maschinengewehrfeuer von Attributen das Gelände jedes Begriffes, er voltigiert mit einer stupenden Bravour auf allen Trapezen der Satzkunst und bringt es zuwege, im letzten Kapitel einen einzigen Satz zu schreiben, der, glaube ich, über sechzig Seiten hinreicht (wie ja auch der ganze 1500 Seiten-Wälzer nur einen einzigen Tag erzählt: das nächste Buch soll dann die dazugehörige Nacht schildern). In seinem Orchester sind die vokalischen und konsonantischen Instrumente aller Sprachen gemengt, alle Fachausdrücke aller Wissenschaften, alle Jargons und Dialekte, aus Englisch wird hier paneuropäisches Esperanto. Vom Spitzen zum Breiten schwingt dieser geniale Akrobat sich blitzschnell hinüber, er tanzt zwischen klirrenden Schwertern und springt über alle Abgründe des Ungestaltbaren. Die Sprachleistung allein schon bezeugt das Genie dieses Menschen: in der Geschichte der neueren englischen Prosa beginnt mit James Joyce ein besonderes Kapitel, von dem er selbst Anfang und Ende ist.

Summa: ein Mondstein, kopfüber in unsere Literatur gefallen, eine Großartigkeit, eine phantastische, nur diesem einen erlaubte Einmaligkeit, das heroische Experiment eines Erzindividualisten, eines Eigenbrötlergenies. Nichts von Homer, durchaus nicht, dessen Kunst in der

Reinheit der Linie ruht, indes diese Flimmerleinwand der geistigen Unterwelt eben durch ihr Sausen und Vorüberjagen die Seele fasziniert. Kein Dostojewski auch, obwohl ihm näher schon durch Phantasie der Visionen und den exzedierenden Überschwang. In Wirklichkeit geht jeder Vergleich für dieses einmalige Experiment glatt daneben – die innere Isolation von James Joyce duldet keine Bindung an Gewesenes, sie paart sich nicht und wird darum wohl auch keine Nachfahren zeugen. Ein meteorischer Mensch, voll dunkler Urkraft, ein meteorisches Werk paracelsischer Art, wie jenes mittelalterlichen Magiers Schriften in moderner Weise dichterische Elemente mit metaphysischem Humbug bindend, Seelenmystik mit Mystifikation, stupendeste Wissenschaft mit einer grimmen Spaßhaftigkeit. Ein Werk, mehr sprachschöpferisch als weltschöpferisch. Aber immerhin eine unverrückbare Tat: dies Buch, ein geniales Kuriosum, wird bleiben wie ein erratischer Block, unverbunden mit der fruchtbar wirkenden Umwelt. Und wenn die Zeit es einmal gehörig umwittert hat, wird es vielleicht wie alles Sibyllinische der Menschheit ehrfürchtig werden. Jedenfalls schon heute: Respekt vor dieser eigenwillig vehementen und versucherischen Leistung, Respekt, Respekt vor James Joyce!

Der Triumph der Trägheit

Die Gesetze des physischen Lebens sind fast immer die gleichen wie die der Literatur. Wenn wir einem Dinge ganz nahe stehen, von ihm geradezu beherrscht sind und es nicht von einem erhöhten übersichtlichem Standpunkte übersehen, so pflegen wir es nicht zu bemerken. Wir schauen nicht darüber hinweg, aber wir gewöhnen uns dermaßen daran, daß einer, der es uns begreiflich macht, denselben Eindruck in uns hevorruft, wie ein Entdecker, der fernliegende bisher unsichtbare Dinge an uns herangebracht. In der Literatur sind das jene ganz einfachen und natürlichen Gesetze, die unser Schicksal vorwärts- oder zurückbewegen, ohne daß wir ihrer bewußt würden, und deren Wirkungen wir dann gewöhnlich äußerlichen und geringfügigen Ereignissen zuschreiben, die nichts anderes sind als Folgeerscheinungen.

Stendhal hat das Unterirdische und Geheime dieser Gefühlsprozesse einmal in einem sehr feinen Beispiel klargelegt, als er von der Liebe sprach. Die Plötzlichkeit ihres Entstehens verglich er mit jenem eigenartigen Prozeß, der in den Salinen vor sich geht, wenn man einen Gegenstand, z. B. einen Ast, mit vielen Blüten und Blättern, ins salzgesättigte Wasser legt und mit einem Male Kristalle an ihm bemerkt, die nicht augenfällig gewachsen sind, sondern plötzlich nach einer gewissen Spanne Zeit aufschossen. Damit wollte er darlegen, daß keine großen Geschehnisse notwendig seien, sondern daß ein geringstes Minimum, das sich einem bestimmten aufgehäuften Quantum hinzufügt, sofort eine tiefgreifende Veränderung hervorrufen kann.

Die These, die dem mir vorliegenden Roman – ich will von Iwan Gontscharow's Oblomow sprechen, von dem jetzt die erste vollständige Übersetzung im Wiener Verlag erschienen ist – zu Grunde liegt, hat viele, vielleicht sogar die meisten Romanciers der letzten Jahrzehnte beschäftigt. Es handelt sich um einen Menschen, der untergeht, verflacht, versandet und stirbt. Dafür haben die anderen Dichter eine Fülle von Motiven gefunden, richtige und unrichtige, langsam wirkende und plötzliche, aber stets waren es bestimmte tragische Komplikationen und jäh eintretende Ereignisse, welche die Kraft des Menschen zerknickten und untergruben. Alle menschlichen Leidenschaften boten das Material zu diesen psychischen Vernichtungskatastrophen, und so entfernte und komplizierte Triebkräfte wurden verwertet, daß die Möglichkeit fernzuliegen schien, hier noch einen neuen Typ zu finden.

Das ist nun Gontscharow mit seinem Buche gelungen, und sein Oblomow ist wohl nicht nur der einfachste Fall, sondern auch der verbreitetste für dieses moralische und allgemein menschliche Versumpfen. Sein Held ist träge – das ist alles. Er verschläft den halben Tag, geht nicht mehr aus, bricht jeden Verkehr ab und verliert nach und nach jedes Interesse an der Außenwelt. Die Faulheit ist die Katastrophe seines Lebens; es kommen keine Ereignisse, die ihn zerbrechen und ermatten, im Gegenteil, nur die Kleinigkeiten sind es, die ihm schwierigfallen und ihn schwächen. Einen Brief zu schreiben bedeutet für ihn eine Tat, um welche man lange Tage ängstlich herumgeht, um sie schließlich zu vergessen; das furchtbarste Geschehnis, das seine Seele zerwühlt, ist der Gedanke an das unausweichliche Verlassen der alten Wohnung, um eine neue zu suchen.

So ist seine Faulheit; damit ist aber noch nicht der vollständige Typus Oblomows gegeben. Noch immer ist ein weiter Spielraum zwischen Gut und Böse dem Dichter anheimgestellt. Ein paar verdunkelnde Striche – und er ist ein Tier, das zwecklos vegetiert, frißt und trinkt und sich nicht einmal vermehrt, weil es dazu zu träge ist. Und ein paar vertiefende Motivationen – und Oblomow wäre ein seltsamer Philosoph, ein Stoiker, der in der »αταραξία« des Weisen lebt, fernab vom neidischen und gierigen Menschengezücht, das er verachtet. Aber Oblomow ist keines von beiden: er ist im Grunde seiner Seele ein Dichter. In seinen wachen Träumen ist er der tätigste aller Menschen, ein Heros der Weltgeschichte, der Welten zertrümmert und neue erstehen läßt; aber er träumt und träumt und vergißt zu leben, er glaubt zu handeln und liegt untätig, eingehüllt in seinen alten Schlafrock, auf dem weichen Sofa in dem dumpfen Zimmer, dessen Fenster verschmiert sind und in ihrer Vernachlässigung für das Licht fast undurchdringlich. Denn wie ein ansteckendes Gift hat sich die Trägheit vom Gebieter auf den Diener Sachar übertragen, an dem Oblomow diese Eigenschaft selbstverständlich verachtet. Und ihn macht er auch natürlicherweise verantwortlich für alle die kleinen Peinlichkeiten und Unannehmlichkeiten, die seiner eigenen Faulheit entwachsen. An sich selbst will er nie denken; manchmal aber kommt das Bewußtsein doch zur Geltung und stellt sich drohend vor ihn. »Entsetzen erfaßte ihn, als in seiner Seele plötzlich eine lebendige klare Vorstellung von dem Schicksal und der Bestimmung des Menschen entstand, als er zwischen dieser Bestimmung und seinem eigenen Leben eine flüchtige Parallele zog, und als in seinem Kopfe verschiedene Lebensfragen eine nach der andern erwachten und furchtsam im Durcheinander aufwirbelten wie Vögel, die ein plötzlicher Sonnenstrahl in der schlummernden Ruine erweckt hat. Sein

Mangel an geistiger Regsamkeit, das geringe Wachstum seiner sittlichen Kräfte und die Schwere, die ihm in allem hinderlich war, kränkte ihn und stimmte ihn traurig; an ihm fraß der Neid, daß andere so voll und ganz leben, während auf den schmalen, armseligen Pfad seiner Existenz ein schwerer Stein geworfen zu sein schien. In seiner schüchternen Seele erstand das qualvolle Bewußtsein, daß viele Saiten seiner Natur gar nicht geweckt worden waren, daß einige nur sehr leise berührt wurden und keine einzige ganz ausgeklungen war. Und dabei fühlte er schmerzlich, daß in ihm wie in einem Grab etwas Schönes, Lichtes eingeschlossen war, das vielleicht schon tot war oder wie Gold in dem Schoß des Berges eingeschlossen lag, und daß es schon längst Zeit war, dieses Gold in Scheidemünzen zu verwandeln. Aber dieser Schatz war schwer und tief mit Unrat und angeschwemmtem Schutt belastet. Jemand schien ihm die vom Leben und von der Welt zugedachten Schätze gestohlen und in seiner eigenen Seele vergraben zu haben. Etwas hinderte ihn daran, sich ins Leben zu stürzen und mit vollen Segeln des Verstandes und des Willens hinzufliegen. Ein heimlicher Feind hatte ihn beim Beginn seines Weges mit schwerer Hand belastet und ihn vom geraden Pfad der menschlichen Bestimmung weit fortgeschleudert ...«

In diesen eintönigen Zustand tritt nun eine Episode, die man leicht für den Roman selbst ansehen könnte. Oblomow wird durch einen uneigennützigen Freund – denn Schmarotzer haben sich selbstverständlich sofort an ihn herangemacht –, den Deutschen Stolz, ein wenig aus der Apathie erweckt. Er bringt ihn zu einer Familie, und dort lernt Oblomow ein kluges, stilles Mädchen, Olja, kennen, in die er sich verliebt. Und was das Merkwürdige ist, er findet eine sorgliche zärtliche Gegenliebe. Ihr gefällt die müde Schwermut Oblomows, die nichts anderes ist als die Folge seiner Schlafsucht, sie spürt manchmal, wie seine kristallreine Seele leise zu klingen beginnt durch all den Staub, der auf ihr lastet; und sie sieht vor allem in ihrer Liebe ein Ziel, sie weiß, daß es in ihrer Hand liegt, einen Menschen zu schaffen und zu erheben, und ihre junge Seele weiht sich diesem Gedanken.

Ein kleines Idyll funkelt in diesem breiten und düstern Buche auf. Wie mit Silberstift sind die intimen und keuschen Liebesszenen in dem Werke gezeichnet – man könnte vergessen, daß ein Russe sie geschrieben, denn ein heiteres, stilles und geklärtes Licht liegt über ihnen. Aber bald erwacht das Gespenst wieder in Oblomow und reißt ihn an sich. Noch kämpft er – etwa wie ein ertrinkender Hund im Wasser ringt, mühsam und kraftvoll, aber der Stein zerrt und drückt, und je schwächer die Anstrengungen werden, desto unerbittlicher zieht die Last zum Grunde hinab...

Und mit einem Male ist alles aus. Er ist wieder Oblomow, aber noch düsterer, träger und verlorener wie vorher, weil er keine Träume mehr spinnt und keine Hoffnungen mehr hat. Nichts Unerbittlicheres und Traurigeres läßt sich denken wie die Szene, wo er Stolz, dem Freunde, der ihn noch retten will, mit gefaßten, abgeschlossenen Worten andeutet, daß es zu spät ist. Die Trägheit hat ihn ganz in ihrer Gewalt und gibt ihn nur dem Tode frei.

Man sieht – es ist eine Geschichte vom Alltag, und grausam ist sie wie das Leben, wenn man ihm in seinen Tiefen nachspürt. Und Gontscharow verbohrt sich in den Stoff, wie alle die Russen, die in ihrem analytischen Drang die kleinste und unscheinbarste Handlung in die subtilsten Strömungen auflösen. Russisch ist aber vor allem der Typ selbst mit allen seinen Einzelheiten, die der Dichter geflissentlich belauscht. Nie sind die kleinen Bequemlichkeiten, die Trägheit des Aufstehens, die Kunst des Ausredens und Sich-selber-Vorredens um der Faulheit willen mit so psychologischer Peinlichkeit entwikkelt worden; man müßte Oblomow für ein ganz einzig dastehendes Genie in der Kunst der Faulenzerei halten, wüßte man nicht, daß die russischen Naturalisten selbst in das Schlichteste und Primitivste tausendfache Komplikationen zu legen wissen – man betrachte nur einmal genau die Arbeiter und die Vagabunden des Maxim Gorki. Ich weiß nicht, wie man von Oblomow deshalb scheidet; ich persönlich habe selten zu einer Gestalt so viel Mitleid empfunden, wie zu ihm, nie so das Bedürfnis gehabt, förmlich hineinzugreifen in die Handlung, um ihn zu rütteln: »Werde wach, werde wach, ein Glück geht an Dir vorbei und Du kannst es noch greifen!« Und ich glaube, die meisten werden so empfinden. Denn Mitleid und Zuneigung empfinden wir vor allem bei Zuständen und Geschehnissen, die wir verstehen können oder erlebt haben, weil das egoistische Gefühl hier durchbricht, daß an uns das gleiche Schicksal herantreten könne. Und wo ist einer, der stets so tätig und zielbewußt geschaffen, daß er nicht doch ab und zu in seinem Leben ein Oblomow gewesen wäre?

›Das Werk der Artamonows‹

Mehr als ein Jahrzehnt hat Maxim Gorki, der größte russische Dichter geschwiegen, und schon fürchteten die, die diesen wunderbaren Künstler leidenschaftlich lieben, die Freude an erzählender Gestaltung sei ihm für immer versiegt. Geistiger Wortführer und symbolischer Repräsentant der namenlosen Masse, aus der er durch eigene Kraft zu vollkommener Gestalt emporgestiegen, war Maxim Gorki jahrelang von der ungeheuren Krise der russischen Nation vollkommen mitgerissen gewesen, nicht als Politiker – denn niemals gibt sich der vollkommene Künstler vollkommen der Politik hin –, aber doch als Mensch und Mitlebender unendlich erschüttert von den Geschehnissen, die das Antlitz seiner Heimat für Jahrhunderte verwandelt haben. Nur Erinnerungen an einzelne Menschen verdanken wir jener epischen Brachzeit, schmale Bücher und Aufsätze, allerdings unvergeßlich jeder einzelne durch großartig anschauliche und zugleich seherische Kraft. Vielleicht ist in der ganzen Gegenwart kein vollendeteres und dauerhafteres Porträt geschaffen als jenes schmale Sechzig-Seiten-Buch Maxim Gorkis über Tolstoi und das andere über Lenin. Eine beispiellos wahrhaftige Kraft der Anschauung einigt sich darin der Fähigkeit profundester Intuition, und von all den dickleibigen, umfänglichen Werken, die vordem und nachdem über den tragischen Propheten von Jasnaja Poljana geschrieben wurden, hat keines eine so überwältigende Macht der sinnlichen Darstellung, keines auch eine ähnlich klar erklärende Magie des Verstehens. Vielleicht hat allzusehr während seines langen Schweigens die neu aufsteigende Generation in Rußland, der wir so blendende Erzähler wie Bunin, Schmeljow, Ilja Ehrenburg und Babel verdanken, uns immer zu Vergeßlichkeit Geneigte vergessen lassen daran, daß seit Tolstois Auge erlosch, keines mehr jene einzig darstellende und durchdringende Leuchtkraft besitzt denn jenes Maxim Gorkis. Erst sein großes, neugestaltetes Werk wird nun an seine Größe wieder besinnen lassen.

Denn eine Überraschung, eine wahrhafte Freude schon war es, zu hören, daß Maxim Gorki, von seiner schwankenden Gesundheit aus dem heimischen Nordlande nach dem Süden verbannt, in weitausholender, jahrelanger Arbeit sich einem Roman zugewandt, der beinahe ein ganzes russisches Jahrhundert überspannt und eine Epopöe sozialen Aufstieges im symbolischen Bilde veranschaulichen will. Nun endlich das langerwartete Werk* vorliegt, freut sich das ihm für so vieles schon dankbare Gefühl, selbst im äußersten Anspruche nicht enttäuscht zu sein. Denn dieses Werk hat monumentale Linie, und hinter seiner naturalistischen, streng-sachlichen und stark sinnlichen Gestaltung zeichnet sich deutlich eine geistig-symbolische Umfassung der ganzen russischen Gegenwart ab. In seinem Werke unternimmt Maxim Gorki nichts Geringeres, als in drei Stufen, in drei Generationen den Gang Rußlands von der ersten Loslösung jahrtausendalter Formen, von der Aufhebung der Leibeigenschaft bis zur Revolution im Rahmen eines Familienschicksals darzustellen, ähnlich wie Zola einstmals in der Serie der Rougon-Macquart. Aber in Wahrheit ist kein einzelner dieser Sippe Mittelpunkt und Held, sondern das russische Volk selbst, die elementare Volkskraft, die, kaum befreit, ihre Stärke zeigt und

* ›Das Werk der Artamonows‹, Roman, Malik-Verlag, Berlin.

durch das Übermaß dieser Stärke in seelische Gefahr gerät.

Mit einem Ruck wird gleich zu Anfang die Szene aufgerissen. In irgendein verlorenes russisches Dorf kommt ein Fremder, Ilja Artamonow, mit seinen drei Söhnen. Er ist noch leibeigen gewesen, er hat gedient, ehe er nun das Gebieten lernt. Mit scharfem Blick mißt er die Situation, erkennt die Zeit: sie ist reif für Industrie und das bäuerische Land dafür der richtige Boden: so gründet er mit seinen drei Söhnen aus gespartem Geld eine Leinenfabrik. Mitten in das gleichgültige und unkultivierte Land drängt er seinen tätigen Willen ein und setzt ihn, gleichgültig gegen dumpfen und lauten Widerstand, in Werk um. Dieser Ahnherr, der Ilja Artamonow, veranschaulicht prachtvoll die reine, ungebrochene alte russische Volkskraft, die in jahrelangem Dienste gelernt hat, sich selbst zu bezähmen, den Willen anzuspannen und durchzusetzen. Die Ungebrochenheit des Anfangs ist noch in ihm, Vehemenz, Männlichkeit des Willens ohne Ungeduld, jene strenge Zielhaftigkeit, die im Bewußtsein ihrer Stärke ruhig Schritt für Schritt vorwärtsgeht, wie der Bauer hinter dem Pflug: großartig verkörpert sich in seiner wie aus Holz geschnitzten Gestalt das herrlich Elementare der unsterblichen anonymen Volkskraft.

In seinen Söhnen, in Pjotr und Nikita (der dritte, Aljoscha, ist eigentlich nur Adoptivneffe) erscheint aber das Naturhafte dieser waldhaften Männlichkeit schon gelokkert. Erstes äußeres Zeichen: sie sind nicht mehr absolute Herren der Frau. Sie bändigen nicht mehr sich selbst, sie zähmen drum auch nicht mehr mit List und Brutalität die Menschen. Sie haben schon Gewissen, schon feinere wachsamere Nerven, Stimmungen und Schwankungen. In ihnen beginnt die Kraft bereits abzuweichen, statt sich wie beim Vater starr einlinig und herrscherisch auf das eine einzige Ziel zu konzentrieren: den Boden, den Besitz, das Geld. Nikita, der zweite springt vorzeit ab und weicht der Wirklichkeit, der er sich nicht gewachsen fühlt, in ein Kloster aus. Pjotr und Alexej führen das Werk fort und erweitern es, aber nicht mehr mit jener eisernen unbeugsamen Energie. Sie haben Anfechtungen und Abschweifungen der Lebensunruhe, sie werden verführt von Sinnlichkeit und schwachen Augenblicken. Sie unterliegen manchmal dem Trunk wie den Weibern, aber immerhin: die ererbte Energie, die seit Generationen bewährte und vom Vater noch restlos übernommene Kraft erweist sich noch stark genug, das Werk zu steigern und zu erhalten.

Erst in der dritten Generation beginnt die Auflösung. Nicht daß die große bäurische, die russische Kraft schon vollkommen verbraucht wäre: sie geht nur ins Abseitige. Die Töchter heiraten reiche Kaufleute und rümpfen die Nase über das mühselige Fabriksleben im proletarischen Dorf. Die Söhne studieren und werden Revolutionäre, sie kehren die Kraft in sich gleichsam um und wenden sich nicht zur Erhaltung, sondern zur Zerstörung des Werkes. Und rings um sie herum spiegelt das einstmalige dumpfe und patriarchalische Dorf, das Fabriksstadt geworden ist, grell und unruhig die Verwandlung der Sitten. Die Auflösung im Moralischen und Sozialen beginnt, und die Revolution fegt dann wie ein Sturm über das schon gelockerte Dach.

Großartig ist dieser Plan aufgestuft, man vermag in dem weiten, mit Menschen überfüllten Panorama doch immer deutlich die bildnerische Absicht des Künstlers zu erkennen, an dieser einzelnen Familie den ganzen Übergang der Nation von altbewahrter Bäuerlichkeit in das Brüsk-Neuartige darzustellen und die Krise als notwendig verstehen zu lassen, die ein so rascher Übergang notwendig entzünden mußte. Und mit welcher Kunst im einzelnen steht diese ganze russische Nation auf! Die Szene der Hochzeit im Anfang, die wüste Orgie auf dem Jahrmarkt von Nischni-Nowgorod sind die eindrucksvollsten und farbigsten Bilder, die Gorki bisher gestaltet hat, und der Reichtum an Menschen, von denen das Buch geradezu durchtränkt ist, fordert immer neue Bewunderung. Wie Tolstoi hat Gorki die Gabe, ein Gesicht, einen Menschen mit vier, fünf Strichen plastisch zu machen: Breite ist hier vollkommen durchfüllt. Auch der Flüchtigste, der Vorüberstreifende erscheint durch diese einzige physiognomische Scharfsichtigkeit unerhört lebendig, und so fehlen eigentlich vollkommen reine episodische Gestalten. Selbst der Geringste bleibt nicht schattenhaft, jeder einzelne Arbeiter, jede kleine Stickerin wendet einem scharf das Profil entgegen, und eine Sekunde genügt, um sie erkennbar zu machen. Dazu kommt noch der unvergleichliche Reichtum an Typen, der ja jedem russischen Dichter als Morgengabe von seiner Nation gegeben ist: immer fühlt man wieder, um wieviel farbiger, zusammengewürfelter, unergründlicher und mannigfaltiger in seinen Individuen die russische Unterwelt des Proletariats und des Bauerntums ist, als die unsere schon ausgewogene und dem Bürgertum stark angeglichene, welche starken, ungegorenen Kräfte der Seele in Rußland ruhen und nun erst vielleicht in dem Quirl der Geschehnisse an der Oberfläche sichtbar werden.

Aber ist nicht er selbst, Maxim Gorki, der großartigste Beweis dieser anonymen Kräfte, die aus der Tiefe und Weite der russischen Welt in die Weltgeschichte emporgedrungen sind? Er, der Bäckerjunge war, Vagabund, Matrose, der aus Hungerverzweiflung vor vierzig Jahren (1888) sich eine Kugel in die Brust schoß, mühsam im Hospital hochgebracht, dann wieder Eisenbahnwärter wurde, Bierausträger, Holzflößer, Schiffszieher, der erst mit fünfzehn Jahren mit zäher Energie die Schrift und Rechtschreibung lernte, um ein Jahrzehnt später schon der größte Dichter Rußlands, um heute einer der elementarsten und notwendigsten Künstler zu sein, die unsere heutige Zeit besitzt. Was sein Roman symbolisch ausdrückt in erfundener Gestalt, bestätigt ebenso großartig sein eigenes Dasein: den unausmeßbaren Reichtum, der ebenso wie in den ungeförderten Minen und unerschlossenen Erzen dieses halb mythischen Landes auch im Volkstum seiner Menschen liegt. Gerade jetzt, da unsere westeuropäische Literatur immer mehr an Erfindung und Gestaltung verarmt – freilich um immer eindringlicher und wissender zu werden in der Psychologie – sind sie, diese letzten großen Menschengestalter, die vom Rande Europas kommen, Knut Hamsun, Selma Lagerlöf, Maxim Gorki noch die letzten Vertreter des Mystischen und Naturhaften in unserer Gegenwart geworden. In ihnen sammelt sich noch sinnbildlich die unausgewirkte und dunkel strömende Gewalt, die dem Zeitlosen magisch verbunden ist zu dichterischer Aussage, und sie stehen selbst schon wunderbar legendär in unserer dem Technischen ganz hingegebenen Welt. Gerade das Dasein und der Aufstieg eines Maxim Gorki aus den untersten Schichten des Proletariats zu der höchsten Vollendung schöpferischen Dichtertums hat etwas von dem herrlich Elementaren der sich immer durchwirkenden Natur inmitten unserer ganz schon Geist, Wissenschaft und Erkenntnis gewordenen Literatur, und mit besonderer Bewunderung ziemt es darum, sein Werk und seine wirklich heroische Gestalt zu betrachten.

Nachbemerkung des Herausgebers

»Ein ungeduldiger und temperamentvoller Leser« sei er. Jedoch gerade diese »Untugend« habe ihn veranlaßt, »bei fremden Werken oder Gestalten biographisch oder essayistisch den Ursachen ihrer Wirkung oder Unwirkung innerhalb ihrer Zeit nachzugehen ... Jede Weitschweifigkeit, alles Schwelgerische, alles Undeutliche und Unklare, alles Überflüssig-Retardierende in einem Roman, einer Biographie, einer Auseinandersetzung« habe ihn »irritiert«. Diese Selbstcharakteristik, die Stefan Zweig in seinen Erinnerungen ›Die Welt von Gestern‹ gegeben hat, zeigt, mit welcher Intensität er gelesen und mit welchem Impetus er seine Eindrücke anschließend mitgeteilt hat. Lust, zum Gelesenen Stellung zu nehmen, hat er offenbar schon sehr früh verspürt: mit fünfzehn Jahren »studierte ich alle möglichen Litteraturgeschichten durch, in der festen Absicht, selbst eine zu schreiben«, erklärte der Zwanzigjährige dem Herausgeber der Berliner Literaturzeitschrift ›Deutsche Dichtung‹, Karl Emil Franzos. Es blieb indes ab 1899 neben unpublizierten, zumeist nicht erhaltenen Erzählproben und Gedichtveröffentlichungen zunächst bei kleineren essayistischen Arbeiten, etwa über die Lyrik Johannes Schlafs (Juli 1902) oder über die belgischen Dichter Camille Lemonnier (Oktober 1902) und – vor allem – Emile Verhaeren (April 1903), der für ihn zum großen Vorbild und Freund werden sollte: literarische Porträtskizzen, die Eigenart und Entwicklung einiger Autoren anhand von Vergleichen ihrer Gedichte zeigen sollten. Sie wurden hier nicht aufgenommen, denn Thema des vorliegenden Bandes ist die Begegnung mit dem einzelnen Buch. – Mit der Ausgabe der Gesammelten Werke wird sowohl das erzählerische wie das essayistische Werk Stefan Zweigs neu, nach Themen, geordnet, um so bisher zumindest in Buchform noch nicht veröffentlichte Arbeiten integrieren zu können. Dabei konnte ein von ihm auf Anregung seiner Freunde – gegen »ein unbezwingbares Bedenken ... aber schließlich war es die Zeit selbst, die mich zu drängen begann« – zusammengestellter Band wie ›Begegnungen mit Menschen, Büchern, Städten‹, Wien–Leipzig–Zürich: Herbert Reichner Verlag 1938 [recte 1937], nicht unverändert übernommen werden.

Aus der Fülle der zum Teil Tagesaktualität verpflichteten Buchbesprechungen Stefan Zweigs war eine möglichst repräsentative Auswahl zu treffen. Dabei wurden bewußt Betrachtungen über das Phänomen Buch und über die Gattung Märchen nicht ausgelassen, wurde der Rahmen bewußt nicht starr gesetzt: ein Aufsatz über das Gegensatzpaar Jeremias Gotthelf und Jean Paul wurde ebenso aufgenommen wie eine mehrere Gedichtbände eines Autors (Ehrenstein) und eine Sekundaria über einen Dichter (Byron) zusammenfassende Rezension. Die Einleitungen zu Zweigs Auswahl aus Goethes Gedichten und zur von Zweig »zusammengefaßten« deutschen Neuausgabe von Rousseau's ›Emil [!] oder Über die Erziehung‹ wurden als Beispiele seines editorischen Umgangs mit Büchern gewählt. (Ganz so »kühn«, wie er es später in seinen Erinnerungen darstellte, ist er dabei nicht verfahren, nämlich »einmal in einer übersichtlichen Serie die ganze Weltliteratur von Homer über Balzac und Dostojewski bis zum ›Zauberberg‹ mit gründlicher Kürzung des individuell Überflüssigen herauszugeben«.)

Die erste erhaltene Besprechung eines über seine Zeit

hinaus wirkenden Romans durch Stefan Zweig scheint die über Iwan Gontscharows ›Oblomow‹ zu sein, die am 26. Juni 1902 im ›Prager Tagblatt‹ unter dem Titel ›Triumph der Trägheit‹ erschien. Sie findet sich in diesem Band, der nicht chronologisch, sondern nach Nationalliteraturen und innerhalb dieser nach historischen Daten geordnet ist, im letzten Teil.

Bei der Lektüre eines Buches assoziierte Stefan Zweig, zumindest in jungen Jahren, wie er 1910 anläßlich der Rezension von Hermann Bahrs Nietzsche-Roman ›O Mensch‹ festhielt, Werke deutscher, französischer und englischer Literatur, »erkennbare Vorbilder«, ohne das »in Deutschland so übliche philologische Vergleichen«, denn er verstand nicht, wozu dies »eigentlich führt«. Die Freude an der Zusammenschau, an der Wiederentdeckung irgendwann bei irgendwem für sich gefundener und seither im Gedächtnis behaltener Gestalten und Situationen in diesen anderen war ihm ein entscheidenderes Leseerlebnis. Mit seinem Bericht darüber wollte er gemeinsam mit dem Autor »auf seine Zeit wirken, wollte zeigen, wie man neue Kunstwerke lieben sollte, statt sie zu beschimpfen, Neuem aufhelfen, statt es zu befeinden, wie die Nationen sich klären sollten, statt sich zu hindern«. So gestand er – damit nicht zuletzt seine Buchbesprechungen relativierend – 1914: »auch wo ich mich essayistisch versuchte, blieb ich mehr Hymniker als Kritiker.« Das schloß aber keineswegs aus, daß er, wo sie sich ergab, auch seine negative Meinung äußerte oder eingestand, »die geheime Struktur« eines Buches nicht zu verstehen. Kurz vor seinem freiwilligen »Außenbleiben« sah er Literatur freilich nur noch düster: »Neun Zehntel aller Bücher, die mir in die Hand geraten, finde ich mit überflüssigen Schilderungen, geschwätzigen Dialogen und unnötigen Nebenfiguren zu sehr ins Breite gedehnt und darum zu wenig spannend«, befand er in ›Die Welt von Gestern‹.

Um den Ansatz seiner Kritik besser verständlich zu machen, schaltete er in seine Besprechungen gelegentlich theoretische Erörterungen ein. »Jede echte Novelle ist ebenso wie ein technischer Bau, ein Haus, eine Brücke, eine Maschine«, konstatierte er beispielsweise 1913 in einer Rezension von Raoul Auernheimers ›Laurenz Hallers Praterfahrt‹, »im letzten doch nur Materialisierung einer Schwergewichtsberechnung, einer geometrischen Gesetzmäßigkeit, wo Druck gegen Spannung, Gewicht gegen Gegengewicht gestellt, ein Schicksal mit der stärksten Tragfähigkeit belastet werden muß, um jenes ästhetische Wohlbehagen zu erzeugen, das immer nur eine Harmonie zwischen Anstrengung und Erfolg verspricht. Jedes Schicksal hat seine natürliche Weite, über die es nicht hinausgetrieben werden darf, ohne innen brüchig zu werden, und dieses richtige Maß der Bedeutung dem Geschehnis und seiner Erörterung abzugrenzen, erfordert nicht nur reproduktives, sondern auch konstruktives Talent.« »Wilde Häufung von Geschehnissen, die flüchtiger Blick für Reichtum halten könnte, die aber [der von Stefan Zweig seit seinen Anfängen so sehr verehrte] Balzac, der weiseste Kenner künstlerischer Ökonomie, als das sicherste Zeichen schöpferischer Ohnmacht gebrandmarkt hat«, lehnte auch er entschieden ab – so 1908 gelegentlich einer Besprechung von Gabriele d'Annunzio's ›La Nave‹. »Grazie des Stils« bewunderte er.

Begegnung mit Büchern bedeutete für Stefan Zweig, sich nach Möglichkeit für ihre Vermittlung einzusetzen. Neben den in erster Linie für Leser gedachten, in Tageszeitungen und Zeitschriften veröffentlichten Besprechungen und den Einleitungen zu von ihm selbst herausgegebenen Auswahlbänden sowie zu Büchern anderer nahm er noch auf andere Weise intensiv Anteil am literarischen Leben seiner Zeit: mit Briefen und mit der Konzeption von Buchserien.

Die persönlich gehaltene Korrespondenz mit Schriftstellerkollegen über ihre Arbeit behielt intimen Werkstattcharakter, blieb – oft spontaner – Austausch individueller Erfahrungen und Eindrücke, wurde zumeist nicht Kritik im Sinne allgemeiner Diskussion mit Hinweisen auf Bücher ähnlicher Art oder Erzählweise. Um ein Beispiel zu geben: am 15. Oktober 1905 schrieb Stefan Zweig an Hermann Hesse: »Empfinden ist nicht Kritik, so darf ich sie sagen und muß nicht vergleichen (wie es ja alle Leute mit dem ›Camenzind‹ tun werden).« Er erklärte dem Autor unmittelbar, wie er diesem (nach späterer Formulierung) »scheinbar reifen Werke« »des noch jugendlichen Sentimentalen« gegenüberstand. Seinen Freunden, häufig auch ihm unbekannten jungen Leuten, hat Stefan Zweig gerne, ohne irgendeinen Anspruch auf Absolutheit und ohne Rechthaberei seine Ansicht über ihre gerade erschienenen Texte mitgeteilt. Ja, sie baten ihn nicht selten noch während ihrer Arbeit um seine Stellungnahme. »Du sollst es mir ganz privat schreiben, ich will damit nicht hausieren gehn. Aber ich möchte doch schließlich auch wissen, wie diese Passion außerhalb meiner vier Wände wirkt«, schrieb ihm etwa Paul Zech am 3. August 1937 nach Abschluß seines Romans ›Michael M. irrt durch Buenos Aires‹. Die Erfüllung eines solchen Wunsches war indes zumeist nicht alles, was Stefan Zweig dann tat: er bemühte sich, wo er von der Qualität eines erzählenden oder betrachtenden Werkes überzeugt war, um Vermittlung an einen Verlag oder, wenn es im Original schon auf dem Markt war, um eine Übersetzung.

Diese Freude an praktischer Hilfe, im Mutmachen, Ratgeben, Zureden, Vermitteln war charakteristisch für ihn – »Durchsetzen, Anstoß geben ist prachtvoll« (24. August 1917 an Paul Zech). Wenn es einmal nicht gelang, einen Verleger zu gewinnen, glaubte er versichern zu müssen, es war »wirklich nicht meine Schuld, *ich hatte mich ehrlichst bemüht*«. Noch zuletzt, Ende 1941, als er im brasilianischen Exil von so vielen und so vielem getrennt und sein eigener »›élan‹ beim Schreiben beeinträchtigt« war, denn »mir fehlt die Erwartung der Leserschaft, mir fehlt ein Verleger, der früher mich stimulierte«, ermutigte er einen Freund: »Für Sie ist das anders – Sie können, wenn Sie Ihr Buch fertigmachen, sich den Weg freisprengen! Ich hoffe auf Ihr Buch, ich erwarte es! Zögern Sie nicht!« und »Kämpfen Sie gegen alles, was Sie hindert, Ihren Roman zu beendigen und das neue Werk wird Ihnen ein neues Leben schaffen.«

Das Anregen von Büchern bei Verlegern wurde Stefan Zweig zumindest in einem Fall erleichtert: der Leiter des Insel-Verlags, Anton Kippenberg, war ihm über das Autorenverhältnis hinaus freundschaftlich verbunden. Diese Beziehung führte nicht zuletzt zum fachlichen Gedankenaustausch über verlegerische Unternehmungen wie Neugründung von Buchserien. Am 27. Februar 1919 schlug Stefan Zweig Anton Kippenberg in einem Brief unter anderem vor: »Am *aussichtsreichsten* von allen großen Unternehmungen wäre (lächeln Sie nicht) mein alter Plan, französische, englische Ausgaben und en-regard-[zweisprachige]Ausgaben ... Jetzt könnte man in Deutschland einen schönen Balzac, Baudelaire, Byron, Anthologien bringen, *denn es werden Jahre vergehen, glauben Sie mir, ehe man schöne Bücher infolge der Cursdifferenz wird vom Ausland beziehen können*. Jetzt wäre der Augenblick, in Deutschland mit einer erlesenen, und erlesen gedruckten Bibliothek der *dauernden* Bücher des Auslands zu beginnen ... Ich würde ... *sehr* gerne die Leitung einer solchen Bibliothek übernehmen, die ich mir so denke

Ausgabe 1) nur französisch, englisch, italienisch, spanisch, griechisch.

Ausgabe 2) en regard, *wobei der kostspielige Auslandssatz einfach übernommen wird. Eventuell Ausgabe* 3 *Nur* Übertragung mit dem vorhandenen Satz.«

In den 1920 so begonnenen Reihen ›Libri Librorum‹ und ›Bibliotheca Mundi‹ erschienen von den »Ausgaben« 1 und 2 insgesamt 19 Bände, in Pappe und Halbleder gebunden – bis 1923, als nach der Inflation fremdsprachige Bücher wieder unbeschränkt aus dem Ausland eingeführt werden konnten. Als Reihe ›Pandora‹ wurden unabhängig davon in der Art der Insel-Bücherei sowohl fremdsprachige als auch deutsche Originaltexte in preisgünstigen Ausgaben vorgelegt; 1924 wurden ihre deutschen Titel in die Insel-Bücherei übernommen. Die Idee der »Ausgabe« 3 wurde nicht verwirklicht. (Hugo von Hofmannsthal hatte übrigens 1914 Anton Kippenberg eine ›Österreichische Bibliothek‹ vorgeschlagen und diese Reihe auch in den Jahren 1915 bis 1917 von Anfang bis Ende herausgegeben.)

Etwa um die gleiche Zeit, zu der Stefan Zweig diese Anregungen an Anton Kippenberg gab, empfahl er (offensichtlich mit sehr konkreten Ratschlägen) dem jüngeren Zürcher Schriftsteller Carl Seelig, der es sich zum Ziel gesetzt hatte, literarische Talente zu fördern und damit die volle Unterstützung seiner Freunde fand, selbst eine Buchserie herauszugeben; ein Verlag sollte sie in den Handel bringen. Hierzu vermittelte Stefan Zweig ihm die Verbindung zu Ernst Peter Tal, dem früheren Leiter des S. Fischer Theater-Verlags, der sich in Wien selbständig gemacht hatte. »Das ehrgeizige Projekt hieß ›Die Zwölf Bücher‹ und hatte genau definierte Ziele: ›In bewußter Beschränkung sollen hier alljährlich zwölf Werke deutscher und ausländischer Literatur einem im voraus begrenzten Kreis angeboten werden und zwar ausschließlich unveröffentlichte Werke zeitgenössischer Kunst.‹ Die Richtlinien legten ferner fest: 1000 Stück Auflage, keine Konkurrenz zu kommerziellen Verlagen, zeitliche Begrenzung des Vertrags mit den Autoren auf ein Jahr, danach freie Verfügung über das Werk, keine Werbung. Im ersten Entwurf wurde überdies ausdrücklich betont, mit ›Ausschluß politischer und polemischer Werke‹ sei jede dichterische Arbeit willkommen.« (Zitiert nach Ulrich Weinzierl, ›Carl Seelig, Schriftsteller‹, Wien–München: Löcker Verlag 1982, S. 31 f.) 1919 mit Hermann Hesses ›Kleiner Garten. Erlebnisse und Dichtungen‹ und Stefan Zweigs ›Fahrten. Landschaften und Städte‹ als ersten Bänden begonnen, fand die Reihe 1923 ihr Ende, als Carl Seelig sein »verlegerisches Experiment, im Auftrag drucken zu lassen« (Weinzierl), aufgeben mußte, weil Ernst Peter Tal seinen Verlag aus Rentabilitätsgründen aufgab. Das hatte Stefan Zweig nicht voraussehen können.

». . . jeder Band der Goethe-Ausgabe des Insel-Verlags von 1923 ist ausgezeichnet geeignet, auf die Reise oder bei einem Spaziergang in der Tasche mitgenommen zu werden: so ist es die richtige Ausgabe, um Goethe mit sich zu haben . . .« So – um »in der Tasche mitgenommen zu werden«, um den Autor »mit sich zu haben« – hätten viele Bücher für Stefan Zweig gestaltet sein dürfen: sowohl die Werke des als »Zentralgestirn der deutschen Dichtung« gesehenen Goethe, als auch die der übrigen Klassiker – denn »jede Hingabe an das Gewaltige will mir fruchtbar erscheinen« –, als auch die der eigenen Zeitgenossen, die durchaus etwas »in die deutsche erzählerische Welt gestellt« hatten. Er hätte sie so – fast alle! – immer greifbar gehabt – Jean Paul ausgenommen, den er »kaum lesen« konnte, und Jeremias Gotthelf, der ihn durch seine politischen Diskussionen ermüdete, wohl weil sie außerhalb der Zeit lagen. Vermutlich aber hätte ihm – bei allem Respekt vor dem Autor, persönlicher literarischer Neigung zum Trotz – ein Buch aus dem Bereich der »schon ganz Geist, Wissenschaft und Erkenntnis gewordenen Literatur« nicht fehlen dürfen: Sigmund Freuds Abhandlung über das »Unbehagen in der Kultur«, »in unserer Kultur, unserer Zivilisation ..., die jeden Augenblick von den destruktiven Kräften der Unterwelt durchstoßen werden kann« (›Die Welt von Gestern‹). Jedoch sicher hätte er die Werke Maxim Gorki's gern so zur Hand gehabt, denn sie gehörten für Stefan Zweig »zu der höchsten Vollendung schöpferischen Dichtertums«.

Knut Beck

Bibliographischer Nachweis

Das Buch als Eingang zur Welt. Erstmals in ›Pester Lloyd‹, 15. August 1931. Aufgenommen in ›Begegnungen mit Menschen, Büchern, Städten‹, Wien–Leipzig–Zürich: Herbert Reichner Verlag 1937; Frankfurt am Main: S. Fischer Verlag 1955.

Der richtige Goethe. Erstmals in ›Berliner Börsen-Courier‹, 29. November 1923, Beilage.

Goethes Leben im Gedicht. Zum 28. August 1916. Erstmals in ›Neue Freie Presse‹, Wien, 29. August 1916.

Zu Goethes Gedichten. Vorrede zu meiner Auswahl von Goethes Gedichten im Verlag von Philipp Reclam jun. Erstmals in ›Goethes Gedichte. Eine Auswahl‹, Leipzig: Philipp Reclam jun. Verlag 1927. Aufgenommen in ›Begegnungen mit Menschen, Büchern, Städten‹, Wien–Leipzig–Zürich: Herbert Reichner Verlag 1937; Frankfurt am Main: S. Fischer Verlag 1955.

Gundolfs ›Kleist‹. Erstmals in ›Frankfurter Zeitung‹, 2. Februar 1923.

Witikos Auferstehung. Erstmals in ›Berliner Börsen-Courier‹, 28. Dezember 1921.

Jeremias Gotthelf und Jean Paul. Erstmals in ›Berliner Tageblatt‹, 14. Mai 1924.

Rückkehr zum Märchen. Erstmals in ›Neue Freie Presse‹, Wien, 14. Dezember 1912.

Das Tagebuch eines halbwüchsigen Mädchens. Erstmals in ›Almanach der Psychoanalyse‹, Wien: Internationaler Psychoanalytischer Verlag 1926.

Verse eines Gottsuchers. Erstmals in ›Die Nation‹, Berlin, 23. Jg. (1905–1906), Nr. 36.

Rilkes ›Neue Gedichte‹. Erstmals in ›Das literarische Echo‹, Berlin, 15. Dezember 1908.

Elemente der Menschengröße. (Rudolf Kaßner, ›Von den Elementen der menschlichen Größe‹). Erstmals in ›Berliner Tageblatt‹, 13. März 1912, Literaturbeilage.

Albert Ehrensteins Gedichte. Erstmals in ›Frankfurter Zeitung‹, 10. September 1916.

Wiederbegegnung mit Tubutsch. Erstmals in ›Berliner Tageblatt‹, 8. Juni 1926.

›Rechts und Links.‹ Roman von Joseph Roth. Erstmals in ›Berliner Tageblatt‹, 7. Dezember 1929.

Der Roman ›Hiob‹ von Joseph Roth. Erstmals in ›Neue Freie Presse‹, Wien, 12. Oktober 1930.

Freuds neues Werk ›Das Unbehagen in der Kultur‹. Erstmals in ›Berliner Tageblatt‹, 31. März 1930.

Thomas Manns ›Rede und Antwort‹. Erstmals in ›Neue Rundschau‹, Berlin, 32. Jg., (Dezember) 1921.

Thomas Mann, ›Lotte in Weimar‹ (1939). Erstmals in Stefan Zweig, ›Zeit und Welt. Gesammelte Aufsätze und Vorträge 1904–1940‹, Stockholm: Bermann-Fischer Verlag 1943; Berlin und Frankfurt am Main: S. Fischer Verlag 1946.

Zwei historische Romane. (Richard Friedenthal, ›Der Eroberer‹ – Klaus Mann, ›Alexander‹). Typoskript mit handschriftlichen Korrekturen. Vermutlich 1930. Erstdruck nicht ermittelt.

Das Buch als Weltbild. Erstmals in ›Universum‹, Leipzig, 45. Jg., H. 1, (Januar) 1928.

Das Drama in ›Tausendundeine Nacht‹. Erstmals in ›Neue Freie Presse‹, Wien, 31. Januar 1917.

Einleitung zu einer zusammengefaßten Ausgabe von Jean-Jacques Rousseau's ›Emil oder Über die Erziehung‹. (Die Zusammenfassung des Romans besorgte Stefan Zweig nach einer revidierten zeitgenössischen Übertragung.) Erstmals in Jean-Jacques Rousseau, ›Emil oder Über die Erziehung‹, Potsdam: Gustav Kiepenheuer Verlag 1919.

Stendhals deutsche Wiederkehr. Erstmals in ›Frankfurter Zeitung‹, 6. Dezember 1921.

Anmerkungen zu Balzac. Erstmals in ›Hamburger Nachrichten‹, 7. Januar 1906, Morgenausgabe.

Balzacs Codices vom eleganten Leben. Erstmals in ›Das literarische Echo‹, Berlin, 15. November 1914.

›Die Schule der Empfindsamkeit. Geschichte eines jungen Mannes‹ von Gustave Flaubert. Erstmals in ›Das literarische Echo‹, Berlin, 7. Juli 1906.

Flauberts Nachlaß. Erstmals in ›Berliner Tageblatt‹, 11. Januar 1911.

Eulenspiegel Redivivus. Erstmals in ›Münchner Neueste Nachrichten‹, 28. Dezember 1909.

Triumph der Kathedrale. (Anmerkungen zu Paul Claudels ›Verkündigung‹). Erstmals in ›März‹, München, 7. Jg., H. II, (Februar) 1913.

Byroniana. Erstmals in ›Frankfurter Zeitung‹, 27. Oktober 1929.

Das deutsche Walt Whitman-Werk. Erstmals in ›Berliner Tageblatt‹, 28. März 1922.

Anmerkung zu Joyce's ›Ulysses‹. Erstmals in ›Neue Rundschau‹, Berlin, 39. Jg., H. 10, (Oktober) 1928. Aufgenommen in ›Begegnungen mit Menschen, Büchern, Städten‹, Wien–Leipzig–Zürich: Herbert Reichner Verlag 1937; Frankfurt am Main: S. Fischer Verlag 1955.

Der Triumph der Trägheit. Erstmals in ›Prager Tagblatt‹, 26. Juni 1902.

›Das Werk der Artamonows.‹ Erstmals in ›Neue Freie Presse‹, Wien, 19. Mai 1927.

Joseph Fouchě
Bildnis eines politischen Menschen
288 Seiten, Leinen

Ungeduld des Herzens
Roman
456 Seiten, Leinen

Die Welt von Gestern
Erinnerungen eines Europäers
496 Seiten, Leinen

Der Kampf mit dem Dämon
Hölderlin · Kleist · Nietzsche
286 Seiten, Leinen

Drei Dichter ihres Lebens
Casanova · Stendhal · Tolstoi
318 Seiten, Leinen

Drei Meister
Balzac · Dickens · Dostojewski
198 Seiten, Leinen

Sternstunden der Menschheit
Zwölf historische Miniaturen
252 Seiten, Leinen

Verwirrung der Gehühle
Erzählungen
373 Seiten, Leinen

Magellan
Der Mann und seine Tat
318 Seiten und 36 Seiten Bildteil, Leinen

Die schlaflose Welt
Aufsätze und Vorträge aus den Jahren 1909–1941
299 Seiten, Leinen

Begegnungen mit Büchern
Aufsätze und Einleitungen aus den Jahren 1902–1939
248 Seiten, Leinen

Rhythmen
Nachdichtungen ausgewählter Lyrik von
Emile Verhaeren, Charles Baudelaire und Paul Verlaine
233 Seiten, Leinen

S. Fischer

Stefan Zweig

ERSTES ERLEBNIS

Vier Geschichten aus Kinderland

Mit einem Nachwort
von Richard Friedenthal
223 Seiten, geb.

Das »Erste Erlebnis«, nach dem man »kein Kind mehr« ist, das frühe Erahnen und Erfahren der Liebe – wie in einem Fieber, denn noch erschließt sich das Verständnis nicht-, vermögen einen Menschen durchaus schon zu prägen und eine Existenz mitzubestimmen. Diese »Vier Geschichten aus Kinderland« – »Geschichte in der Dämmerung«, »Die Gouvernante«, »Brennendes Geheimnis«, und »Sommernovellette«, – stellte Stefan Zweig 1911 zu einem Novellenband zusammen. Es sind frühe Beispiele seiner Kunst des psychologischen Realismus, sie weisen jedoch bereits auf den Meister der Biographien »mittlerer Charaktere« und »politischer Menschen«.

S. Fischer